21世纪中等职业教育立体化精品教材

"互联网+"新形态教材

历史

崔秋霞　乔建虎　主　编

董　蓉　副主编

东南大学出版社
SOUTHEAST UNIVERSITY PRESS
·南京·

内容提要

本书是面向中等职业教育的规范性教材，严格按照教育部最新颁布的新课程标准，依据《教育部关于加快发展中等职业教育的意见》的精神编写而成。

本书分为中国古代史、中国近代史、中国现代史、世界古代史、世界近代史、世界现代史六大部分，下设四十六小节，其内容均是重点事件的串联和其事件发展的脉络。

本书既可作为中职基础课教材，也可供同等学力学生学习及培训使用，还可作为历史爱好者的业余读物。

图书在版编目(CIP)数据

历史/崔秋霞，乔建虎主编. —南京:东南大学出版社,2017.8(2021.7 重印)

21 世纪中等职业教育立体化精品教材

ISBN 978-7-5641-7304-3

Ⅰ.①历… Ⅱ.①崔… ②乔… Ⅲ.①历史课—中等专业学校—教材 Ⅳ.①G634.511

中国版本图书馆 CIP 数据核字(2017)第 170336 号

历史

主　　编:崔秋霞、乔建虎
出版发行:东南大学出版社
社　　址:南京市四牌楼 2 号,邮编 210096
出 版 人:江建中
印　　刷:天津市蓟县宏图印务有限公司
开　　本:787mm×1092mm　1/16
印　　张:12
字　　数:250 千
版　　次:2017 年 8 月第 1 版
印　　次:2021 年 7 月第 4 次印刷
书　　号:ISBN　978-7-5641-7304-3
定　　价:37.80 元

(凡因印装质量问题，请直接与营销中心调换，电话:025-83791830)

前言

PREFACE

中等职业教育是在高中教育阶段进行的教育，其教育宗旨是在义务教育的基础上培养大量技能型人才与高素质劳动者。中等职业学校在对学生进行职业知识与职业技能教育的同时，亦要求其具有高中程度的文化知识。

为了满足广大学生的要求，我们组织了长期从事中职教育方面的名师和专家，根据教育部最新颁布的教学大纲，精心编写了本教材，作为中职基础课教材用书。在编写的过程中，做到了定义、概念准确，文字精练。

本书严格按照最新教学大纲的要求，对历史方面的内容进行了详细编写。主要内容分为中国古代史、中国近代史、中国现代史、世界古代史、世界近代史和世界现代史六大部分。为了能让广大学生从整体上把握基础知识和基础技能，提高运用综合知识分析问题、解决问题的能力，本书对每章的知识点和重难点，分四个层次进行了讲解。

(1)本章导读。根据大纲内容，对本章主要内容进行概述。

(2)知识探究。对每个知识点进行详细精讲，图文并茂，以便学生快速高效地吸收章节知识，从而达到事半功倍的效果。

(3)课堂讨论。针对一些知识点、关键处设置讨论题，让学生在学习过程中带着问题思考，做到活学活用。

(4)同步练习。针对重点知识设置练习题，学生可以通过做练习题对各章的学习内容进行自我检测，从而查漏补缺，有利于广大学生对重点知识的强化和巩固。

由于时间仓促，编者水平有限，书中难免有纰漏之处，敬请同行专家及广大读者批评指正，并提出宝贵意见，以便今后改进。

编者

目录

CONTENTS

第一章　中国古代史 …… 1

第一节　远古时代 …… 1
第二节　先秦 …… 4
第三节　秦、汉 …… 10
第四节　三国、两晋、南北朝 …… 17
第五节　隋、唐 …… 20
第六节　五代、辽、宋、夏、金、元 …… 27
第七节　明、清(鸦片战争以前) …… 34

第二章　中国近代史 …… 45

第一节　鸦片战争 …… 45
第二节　太平天国运动 …… 49
第三节　洋务运动 …… 51
第四节　民族危机的加深 …… 53
第五节　戊戌变法 …… 57
第六节　辛亥革命 …… 59
第七节　新文化运动 …… 61
第八节　五四爱国运动和中国共产党的成立 …… 62
第九节　国民革命与土地革命 …… 64
第十节　抗日战争 …… 69
第十一节　解放战争 …… 73

第三章　中国现代史 …… 79

第一节　中华人民共和国的成立和向社会主义的过渡 … 79

第二节　在曲折中前进 …… 83
第三节　“文化大革命” …… 86
第四节　社会主义建设新时期 …… 89
第五节　新中国的外交 …… 93
第六节　新中国的文化与科技 …… 97

第四章　世界古代史 …… 101

第一节　古代亚非文明 …… 101
第二节　古代西方文明 …… 107
第三节　早期东西方文明的冲突 …… 113
第四节　中古欧洲社会 …… 118

第五章　世界近代史 …… 123

第一节　资本主义的兴起 …… 123
第二节　英国资产阶级革命 …… 128
第三节　美国独立战争 …… 130
第四节　欧洲启蒙运动 …… 133
第五节　法国大革命和法兰西第一帝国 …… 135
第六节　第一次工业革命 …… 140
第七节　马克思主义的诞生和巴黎公社 …… 142
第八节　沙皇俄国的改革 …… 144
第九节　美国南北战争 …… 146
第十节　日本明治维新 …… 148
第十一节　垄断资本主义和近代欧洲文化艺术 …… 151

第六章　世界现代史 …… 160

第一节　第一次世界大战 …… 160
第二节　俄国十月革命和社会主义建设 …… 165
第三节　资本主义世界的危机 …… 169
第四节　第二次世界大战 …… 173
第五节　“冷战” …… 177
第六节　世界的多极化趋势 …… 179
第七节　世界格局的新变化 …… 181

第一章 中国古代史

本章导读

中国是世界四大文明古国之一，有将近 4 000 年的有文字可考的历史，中国古代史主要讲述从 170 万年前的元谋人到 1840 年鸦片战争前夕我国古代社会的历史。中国古代史经历了三个阶段：原始社会、奴隶社会和封建社会。

知识探究

第一节 远古时代

远古时代是指中国的原始社会时期，从距今约 170 万年前的元谋人开始，到约公元前 2070 年夏朝建立前夕为止，历经了原始人群和氏族公社两个阶段。原始人群是史前时期的初级阶段，也是人类最早的社会组织形式。氏族公社又包括母系氏族公社和父系氏族公社。

一、我国远古时代的早期人类

中国是人类发源地之一，经过漫长的进化，产生了不同时期的原始人和氏族部落，主要代表有元谋人、蓝田人、北京人及山顶洞人等。

1. 元谋人

1965 年发现于云南省元谋县上那蚌村附近，生活年代距今约为 170 万年，属于旧石器时代早期的古人类，是目前已知的中国境内最早的古人类。

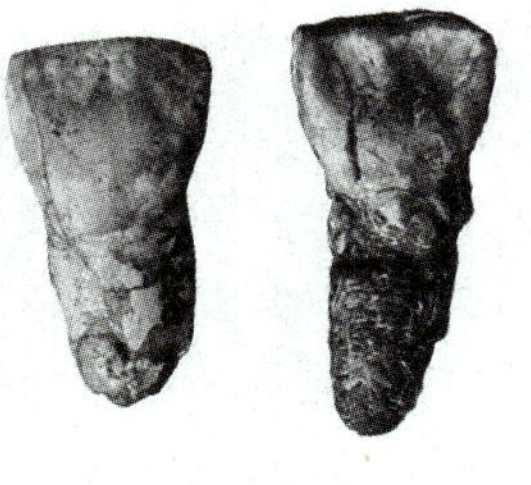

元谋人的牙齿

2. 蓝田人

1964 年发现于陕西省蓝田县公王岭，生活年代距今约 115 万—70 万年。他们用简单而粗糙的方法打制石器，包括大尖状器、砍砸器、刮削器和石球等，在自然环境中挣扎求存。他们捕猎野兽，采集果实、种子和块茎等为食物，属于“早期直立人”。

3. 北京人

北京人头部复原像

1929 年在中国北京市西南的周口店龙骨山发掘出第一个完整的头盖骨化石，生活年代距今约 70 万—20 万年，北京人遗址是世界上出土古人类遗骨化石和用火遗迹最丰富的遗址。北京人已经能够制造和使用简单的劳动工具，使用天然火，通过采集和狩猎获取食物。其基本特征如下：

(1)北京人还残留着猿类的某些体质特征，如前额低平、眉骨粗大、颧骨高突、鼻子宽扁、嘴巴突出、头部微微前倾等。

(2)北京人手脚分工明显，已经能够制造和使用简单的劳动工具。只是这些工具比较粗糙而且是使用打制方法制造的，而能够制造和使用工具是人和动物的本质区别，所以北京人是早期人类发展史上一次巨大的飞跃。他们生活于旧石器时代。

(3)北京人能够使用天然火并保存火种。所谓的天然火不是人工取的火，而是打雷正好击中干燥的木头，点燃了火，又或者是火山爆发和森林火灾。他们晚上轮流看火，用灰来保存火种。他们用火烧烤食物、照明、取暖和驱赶野兽。

(4)北京人过着群居的生活，他们往往几十个人在一起，共同劳动，共同分享劳动果实，过着群居生活，形成了早期的原始社会。

4. 山顶洞人

1930 年因发现于北京市周口店龙骨山北京人遗址顶部的山顶洞而得名，生活年代距今约 3.4 万—2.7 万年，仍使用打制石器，但已掌握磨制和钻孔技术，已会人工取火，体质也已有很大进步，其面貌和现代人已经没有多大区别了，生活于母系氏族公社时期。

二、我国远古时代的文化

1. 河姆渡文化和半坡文化

半坡遗址出土的纺轮

这两种文化属于新石器时代母系氏族社会的文化，河姆渡文化在长江流域下游地区，半坡文化属黄河中游地区的仰韶文化，这一时期人们过着定居的生活，进入原始农耕时期。河姆渡原始居民开始制作夹炭黑陶、石器、木器、骨器以及原始艺术品，种植水稻，并建造木结构房屋。河姆渡遗址中发现的水稻是目前世界上最古老的人工栽培稻，有力地证明了我国是世界上最早栽培水稻的国家。

半坡原始居民的制陶技术很高，所制陶器有彩色的图案和花纹，被称为彩陶，并且已掌握种粟技术(世界最早)，还种植蔬菜和麻。此外，他们还有很高的纺织技术，会织麻布、制麻衣。半坡陶钵口沿上刻有符号二三十种，这可能就是中国原始文字的起源。

河姆渡和半坡原始居民的发明和创造，表明长江和黄河都是中国的“母亲河”，共同孕育了辉煌灿烂的中华文明。

2. 大汶口文化

距今约四五千年，是新石器时代后期父系氏族社会的典型文化形态。生产工具的进步促进了经济的发展，社会已产生严重的贫富分化，私有制逐渐形成，整个社会已接近阶级社会的门槛了。大汶口原始居民的制陶器工艺水平很高，纺织技术也有新的突破。已发现的许多刻画符号被认为是古老的象形文字。我国是世界上最早养蚕和丝织的国家。

课堂讨论

《韩非子》上记载：“上古之世……民食果瓜蚌蛤，腥臊恶臭，民多疾病，有圣人作钻燧取火，以化腥臊。”这段材料反映了我国原始居民生活中的什么变化？

3. 炎帝、黄帝和尧、舜、禹的传说

中华文明上下五千年，是从中华文明的始祖黄帝算起的。黄帝在生产生活方面有许多创造发明，如制作衣裳、制造舟车、建造宫室、挖井等，为后世的衣食住行奠定了基础。后人还把其他一系列发明创造都归于黄帝名下，认为他对中华早期物质文明和精神文明的缔造做出了卓越的贡献，称他为华夏的“人文初祖”。

炎帝和黄帝是距今约四五千年黄河流域的部落联盟首领。炎帝在与黄帝的部落大战中失败，两个部落结成联盟，经过长期的发展，形成了日后华夏族的雏形。后来炎黄部落联盟与东方的蚩尤部落大战于涿鹿之野，蚩尤战败被杀，涿鹿之战是华夏人民脱离原始野蛮生活而步入文明时代的一次重大转折，起到了进一步融合各氏族部落的催化作用。尧、舜、禹是黄帝以后黄河流域的几位部落联盟首领。那时部落联盟实行的是民主推选首领的“禅让”制度。

黄帝

禹

第二节 先秦

先秦时期从约公元前2070年夏朝建立开始，到公元前221年秦朝统一中国为止，历经了夏、商、西周、春秋和战国五个阶段。夏朝是奴隶社会的开始时期，商朝是奴隶社会的发展时期，西周是奴隶社会的鼎盛时期，春秋是奴隶社会的瓦解时期，战国是我国封建社会的开始时期。春秋和战国是我国从奴隶社会向封建社会过渡的转型时期，因而春秋和战国又被称为社会大变革时期。奴隶社会取代原始社会是人类历史上一次重大的社会变革，具有进步性。

一、夏朝

夏朝（约公元前2070—公元前1600年）是我国历史上第一个奴隶制国家。启破坏了原始社会民主推选部落联盟首领的“禅让”制度，继承了父亲禹的王位，约于公元前2070年建立夏朝，这是我国第一个奴隶制度国家，同时也是我国生产关系方面的第一次大变革。对夏文化的研究主要依赖于二里头文化。它是指河南偃师二里头遗址一至四期所代表的一类考古学文化遗存，是介于河南龙山文化和二里冈文化的一种考古学文化。因为主要集中分布于晋南、豫西，尤其以二里头遗址发现的该类文化遗存最具代表性和典型性，故以此命名。该文化证实了与史籍记载相符的夏朝历史。

微视频

夏朝国家政权的形成

启

桀

二、商朝

夏朝最后一个王是桀，统治非常残暴，是我国历史上有名的暴君。约公元前1600年，居住在黄河下游的商部落，在首领汤的率领下打败桀，夏亡，商朝建立。

微视频

商朝

1. 殷墟

商朝前期曾多次迁都。公元前1300年，商王盘庚把都城迁到了殷（今河南安阳西北），从此稳定下来，所以商朝又称殷朝。商朝灭亡后，殷都由于年久失修而成为废墟，被称为殷墟，是中国历史上被证实的第一个都城。

2. 甲骨文

微视频 欣赏甲骨文

19世纪末，在河南安阳殷墟发现了许多刻有文字的龟甲和兽骨，后人把这些刻在龟甲和兽骨上的文字称为"甲骨文"。甲骨文已经是一种比较成熟的文字。根据这些甲骨文，我们了解了商朝统治者的活动和当时的社会情况。我国有文字可考的历史是从商朝开始的，商朝的甲骨文经过发展成为今天的汉字。

3. 青铜器

微视频 青铜时期

商朝的手工业很发达，最重要的是青铜器制造业，有很高的青铜冶炼和制造技术。青铜器主要指先秦时期用铜锡合金制作的器物，其中以商周器物最为精美。商朝青铜器样式多样，有器皿、武器、工具等。商朝后期制造的后母戊鼎又称后母戊大方鼎是中国目前已发现的最重的青铜器。该鼎是商王祖庚或祖甲为祭祀其母"戊"所铸。另一青铜器四羊方尊属于礼器（祭祀器物），是中国现存商代青铜器中最大的方尊，此尊造型简洁、优美雄奇、寓动于静，被称为"臻于极致的青铜典范"。

后母戊鼎

四羊方尊

三、西周

1. 武王伐纣

商朝最后一个国王是商代的第32位帝王子辛，也叫"帝辛"，"纣王"是后人硬加在他头上的恶谥，意思是"残又损善"。他残酷剥削人民，大兴土木，刑法严酷，生活腐朽，激起了人民的强烈反抗。公元前1046年，周武王趁商朝内乱伐纣，双方在商朝都城郊外的牧野决战。可是纣王的军队刚与周军相遇，就掉转矛头引导周军杀向纣王。结果纣王大败，连夜逃回都城朝歌，眼见大势已去，只好登上鹿台放火自焚。周武王完全占领商都以后，宣告商朝灭亡，建立了周朝，定都镐京，史称“西周”。

2. 分封制

周朝初期，由于灭商以及东征的胜利，周统治者开始分封诸侯。受封的主要为同姓子弟，不过也有异姓功臣。利用册封，周天子把土地以及居民分赐给受封的诸侯，叫他们在自己的封地内建立诸侯国。诸侯有权管理封地内的居民，有权将自己的封地以及居民分封给自己的亲族，叫他们做诸侯的卿大夫。诸侯必须服从周天子的命令，应该定期进行朝贡，还应该随时准备率领自己的武士和军队，接受周天子的调遣。而且，在分封中，以周王的名义“授土”“授民”，使周的亲族、姻亲和功臣在新占领地建立了一批新兴国家。分封制形成了以周天子为首的等级制度，是周朝社会的基本结构。这一制度使周朝不但牢固地统治了原来的商朝地区，而且不断发展，成为一个疆域空前广大的奴隶制国家。

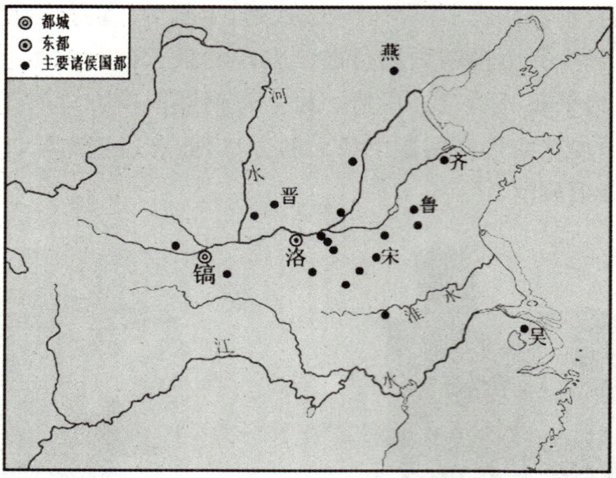

周初形势图

四、春秋战国

1. 春秋五霸

微视频
春秋战国

从公元前770年—公元前476年，历史上称为春秋时代，这是我国奴隶社会的瓦解时期。在这290多年间，社会风雷激荡，烽烟四起，战火连天。仅据鲁史《春秋》记载的军事行动就有480余次。此时周天子已失去了往日的权威，天子反而依附于强大的诸侯。一些强大的诸侯国为了争夺霸权，互相征战，争做霸主，先后称霸的五个诸侯叫作“春秋五霸”，分别是指齐桓公、宋襄公、晋文公、秦穆公和楚庄王，另一种说法是齐桓公、晋文公、楚庄王、吴王阖闾、越王勾践。春秋时期最重要的诸侯争霸包括：

(1)齐桓公称霸。齐国在今山东北部，盛产鱼盐，经济富裕，是东方的一个大国。齐桓公任用管仲为相，促进国家的统一，“九合诸侯，一匡天下”，最先成为霸主。他在政治、经济上进行了一系列改革，再加上齐国地近渤海，有山海渔田之利，齐国很快强大起来。齐桓公采用管仲的意见，打出“尊王攘夷”的旗号，即在尊重周王室的名义下，团结其他诸侯，抗击威胁中原的周边少数民族，还出兵阻挡北上的南方强国楚，在诸侯国中树立了威信。后来，齐桓公召集诸侯国在葵丘会盟，周王室也派人参加，正式承认了齐桓公的霸主地位。

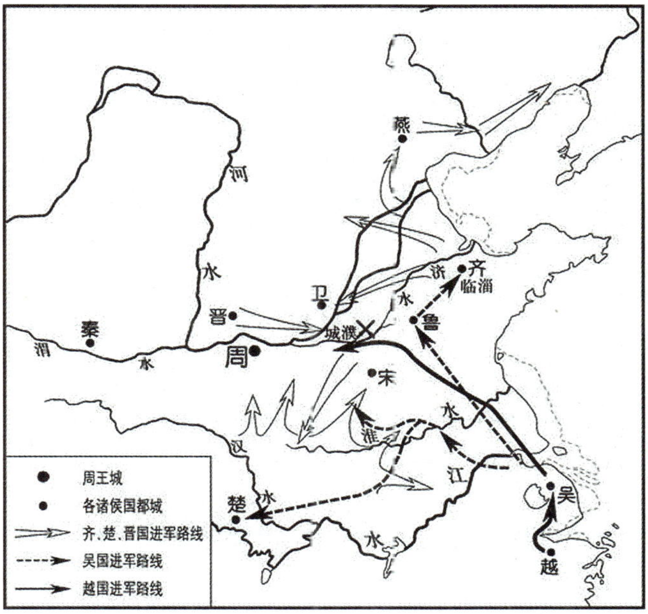

春秋形势图

(2)晋楚争霸。晋国是今陕西境内的诸侯国，晋文公当政时，整顿政治，发展生产，训练军队，使晋国成为北方一大强国。楚国是今汉水和长江中游的诸侯国，春秋时期逐渐强大起来。晋、楚各自发展实力，在黄河流域发生了冲突。公元前 7 世纪，双方交战，晋军“退避三舍”，最后在城濮大战，晋胜楚败。从此，晋文公成为中原霸主。后来楚庄王打败晋，做了中原霸主。晋楚争霸持续了一百多年。

微视频

晋文公退避三舍

(3)吴越战争。春秋时期，长江流域吴、越两国争霸。吴国在今江苏南部，越国在今浙江钱塘江流域。起初越国被吴国打败，向吴国称臣。越王勾践不忘亡国之耻，卧薪尝胆，立志报仇，最后越国终于强盛起来，灭掉了吴国。

2. 战国七雄

战国七雄指战国时期七个最强的诸侯国的统称。春秋时期无数次战争使诸侯国的数量大大减少，到战国时期(公元前 475—公元前 221 年)实力最强的七个诸侯国分别为齐、楚、秦、燕、赵、魏和韩，这七个国家被史学家称作“战国七雄”。七国为争夺土地和人口征战不断。这一时期是我国封建制度的确立时期。

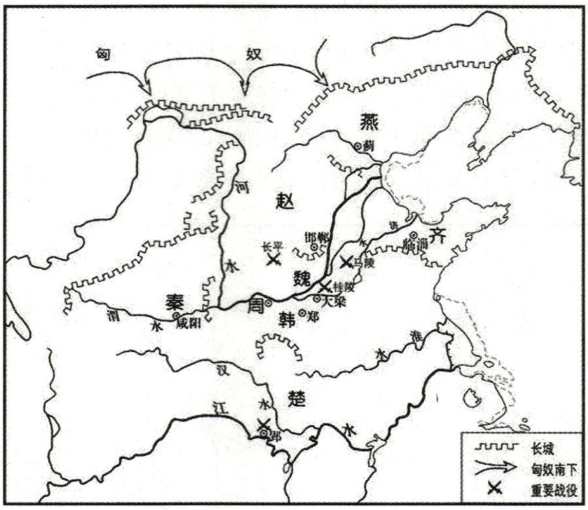

战国形势图

课堂讨论

简单做一个夏、商、西周、春秋和战国时期的大事年表，内容要包括重要年代、重大事件和重要人物三项。

3. 商鞅变法

微视频 商鞅

战国初期，秦国已使用铁制农具和牛耕，社会经济发展较快，井田制瓦解，土地私有制产生。拥有私田的新型地主阶级经济实力越来越强，要求废除奴隶主的特权，发展封建经济，建立地主阶级专政。在此社会背景下，战国各诸侯纷纷实行变法，最著名的是商鞅变法。

秦孝公任用商鞅在周显王十三年（公元前 356 年）和十九年（公元前 350 年）先后两次实行变法，主要内容为：

（1）废井田、开阡陌。国家承认田地归私人所有，准许土地自由买卖。

（2）奖励耕战。生产粮食布帛多的人免除徭役，禁止弃农经商。废除奴隶主一出生就享受爵禄的特权，按军功授爵。

（3）实行郡县制，在全国建立 31 县，由国君直接派官吏进行治理。

经过商鞅变法，秦国旧制度废除了，封建经济得到了发展，逐渐成为七国中实力最强的国家，为后来秦的统一奠定了基础。

4. 诸子百家

微视频 诸子百家

春秋战国时期，奴隶制度逐渐崩溃，封建制度逐渐形成，政治和经济出现大变动，导致教育和学术领域也发生了巨大变化。社会上出现了一些以传播文化、发展学术为宗旨的学者和思想流派，即“诸子百家”。为了表达自己的主张，诸子百家写了很多书，宣传自己的学说，批评其他学派，形成一种互相争论的局面，史称“百家争鸣”。在诸子百家中最具代表性的人物有：儒家学派的孔子、孟子、荀子；道家学派的老子、庄子；墨家学派的墨子；法家学派的商鞅、韩非子等。

孔子，名丘，字仲尼。春秋时期鲁国陬邑（今山东曲阜）人，先祖为宋国（今河南商丘一带）贵族。中国古代的大思想家和大教育家、政治家，儒家思想的创始人。他提出“仁”的学说，“仁”包含了对社会、政治的最高期待，主张“爱人”，要求统治者体察民情，爱惜民力，“为政以德”，反对苛政和任意刑杀，提出“礼”治，实际上是要求人们严格遵守统治阶级所规定的等级秩序，也提出儒家学派的核心思维方法，行中庸之道。他兴办私学，有许多成功的教育思想和教学方法，如“有教无类”“因材施教”和“温故而知新”等。孔子晚年编定了《诗经》《尚书》等几部古书，还根据鲁国历史材料编成《春秋》。孔子的儒家思想对中国、儒家文化圈及世界有深远的影响。

孔子

孟子，名轲，字子舆，战国时期邹国人。中国古代著名思想家、教育家，战国时期儒家代表人物。孟子及其门人著有《孟子》一书，主张“民为贵”“君为轻”，实行“仁政”。孟子继承并发扬了孔子的思想，成为仅次于孔子的一代儒家宗师，对后世中国文化的影响全面而巨大，有“亚圣”之称，与孔子合称为“孔孟”。

荀子，名况，战国时期赵国人。著名思想家、文学家、政治家，儒家代表人物之一，著有《荀子》一书。荀子是一位唯物主义思想家，提出“制天命而用之”的思想，也就是说，人能认识自然规律，并按自然规律去办事，利用自然规律为人类服务。

老子，姓李，名耳，又称老聃。春秋末年楚国人，道家学派的创始人。他的学说记录在《道德经》，具有辩证思想。他认为各种事物都有对立面，对立的双方会互相转换。主张“无为”，希望社会退回到“小国寡民”的原始状态。

老子石像

庄子，名周，字子休，战国时期宋国人。他继承老子的道学，代表作品为《庄子》。他鄙视富贵利禄，痛恨“窃钩者诛，窃国者为诸侯”的社会不公平现象。其思想比较消极，认为人不能战胜自然，认为“有用”还不如“无用”。后世将他与老子并称为“老庄”。

墨子，名翟，战国时期鲁国人。著名思想家、教育家、科学家、军事家，墨家学派的创始人。他主张“兼爱”“非攻”，要求人们互爱互利，反对掠夺战争；主张节约，反对厚葬；主张选贤任能。

韩非子，韩国新郑（今河南新郑）人，战国时期法家代表人物，著有《韩非子》一书。他主张应该按照现实情况进行改革，不应遵循古代的传统；主张建立君主专制的中央集权；主张“法制”，认为法律应当向全国公布，强调用严刑峻法镇压人民的反抗。

韩非子

孙武，字长卿，齐国人，春秋时期著名兵家代表，尊称“兵圣”或“孙子”，著有《孙子兵法》。书中系统论述了战略战术原则，强调集中兵力打败敌人的重要性，并提出：战争时要对敌我双方情况做周密调查，做到“知己知彼，百战不殆”。《孙子兵法》是享誉世界的中国古代兵书。

5. 屈原与楚辞

我国古代伟大诗人屈原，他吸收民歌精华，采用楚国方言，创造出新体诗歌“楚辞”，世界和平理事会把屈原定为世界文化名人。

屈原后来跳汨罗江自杀。相传，他在五月五日投江，当地人民驾舟前往救援，但还是没能赶上。这一举动在后来变成一种风俗，就是端午节赛龙舟，现在这个风俗已发展得规模宏大，非常壮观。另外，汨罗江人每年五月五日都要用箬叶包了粟（黍）米做成“角黍”投入水中，使屈原死后免于饥饿。这一举动在后世也发展成为全国性风俗，就是端午节要包粽子。粽子便是古代所说的“角黍”。

微视频

屈原

6. 都江堰

秦昭襄王五十一年（公元前256年），秦国蜀郡太守李冰和他的儿子，吸取前人的治水经验，率领当地人民，主持修建了著名的都江堰水利工程。都江堰的整体规划是将岷江水流分成两条，其中一条水流引入成都平原，这样既可以分洪减灾，又可以引水灌田、变害为利。这使都江堰成为一个防洪、灌溉、航运的综合水利工程，为川西平原变成千里沃野创造了条件。

第三节　秦、汉

自公元前221年秦统一六国，到220年东汉灭亡，这是我国封建社会的初步发展阶段，也是统一的多民族国家的奠基时期。政治上几度出现强盛局面，经济快速发展，文化繁荣。

微视频

秦朝对中国历史的贡献

一、秦朝

秦朝（公元前221—公元前207年），是由战国时代后期的秦国发展起来的中国历史上第一个统一的大帝国。

1. 秦的统一

战国时期，我国经济发展，各地区经济联系加强，国家统一成为历史发展的必然趋势。广大人民饱尝诸侯争霸战争之苦，渴望结束分裂割据局面，实现国家的统一。秦国通过商鞅变法，封建经济得到了迅速发展，实力大大超过其他六国，奠定了统一的基础。

公元前 230—公元前 221 年，秦王嬴政陆续灭掉六国，建立起我国历史上第一个统一的中央集权的封建国家——秦朝，定都咸阳。秦朝的疆域东临东海，西到陇西，北抵长城，南濒南海，大大超过了前代。

秦始皇

秦的统一结束了春秋战国以来诸侯割据称雄战乱的局面，符合历史发展的要求，为我国统一多民族国家的建立奠定了基础。为社会经济的恢复和发展、各民族的安定生活和互相交往提供了有利条件，符合各民族的共同愿望。

2. 中央集权制度的建立

(1)政治方面：确立至高无上的皇权。秦王嬴政自称“始皇帝”，规定皇帝拥有至高无上的权力，凡行政、军事、经济一切大权，均由皇帝总揽。建立从中央到地方的官制和行政机构。中央官制是所谓的“三公九卿”制，三公指秦朝中央三个协助皇帝处理政务的主要官吏即丞相、御史大夫、太尉，分别帮皇帝处理全国的政事、监察事务和管理军事；九卿是指三公以下中央政府各职能部门的主要官职，分管政务。在全国范围内推行郡县制度，县以下设乡、里等基层行政组织。中央和郡县官吏，直接由皇帝任免。颁布通行全国的秦律。秦律集中体现了地主阶级的意志，对后世封建律令的制订有很大影响。

(2)经济方面：实行土地私有制，按亩纳税；统一度量衡；统一货币；统一车轨，修驰道。

微视频

秦始皇

(3)文化方面：把小篆作为标准字体，通令全国使用。不久又出现了一种比小篆更简便的字体——隶书。现在的楷书皆由隶书发展而来。文字的统一促进了文化的交流。

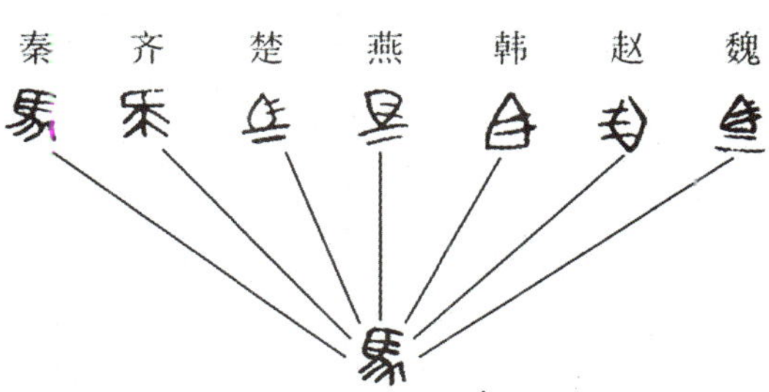

秦统一文字

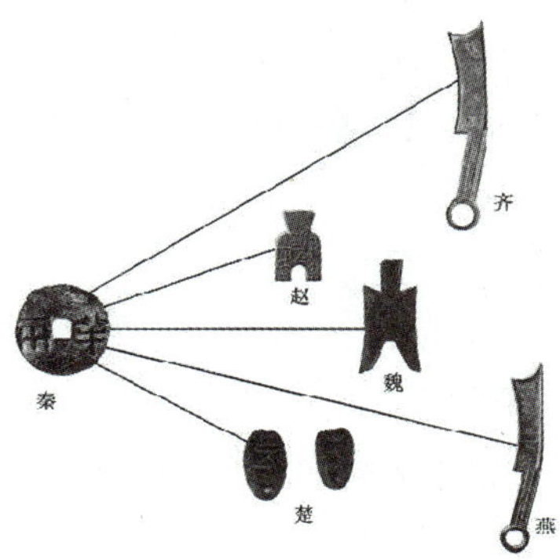

秦统一货币

(4)焚书坑儒：为加强思想控制，秦始皇采纳丞相李斯的建议，把秦以外的史书及民间收藏的诗书、诸子百家书统统焚毁，即“焚书”。后来，又把议论秦始皇贪权专横滥施刑法的460个方士和儒生活埋，即“坑儒”。这两件事在历史上被称作“焚书坑儒”，是秦朝为了巩固国家政权安定统一所执行的政策，也是对当时中国文化的一次摧残。

3. 秦末农民战争

秦朝末年，陈胜、吴广起义。这是我国历史上第一次大规模的农民战争。它爆发的原因主要有两点：一是秦的暴政，税赋沉重（田租和其他种种苛捐杂税），兵役、徭役繁重（修阿房宫、筑骊山墓、开灵渠、疏边塞、修驰道），严刑峻法。二是土地兼并严重，大量农民失去土地。公元前210年，秦始皇病逝，秦二世的统治更加残暴。

公元前209年，陈胜、吴广在蕲县大泽乡发动农民起义，他们杀死押送他们的军官，打出“王侯将相宁有种乎”的口号，号召大家起来推翻秦朝的统治。起义军占领了陈城（今河南淮阳），陈胜自立为王，建立张楚政权。

微视频

大泽乡起义

陈胜、吴广起义是中国历史上第一次大规模的农民起义。他们的革命鼓舞了千百万劳动人民起来反抗残暴的统治，沉重打击了地主阶级，对后面的封建统治者是一个极好的教育，汉初的休养生息政策和开明统治很大程度上是受农民起义的影响。他们的革命首创精神，在我国历史上永远闪耀着光辉。他们高呼“王侯将相宁有种乎”，为汉初“布衣将相”局面的出现奠定了思想基础。

陈胜、吴广牺牲后，领导秦末农民起义的是项羽和刘邦。公元前207年，项羽以少胜多，在巨鹿大败秦军主力。与此同时，刘邦率领的起义军攻占咸阳，秦朝被推翻。公元前206—公元前203年，西楚霸王项羽、汉王刘邦两大集团为争夺政权而进行的大规模战争，史称“楚汉战争”。

刘邦善于收揽民心，宣布废除秦的苛法，与百姓约法三章“杀人者死，伤人及盗抵罪”；他重视人才，得到萧何、张良、韩信等人的辅佐；有富饶的关中作为根据地，逐渐由弱变强。公元前202年，刘邦率军进攻项羽，在垓下包围楚军，项羽突围失败，被迫在乌江自杀。楚汉战争历时4年多，战地之辽阔，规模之巨大，用兵韬略之丰富，前所未有，在中国古代战争史上占有重要地位。楚汉战争最终实现了西汉王朝的大一统，具有积极的历史意义。

微视频

汉高祖刘邦

刘邦建立汉朝，定都长安（今陕西西安），史称“西汉”。刘邦就是汉高祖。

二、两汉

1. “文景之治”

由于秦末农民战争和四年楚汉之争，社会动荡不安，经济遭到严重破坏，致使西汉初年社会经济非常贫困。面对这种形势，恢复和发展封建经济成为巩固统治的当务之急。汉初的统治者采取了休养生息的政策，减轻徭役赋税负担，注重发展农业生产，以巩固封建统治。文景两代，继续大力推行这一政策，因而促进了社会经济的较快发展。经过劳动人民几十年的辛勤劳动，到景帝末年和武帝初年，社会和国家都已经比较富庶。文景时期政治清明、经济发展，人民生活安定，称得上是太平盛世。因此史家称这段统治时期为“文景之治”。

2. 汉武帝

微视频

汉武帝敬贤

汉武帝即位初，政治形势比较稳定，国家经济状况也比较好，但是诸侯王国的分裂因素依然存在，边境匈奴袭扰不断。汉武帝推行了一系列实现封建大一统的措施。

（1）政治方面：改革官制，加强皇权；大量选拔人才，加强朝廷对地方官僚的控制；实行“推恩令”，削弱王国势力，加强中央集权；强化完善封建法制，维护封建秩序。

（2）经济方面：改革币制，一方面稳定了金融，另一方面将地方的铸币权重新统一于中央，推行全国法定货币；盐铁官营，这项制度使国家独占关乎国计民生最重要的手工业和商业的利润；平抑物价，征收工商业者的营业税和财产税等。

汉武帝

（3）军事方面：汉武帝时期开始，国力强盛，击败强大的匈奴帝国，远征西域大宛，征服西域，收服两越，通西南夷，东灭朝鲜。

（4）思想方面：汉武帝采纳董仲舒“罢黜百家，独尊儒术”的建议，把儒家学说作为封建正统思想。尊儒尚法是汉武帝实行统治的根本思想。汉武帝独尊的“儒术”，与孔孟为代表的先秦儒家思想有所不同，它是指以儒家学说为基础，经董仲舒的改造、发挥，吸收了法家、道家以及阴阳五行家等学派的一些思想所形成的“新儒学”，此后成为中国封建社会的正统思想。

汉武帝开创了西汉王朝最鼎盛繁荣的时期，是中国封建王朝第一个发展高峰，专制主义中央集权空前加强，这对于统一的多民族国家的巩固和发展有着十分重要的作用，他的治理使汉朝成为当时世界上最强大的国家。

3. 光武中兴

25 年，刘秀称帝，定都洛阳，史称“东汉”，刘秀就是汉光武帝。刘秀统治时期，以“柔道”治天下，采取一系列措施，恢复、发展社会生产，缓和西汉末年以来的社会危机。

（1）先后下了九道释放奴婢和禁止残害奴婢的命令。

（2）注意减轻赋税，恢复西汉较轻的田税制，实行三十税一，废除王莽时的苛捐杂税。

（3）注意整顿吏治，严惩贪官酷吏。

（4）裁并地方官衙，削减官吏，复员军队，让大批劳动力回乡，从事农业生产。

（5）提倡节俭。

种种措施，使东汉初年出现了社会安定、经济恢复、人口增长的局面，史称“光武中兴”。

4. 西域都护府

公元前 60 年，西汉政府在西域设置西域都护，进行军事、政治管理，保护商旅往来。第一任西域都护是郑吉。这是西域正式归属于中央政权的开始。从此，新疆地区开始隶属于中央政府管辖，纳入中华版图。正是从西汉开始，今天中华的版图疆域初步奠定。

5. 丝绸之路

汉武帝时，张骞出使西域，首次开拓丝路；东汉时，班超经营西域并再次打通延伸了丝路。从此，汉朝的使者、商人接踵西行，大量丝帛锦绣沿着丝路不断西运，西域各国的珍奇异物也陆续流入中国。这条沟通中西交通的陆上要道，就是著称于后世的“丝绸之路”。丝绸之路的开通是划时代的重大事件。汉武帝以后，还开辟了与南海诸国及印度半岛等地的水上交通线，从事经常性的贸易往来，这就是“海上丝绸之路”。海上丝绸之路从广东沿海港口出发，向西沿海岸线、中南半岛南下，绕过今马来半岛，出马六甲海峡，到孟加拉湾沿岸诸国，最远抵达印度半岛南端。海上丝绸之路的开通，加强了中国和东南亚、南亚各国的关系，从水路沟通了东西之间的联系。

马王堆素纱衣

微视频

穿越传奇千年，重走丝绸之路

“丝绸之路”的得名，是因为中国的丝绸最初由陆上道路运往地中海的西方世界，成为中国输出的最具代表性的商品。但它的更大贡献却是推动了东西文化交流，最显著的例子便是中国发明的造纸术、印刷术、火药等，后来都是由这条丝绸之路传入西亚再传至欧洲的。佛教、伊斯兰教、基督教也是由此路首先向东传入中国的。因此，丝绸之路是地理大发现之前一条世界文化交流的主要通道，它不仅沟通了东西方文明，而且促成了这两个文明的相互渗透。目前，丝绸之路的研究已成为一门国际性的专门学问。

课堂讨论

近几十年来，在我国新疆发现许多汉代的丝织品，在马来西亚发掘出与汉代陶片纹饰相似的陶片，在印度尼西亚出土了汉代的钱币和陶器。这些考古发现，说明了什么问题？

三、秦汉的科技文化

秦汉时期，是中国古代科技文化大发展的时期。这一发展是对先秦科技文化成就的总结和升华，又为此后两千多年的封建文化的发展奠定了基础。决定这一发展的主要因素有两个：一是以地主土地所有制为基础的封建经济的发展，二是封建国家长期统一和比较稳定的社会环境。

1. 罢黜百家，独尊儒术

汉武帝时期，儒生董仲舒为了适应君主专制中央集权政治的需要，对儒家学说做了发展：宣扬天是万物的主宰，皇帝是天子，代表天统治人民，全国人民都要服从皇帝的统治，这叫作“大一统”。为了维护政治上的统一，就需要实行思想上的统一，因此提出“罢黜百家，独尊儒术”的建议，主张只提倡儒家学说，禁止其他各学说的传播。汉武帝接受了董仲舒的建议，用儒家思想教育青年子弟。此后，儒家思想逐渐成为封建社会的统治思想，并成为两千多年来中国传统文化的主流。

2. 王充

我国古代杰出的唯物主义思想家。东汉前期，他对神学展开了深刻的批判。《论衡》是王充的代表作品，也是中国历史上一部不朽的无神论著作。王充认为，万物由元气构成，元气是一种客观物质。他反对天人感应说，反对有鬼论，认为精神依存于形体，“人死不为鬼”，从无鬼论出发，反对厚葬，提倡薄葬。

3. 造纸术

我国是世界上最早发明纸的国家。西汉以前，人们主要在竹、木简和帛上进行书写。西汉前期，我国劳动人民发明了造纸术，开始用丝絮和麻纤维造纸。东汉元兴元年(105 年)，蔡伦改进了造纸术。他用树皮、麻头、渔网等原料，经过挫、捣、抄、烘等工艺制造的纸，是现代纸的起源。这种纸，原料易得，价格低廉，纸张质量也有提高，逐渐普及使用。为纪念蔡伦的功绩，后人把这种纸叫作“蔡侯纸”。造纸术的发明，推动了我国文化事业的发展，造纸术经过几个世纪以后，传到了朝鲜、日本、印度和阿拉伯，后经北非传到欧洲，促进了人类文化的传播。

蔡伦

伴随造纸术传至世界各地，蔡伦的名字也随之传扬。日本有蔡伦宫，法国有蔡伦博物馆，美国的造纸博物馆里陈列着蔡伦的画像。蔡伦上奏造纸，被公认为是人类文明发展史上最值得纪念的事件之一。

4. 张衡

东汉时期伟大的天文学家、数学家、发明家、地理学家、制图学家、文学家，为我国天文学、机械技术、地震学的发展做出了不可磨灭的贡献。他最重要的发明是能够测定地震方位的地动仪，这是世界上最早的测定地震方位的仪器，比欧洲第一台地动仪早 1 700 多年。张衡留下的书有《灵宪》和《浑天仪图注》，前者是天文学著作，后者是为浑天仪写的说明。

5. 张仲景

东汉末年著名医学家，写出了传世巨著《伤寒杂病论》。他确立的辨证论治原则，是中医临床的基本原则，是中医的灵魂所在。在方剂学方面，《伤寒杂病论》也做出了巨大贡献，创造了很多剂型，记载了大量有效的方剂，是中医史上第一部理、法、方、药具备的经典。他对中医学的贡献，就相当于孔子对儒家，牛顿、爱因斯坦对物理学的贡献。后世尊张仲景为“医圣”。

6. 华佗

微视频

“神医”华佗

东汉末年著名医学家，他医术全面，尤其擅长外科，精于手术，被后人称为“外科圣手”“外科鼻祖”。他曾用“麻沸散”将病人麻醉后施行剖腹手术，这是世界医学史上应用全身麻醉进行手术治疗的最早记载。又仿虎、鹿、熊、猿、鸟等禽兽的动态创作了名为“五禽之戏”的体操，教导人们强身健体。后因不服曹操征召被杀，所著医书《青囊书》已佚。由于他医术高超并具有救死扶伤的精神，被尊称为“神医”。

7. 《史记》

微视频

司马迁写《史记》

司马迁撰写的中国第一部纪传体通史，是二十五史的第一部。记载了上自上古传说中的黄帝时代，下至汉武帝太初四年间共 3 000 多年的历史。它包罗万象，又融会贯通，脉络清晰，以人物传记为中心来反映历史内容，不仅是杰出的历史著作，还是一部优秀的文学著作，在文学史上有重要地位，具有极高的文学价值，被鲁迅誉为“史家之绝唱，无韵之《离骚》”，是历代王朝编写史书的典范。

8. 佛教的传入

佛教是世界三大宗教之一，公元前 6 世纪创立于印度，创始人乔达摩·悉达多，亦被尊称为释迦牟尼。其教义主要有：人生是苦难，要人们忍受苦难，死后入极乐世界。西汉末，佛教经中亚沿丝绸之路传入我国。传入我国后，又分化为内传佛教和藏传佛教。佛教传入我国后，受到了一些封建统治者的欢迎和支持。东汉初年，汉明帝派使者到西域求佛法，一些贵族供奉佛像，建造寺庙，有人还翻译佛经。佛教之所以受到封建统治者的欢迎和支持，是因为它要求人们忍受现世的一切苦难，而追求根本不存在的所谓来世的幸福，从而起到麻痹人民斗志的作用，适应了统治阶级的需要。正是在封建统治者的支持之下，东汉末年，佛教在我国逐渐流传起来。

9. 道教的出现

道教，由道家思想和民间神仙方术发展而来，是我国土生土长的宗教。东汉时期，道教在民间兴起，创始人之一叫张陵。道教尊老子为教主，主张修身养性，炼制丹药，以得道成仙。道教迎合了人们追求长生不老的欲望，亦符合封建统治者统治人民的需要，在诸多方面产生了重要影响，如建筑（道观）、医药（炼丹、火药）、武术（武当派）、气功等。

课堂讨论

一位著名的物理学家曾在一篇文章中写道：“从纪元开始，中国领导世界的技术，直到大约 1600 年。”请列出秦汉时期中国领先于世界的科技成就。

第四节　三国、两晋、南北朝

从 220 年曹丕建魏到 589 年隋朝完成统一，这段时期历史上称魏晋南北朝时期，这是中国历史上政权更迭最频繁的时期。由于长期的封建割据和连绵不断的战争，这一时期中国文化的发展受到特别的影响。同时，这一时期也是民族大融合的时期。

一、从统一到分立

1. 三国分立（220—280 年）

汉献帝建安五年（200 年），曹操军与袁绍军相持于官渡（今河南中牟），在此展开战略决战。曹操奇袭袁军在乌巢的粮仓（今河南封丘），继而击溃袁军主力，史称“官渡之战”。此战奠定了曹操统一中国北方的基础。曹操统一北方后，想乘胜统一全国。建安十三年（208 年）在长江赤壁（今湖北省赤壁市西北），孙权、刘备联军大破曹操大军，史称“赤壁之战”，这是奠定三国鼎立基础的以少胜多的著名战役，也是中国历史上第一次在长江流域进行的大规模江河作战，标志着中国军事政治中心不再限于黄河流域。

课堂讨论

谈一谈什么是“挟天子以令诸侯”“唯才是举”？这些举措为曹操带来了什么好处？

220 年，曹操的儿子曹丕自称皇帝，建立魏国，定都洛阳。221 年，刘备在成都称帝，建立蜀汉政权，史称蜀国。222 年，孙权建立吴国，后定都建业（今江苏南京）。至此，三国鼎立的局面形成。

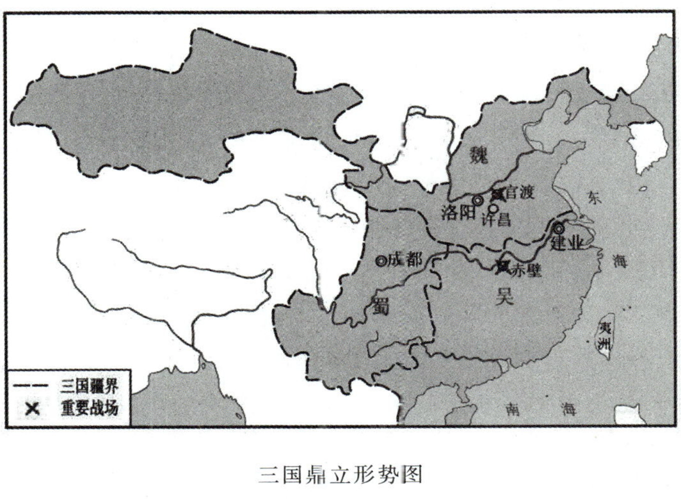

三国鼎立形势图

魏、蜀、吴三国鼎立期间，虽然兼并战争仍旧继续进行，但是，由于三国的统治者为了巩固和发展自己的势力，都比较重视社会生产的发展和社会秩序的安定。相比东汉末年无数军阀割据混战的纷乱局面，三国鼎立的局面要好得多。实际上三国鼎立是中国遭受十几年大破坏以后逐渐恢复统一的一个过渡阶段，三国的统治者在本国内所采取的某些政治、经济措施，客观上对全国的统一都起着重要的作用，它们的产生和存在都是合理的，为全国的再次统一奠定了基础。

2. 两晋的建立

263 年，魏出兵灭蜀。266 年，魏国权臣司马炎废魏帝自立，建立晋朝，定都洛阳，史称“西晋”。280 年，西晋派兵灭吴，统一南北。晋惠帝时，阶级矛盾和民族矛盾互相交织，社会动荡，匈奴贵族刘渊趁机起兵。316 年，匈奴兵占长安，俘虏了西晋的皇帝，西晋灭亡。317 年，皇族司马睿重建晋朝，定都建康(今江苏南京)，史称“东晋”。

3. 淝水之战

4 世纪后半期，氐族贵族建立的前秦统一了黄河流域。383 年，前秦出兵伐晋，在淝水(现今安徽省寿县的东南方)交战，东晋谢石、谢玄败苻坚于淝水，最终东晋仅以 8 万军力大胜 80 余万前秦军。前秦和东晋的淝水之战，是我国历史上著名的以弱胜强的战役。

淝水之战是东晋十六国时期最大的战争。淝水之战后，东晋王朝的统治得到了稳定，有效地遏制了北方少数民族贵族的南侵，为江南地区社会经济的恢复和发展提供了必要的契机。对于前秦来说，这场战争促成了北方地区暂时统一局面的解体，战后不久前秦的统治就被瓦解。

4. 南北朝

420 年，东晋大将刘裕废掉东晋皇帝，自称皇帝，国号宋，史称“刘宋”。刘宋以后，南方又先后经历了齐、梁、陈三朝，都城均建在建康。历史上把这四个朝代称为“南朝”。与南朝同时，北方鲜卑族拓跋部首领拓跋珪建立了北魏，统一了黄河流域。535 年，北魏分裂为东魏和西魏。后来东魏和西魏又各为北齐和北周所代替，北方的这五个朝代总称为“北朝”。北朝和南朝同时并存，合并起来称为“南北朝”。

5. 北魏孝文帝改革

北魏统一黄河流域后，各族人民共同生活，互相影响，出现了民族大融合的趋势，他们在反抗各族统治者压迫和剥削的斗争中加强了联系和友谊。面对民族融合的趋势，北魏统治者接受一些汉族地主的建议，实行了改革，比较重要的是北魏孝文帝的改革。北魏孝文帝主要从两个方面进行了改革。

(1)推行均田制。在均田制的同时又颁布了与之相联系的租调制。均田制使农民分得了一定数量的土地，将农民牢牢束缚在土地上，成为国家的编户，保证了地主们的基本利益及土地私有制。而租调制则相对减轻了农民的租调负担，改善了农民的生产生活条件，从另一方面促进了生产力的发展。

(2)接受汉族统治阶级的政治制度，迁都洛阳，革除鲜卑旧俗，接受汉族先进文化，禁胡服、断北语、改复姓、定族姓等。

北魏孝文帝的改革,促进了北方经济的恢复和发展,北方农民生活相对稳定。他所采取的汉化措施加速了北方各族封建化的进程,促进了北方民族的大融合。

二、三国两晋南北朝的经济

1. 屯田制

建安元年(196 年),曹操击败了颍川汝南的黄巾军,夺得了一大批耕牛、农具和劳动力。枣祗建议曹操利用这些农具,在许昌一带开垦土地,实行屯田,以解决粮食问题。曹操采纳了他的建议,并任命他为屯田都尉,全权负责屯田事宜。为了解决军粮问题,吴、蜀两国也效法曹魏实行屯田。这样,屯田制成为三国时期招抚流民、发展农业生产的主要措施。屯田制是一种封建土地国有制,它将流民与土地结合,稳定了社会秩序,促进了农业生产的恢复和发展。

2. 江南的开发

江南地区的社会生产力水平远比黄河流域落后。三国时期,江南的农业生产虽然有所发展,但仍然比不上北方,很多土地没有开垦,农作物产量很低。西晋末年,北方大批农民南迁,带来了比较先进的生产工具和生产技术,同南方人民共同开发江南地区。南朝的一些统治者比较重视发展生产,注意减轻农民的负担,兴修了许多水利工程,开辟出大片良田,水稻培植技术有了提高,小麦种植开始推广,牛耕普遍使用,生产力水平不断提高。江南的经济迅速发展起来,为隋唐经济的繁荣奠定了基础。

课堂讨论

西晋末年为什么会出现人口大迁徙的现象?今天国家掀起的西部大开发热潮,有什么现实意义?

三、三国两晋南北朝的科技文化

1. 数学

祖冲之是我国杰出的数学家,他将圆周率 π 值计算到小数点后的第 7 位,即 3.1415926 到 3.1415927 之间,比欧洲要早 1 000 多年。这项成就在当时处于世界领先水平。他将自己的数学研究成果汇集成一部著作,名为《缀术》,唐朝国学曾经将此书定为数学课本。

2. 农学

《齐民要术》是北魏时期中国杰出的农学家贾思勰所著的一部综合性农书,也是世界农学史上极早的专著之一,是中国现存的最完整的农书。《齐民要术》系统地总结了 6 世纪以前黄河中下游地区农牧业生产经验、食品的加工与贮藏、野生植物的利用等,对中国古代汉族农学的发展产生有重大影响。

3. 哲学

范缜是南北朝时期著名的唯物主义思想家，杰出的无神论者。他在《神灭论》一开始就提出了“形神相即”的观点，指出形体和精神是既有区别、又有联系的不可分离的统一体，即两者“名殊而体一”，或曰“形神不二”。《神灭论》揭穿了统治阶级利用佛教愚弄百姓的骗局，在中国古代思想发展史上具有划时代的意义。

4. 书法艺术

王羲之是东晋时期著名书法家，有“书圣”之称，其书法兼善隶、草、楷、行各体，精研体势，心摹手追，广采众长，备精诸体，冶于一炉，摆脱了汉魏笔风，自成一家，影响深远。其字风格平和自然，笔势委婉含蓄，遒美健秀。人们赞美他的字“飘若浮云，矫若惊龙”。代表作《兰亭集序》被誉为“天下第一行书”。

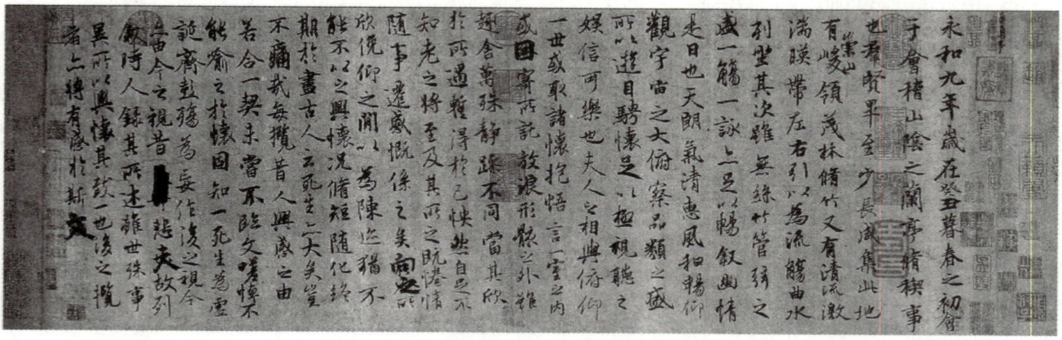

《兰亭集序》

5. 佛教与石窟艺术

微视频

敦煌莫高窟

随着佛教的传入，我国的石窟艺术在一些地方逐渐发展起来。北魏前期开凿的山西大同云冈石窟和北魏孝文帝迁都时开凿的河南洛阳龙门石窟，以及大部分开凿于隋唐时期的甘肃敦煌莫高窟，成为我国现存石窟中规模最大、内容最丰富的三大石窟艺术宝库，反映了古代人民在雕刻艺术上的巨大成就。

第五节 隋、唐

隋唐时期，分为隋朝和唐朝两个时期。两朝在思想上比较开放，在政治、经济、文化、科技、军事上得到前所未有的发展，隋、唐两朝君主在治国政策上较为开明，强有力的中央集权制度使得全国政局相对稳定。隋唐时期是我国封建社会的繁荣时期。

一、隋朝政治

隋文帝

隋朝(581—618年),上承南北朝,下启唐朝。创建者是隋文帝杨坚,定都长安(今陕西西安)。

1. 隋朝的统一

魏晋南北朝后期,各民族人民共同生活,互相融合,南北统一条件成熟;北方农业的恢复与发展,为隋朝的统一奠定了经济基础;隋文帝重视并加强了军队建设,为隋朝的统一准备了军事条件;江南经济的发展,为统一创造了条件。

581年,隋文帝杨坚受禅于北周静帝建立隋朝,北周亡。589年,隋灭陈统一全国。

隋朝的统一,结束了国家长期分裂的局面,社会秩序安定下来,农民有较多的时间从事生产,南北的经济文化得到了发展与交流。

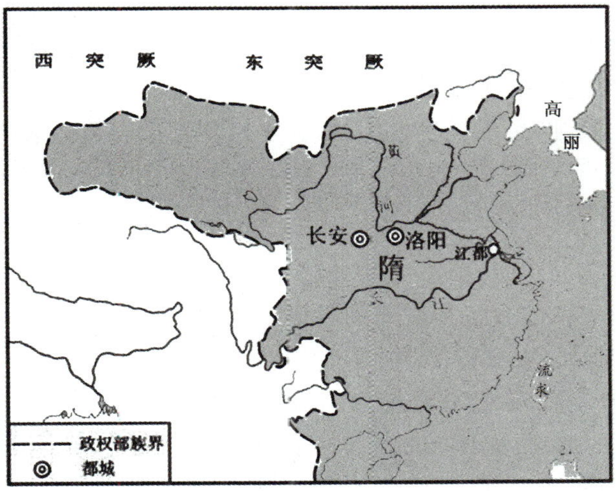

隋朝疆域图

2. 三省六部制

三省六部制是隋文帝创立的,三省为全国最高行政机构。唐太宗时进一步划分三省的职权:三省同为最高政务机构,一般中书省负责起草政令,门下省负责审议,尚书省负责执行,三省的长官均为宰相。中书省长官称中书令,门下省长官称侍中,尚书省长官为尚书令。六部为尚书省下设机构:吏部(掌管官吏的任免与考核等)、户部(掌管土地户口、赋税财政等)、礼部(掌管典礼、科举、学校等)、兵部(掌管军事)、刑部(掌管司法刑狱)、工部(掌管工程营造、屯田水利等)。各部长官称尚书,副职称侍郎,下有郎中、员外郎、主事等官职。六部制从隋唐开始实行，一直延续到清末。

三省六部职权既有分工，又有合作，互相牵制和监督，从而使官僚机构形成完整而又严密的体系，提高了行政效率，加强了中央的统治力量；分散了丞相及中央机构的权力，把相权“一分为三”，互相牵制；将尚书省权分六部，既限制了地方割据势力的产生和发展，又推动部门牵制与机构运转，加强了皇权。三省六部制的确立和完备，是中国官制史上的重大变革，此后，历朝基本上沿袭这种制度。

3. 科举制

隋统一全国后，隋文帝为了适应封建经济和政治关系的发展变化，扩大封建统治阶级参与政权，加强中央集权，于是把选拔官吏的权力收归中央，废除九品中正制，开始采用分科考试的方式选拔官员。隋炀帝时设置进士科，我国科举制正式诞生。

唐贞观时增加考试科目，以进士和明经两科为主。武则天时首创了武举和殿试。开元年间任用高官主持考试，提高了科举考试的地位，以后成为定制。

科举制的创立是封建选官制度的一大进步，起到了抑制门阀的作用，扩大了官吏的来源，提高了官员的文化素质，加强了中央集权，有利于政局的稳定。这一制度为历朝沿用，影响深远。

二、唐朝的统治

618 年，李渊建立唐朝，定都长安（今陕西西安），并且设有东都洛阳。唐朝是中国封建社会中统一时间很长、国力极强盛的朝代之一。

1. 贞观之治

618 年，隋炀帝被部将所杀，腐朽残暴的隋王朝在农民起义的风暴中灭亡了。当农民起义蓬勃发展的时候，隋朝大臣李渊和其子李世民等趁机起兵，攻占长安，于 618 年建立唐朝，定都长安。626 年，唐高祖李渊把帝位传于李世民，李世民就是唐太宗。

唐太宗

唐太宗吸取隋亡的教训，积极听取群臣的意见，注意调整统治政策。其主要政绩有以下几点：①任用贤臣，善于纳谏。任用被称为“房谋杜断”的房玄龄、杜如晦为宰相，任用著名谏臣魏徵；②调整统治政策，沿用北魏以来的均田制，又实行租庸调制，使农民得到一定的土地，纳绢代役保证了农民的生产时间，有利于农业生产的发展；③继续采用隋朝的三省六部制，完善了专制主义中央集权制度。进一步完善隋朝的科举制度，使门第不高但有才能的人参与到政权中来；④实行开明的民族政策，注意改善与少数民族的关系，促进了各民族间的经济文化交流；⑤实行促进对外交往的政策，注意发展与周边国家的关系。那时与唐朝交往的国家有 70 多个，中国在国际上有很高的声望。

唐太宗统治时期，阶级矛盾相对缓和，社会安定，政治清明，经济繁荣，国力强盛，社会出现了国泰民安的局面。因唐太宗年号为“贞观”，历史上把这一时期称为“贞观之治”。

2. 文成公主

微视频

文成公主入藏

文成公主是唐朝宗室女，唐贞观十五年（641 年）与吐蕃松赞干布联姻。文成公主入吐蕃，带去大批的手工艺品和多种生产技术、医药书籍，大大有利于吐蕃经济、文化的发展。唐蕃自此结为姻亲之好，两百年间，凡新赞普即位，必请唐朝天子“册命”。

课堂讨论

如果你跟随文成公主入吐蕃，你能帮文成公主做些什么有益于吐蕃的事情？回忆汉朝的“昭君出塞”，并比较其同唐朝文成公主入藏有何相似之处。

3. 武则天

武则天是中国历史上唯一的女皇帝。她奖励农业生产，使社会经济持续发展；对有才能的人，破格选用和升迁，如名相姚崇、狄仁杰等。然而，在她统治期间，也存在一些弊政，如重用武氏家族，大肆崇佛等。武则天当政时，社会经济持续发展，国力不断上升，后人称她的统治“政启开元，治宏贞观”。

武则天

4. 开元盛世

武则天以后，唐朝政局动荡，直到唐玄宗即位，才稳定了局面。唐玄宗统治前期，励精图治，颇有作为，能够任用贤能，如宰相姚崇、宋璟、张九龄等，进行了一系列改革，使开元间的政局为之一新，经济迅速发展，政治清明，文教昌盛，天下大治，唐朝进入全盛时期，史称“开元盛世”。

5. 安史之乱

唐玄宗统治后期，宠爱杨贵妃，不理政事，重用奸诈的李林甫、杨国忠，政治十分腐败。另外，军事上安排失当，形成外重内轻及军备废弛的局面，使得节度使的权力越来越大，不受中央节制。755 年，节度使安禄山起兵叛乱。后来，安禄山的旧将史思明又起兵反唐。直到763 年，唐军才打败叛军。这场持续八年的战争，史称“安史之乱”。安史之乱是唐王朝由盛转衰的转折点，虽然乱事最终得以平定，可是对中国后世的政治、经济、文化、对外关系的发展等均产生极为巨大而深远的影响，此后唐朝出现长期的藩镇割据局面。

6. 黄巢起义

唐朝后期，政治混乱黑暗，土地兼并严重。唐朝末年水旱灾害频繁，官吏却照旧催租。875 年，王仙芝领导山东、河南一带农民数千人在长垣起义。同年，黄巢起义响应。后来，王仙芝战死，起义军在黄巢领导下，采用避实击虚的方针，流动作战，转战了大半个中国。881 年初，起义军开进长安，建立政权，国号大齐。唐朝统治者向起义军反扑，883 年，起义军撤出长安，884 年，黄巢在泰山附近兵败自杀。

黄巢起义产生了深远的历史意义。首先，黄巢起义是唐代历史上规模最大的农民起义，直接打击了唐朝政府的腐朽统治，冲击了最高统治者，加速了唐朝的灭亡。其次，沉重打击了封建地主阶级，进一步摧垮了魏晋以来腐朽的士族势力。再次，农民军首次提出平均思想，反映了广大农民均产、均田的要求。

三、隋唐经济

1. 大运河

605 年，隋炀帝下令开凿大运河。大运河以洛阳为中心，北到涿郡（今北京），南抵余杭（今浙江杭州），分为永济渠、通济渠、邗沟和江南河四段，全长 2 700 多公里，连接海河、黄河、淮河、长江和钱塘江五大水系，成为南北交通的大动脉，对南北经济的交流起了很大的作用。它是世界上最早、最长的人工运河，也是世界上伟大的工程之一。

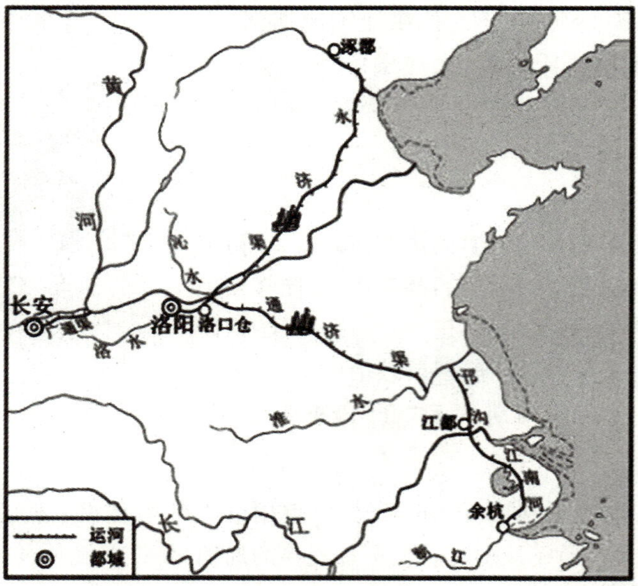

隋朝大运河示意图

课堂讨论

古人评论大运河说：“天下转漕，仰此一渠。”你能说出这句话是什么意思吗？想一想，水运粮食在古代为什么重要？

2. 均田制与租庸调制

唐初统治者继续沿用了北魏以来的均田制。唐朝的均田制规定，每满18岁以上的男子受田100亩。其中20亩可以传给子孙，叫作“永业日”；80亩归农民使用，死了以后归政府回收，叫作“分口田”。唐朝的租庸调制规定，成年男子每年向官府交纳谷物两石，叫作“租”；纳绢两丈或布两丈四尺，叫作“调”；服徭役20天，不去服役的也可以交纳绢或布以代役，叫作“庸”。唐朝的庸不再有年龄限制。均田制使农民得到一定土地；租庸调制，特别是纳绢代役，保证了农民的生产时间。这些在客观上都有利于农业生产的发展。

3. 两税法

随着封建经济的发展，土地买卖频繁，唐朝后期，土地兼并更加严重。政府手里缺乏可以直接支配的土地，不能继续受田。均田制遭到破坏，租庸调制也无法继续维持，政府财政收入相应地大幅减少。为了解决财政困难，780年，唐政府接受宰相杨炎的建议，实行了两税法。两税法实质上就是以户税和地税来代替租庸调的新税制，按户等纳钱，按田亩纳粟米，一年分夏季和秋季两次纳税。两税法改变了自战国以来以人丁为主的赋税制度，这是我国封建社会赋税制度的一次重大改革和进步。

4. 曲辕犁

唐代后期出现的曲辕犁和以前的耕犁相比，有重大改进。它将直辕、长辕改为曲辕、短辕，并在辕头安装可以自由转动的犁盘，这样不仅使犁架变小变轻，而且便于调头和转弯，操作灵活，节省人力和畜力，提高了农业生产效率。

曲辕犁

四、隋唐文化

1. 文学

唐朝是我国诗歌史上的黄金时代，流传至今的有2 000多位诗人创作的近5万首诗歌。唐诗的发展经历了以下几个阶段：

(1)“初唐四杰”——王勃、杨炯、卢照邻、骆宾王；此外，陈子昂也是初唐有名的诗人，并且是唐诗革新的先驱。

(2)盛唐时期，经济繁荣，国力强盛，唐诗发展至顶峰时期，题材广泛，流派众多，出现“边塞诗派”(代表人物高适、岑参)与“田园诗派”(代表人物孟浩然、王维)等。伟大的浪漫主义诗人李白和现实主义诗人杜甫，即是这一时期最杰出的代表。他们的诗雄视千古，为一代之冠，在他们的笔下，无论五律七律、五绝七绝、古风歌行皆达到很高的艺术水平，正如韩愈所说，“李杜文章在，光焰万丈长”。

★微视频

李白将进酒

(3)中唐诗坛倡导诗歌要反映生活，白居易的讽喻诗就是这类诗的代表。

(4)晚唐较著名的诗人有温庭筠、李商隐、杜牧、韦庄等。他们的咏史诗感人至深。

李白

杜甫

2. 雕版印刷术

我国是世界上最早发明印刷术的国家,印刷术中雕版印刷为最早。早在隋唐期间,已有雕版印刷的佛经、日历和诗集。世界上现存最早的、标有确切日期的雕版印刷品是 868 年唐朝印制的《金刚经》。雕版印刷术的发明极大地促进了文化的传播。

3. 天文学

僧一行是唐代杰出天文学家,在他的倡议和指导下,唐政府派人到全国进行天文观测。他在世界上首次推算并测量出子午线长度,这对于测知地球大小有重大参考价值。他还编制了《大衍历》,比较准确地反映了太阳的运行规律,这表明中国古代历法的成熟。

4. 医学

唐代孙思邈著有《备急千金要方》,简称《千金要方》或《千金方》,共 30 卷,约成书于永徽三年(652 年),属于综合性临床医著。该书集唐代以前诊治经验之大成,对后世医家影响极大,孙思邈被后世尊称为“药王”。孙思邈重视医德,是中医医德规范的制定人。

5. 建筑

隋唐时期,由于经济繁荣和交通运输的需要,建造的桥梁很多,其中最有名的就是赵州桥。赵州桥坐落在河北赵县洨河上,建于隋大业年间(605—618 年),由著名匠师李春设计和建造,距今已有约 1 400 年的历史,几经地震,桥身仍然坚固,是当今世界上现存最早、保存最完善的古代敞肩石拱桥。赵州桥在中外桥梁史上居于重要地位。

微视频

赵州桥

五、中外交流

1. 玄奘

玄奘是汉传佛教史上伟大的译经师之一,出家后遍访佛教名师,中国佛教法相唯识宗创始人。太宗贞观三年(629 年),玄奘从京都长安出发,历经艰难,抵达天竺。他游学于天竺各地,于贞观十九年(645 年)回到长安,在大慈恩寺、洪福寺、玉华寺等寺院研究和翻译佛经直到圆寂,所译佛经 70 多部。玄奘所译佛经多用直译,笔法严谨,所撰《大唐西域记》是研究印度以及中亚等地古代历史地理的重要资料。他还奉唐太宗之命将老子的《道德经》译成梵文,介绍到天竺,为中印文化交流起到了重要的作用。玄奘的故事在民间广泛流传,例如,《西游记》中心人物唐僧,即是以玄奘为原型。

2. 鉴真

鉴真是中国唐朝僧人,律宗南山宗传人,日本佛教律宗开山祖师,著名医学家。日本人民称鉴真为"天平之甍",意为他的成就足以代表天平时代文化的高峰。他经过 10 多年的努力,6 次出海,历经艰辛,最后于 754 年到达日本。那时他已 67 岁,双目失明。他把中国的建筑艺术、雕塑艺术和医药学带到了日本,至今留存的日本奈良招提寺就是在他的设计和指导下建成的,他还为日本鉴定了许多中草药。鉴真为中日交往做出了特殊贡献。

课堂讨论

说说鉴真东渡和玄奘西游的故事,我们从他们身上能学到哪些可贵的品质呢?

3. 遣唐使

隋唐时期,中日两国交往密切。隋朝时,已有日本遣隋使来华。从唐贞观年间开始,日本派出的遣唐使有 10 多次,人数最多的时候达 600 人,其中不少是留学生和学问僧。他们认真学习唐朝的典章制度,对传播中华文化起到了重要作用。日本大化改新,就是由留学唐朝的人发起的。新政中的制度,大多以唐制为蓝本。日本都城的建造完全仿制唐长安的样式。各级学校也教授儒学。

第六节　五代、辽、宋、夏、金、元

从 907 年后梁建立到 1368 年元朝灭亡为止,是我国五代、辽、宋、夏、金、元时期。这一时期各民族政权先后建立,民族融合进一步发展,专制主义中央集权制度进一步加强,商品经济有了极大的发展,出现了许多领先世界的科技成就。

一、政权并立

五代十国(907—960 年)是中国历史上的一段大分裂时期,它是指从唐朝灭亡到北宋建立之间的历史时期。其中五代是指 907 年唐朝灭亡后依次更替的位于中原地区的 5 个政权,即后梁、后唐、后晋、后汉与后周。960 年,赵匡胤篡夺后周政权建立北宋,五代结束。而在唐末、五代及宋初,中原地区之外存在过许多割据政权,其中前蜀、后蜀、吴、南唐、吴越、闽、楚、南汉、荆南、北汉 10 个割据政权,合称"十国"。

北宋(960—1127 年)由赵匡胤建立,定都汴梁(今河南开封);南宋(1127—1276 年)由赵构创建,定都临安(今浙江杭州);辽(契丹,916—1125 年)由耶律阿保机创立,定都临潢府(今内蒙古赤峰巴林左旗南波罗城);金(女真,1115—1234 年)由完颜阿骨打建立,定都会宁(今黑龙江阿城区南);西夏(党项,1038—1227 年)由元昊建立,定都兴庆(今宁夏银川)。北宋先后统一了尚存的武平、后蜀、南汉、南唐、吴越国、北汉等政权,基本实现统一。

1. 辽宋"澶渊之盟"

唐末,原住在辽河上游一带的契丹族势力发展起来。916 年,耶律阿保机称帝,建立契丹国,后来契丹改国号为辽。1004 年秋,辽国大举进犯中原,打破数州,在直逼京都之时,宋真宗本欲迁都金陵南逃,但宰相寇准等主战派力谏其御驾亲征。真宗勉强到了澶州北城,在城楼上召见了各军将领。宋军将士看到城楼上的黄龙旗,得知皇帝到了,立即高呼万岁,士气大振,将辽打退数十里。第二年,辽宋达成和议,辽撤兵,北宋给辽"岁币",史称"澶渊之盟"。

澶渊之盟是宋朝在有利的军事形势下求和的结果。对宋而言,一方面燕云十六州的失地未能收回,另一方面要输金纳绢以求辽国不再南侵,此后辽更是不断索取,加重了北宋的经济负担,以金钱换取和平也使北宋不再居安思危。对辽国而言,却是在不利的军事情势下占了大便宜,得到了战场上得不到的东西。不过,澶渊之盟以后,宋辽双方大致保持了百余年之和平,这对两国之间的贸易关系、民间交往和各民族之间的融合是非常有利的。

2. 宋夏和战

北宋初期,在宁夏、甘肃一带生活着以游牧为主的党项族。1038 年,党项族首领元昊称大夏国皇帝,定都兴庆,史称"西夏"。元昊称帝后,连年与宋交战,西夏虽多次取得胜利,但战争破坏了双方的正常贸易,损失很大。1044 年,宋夏订立和约:夏向宋称臣,宋给西夏"岁币"。议和后,宋夏边境贸易兴旺。

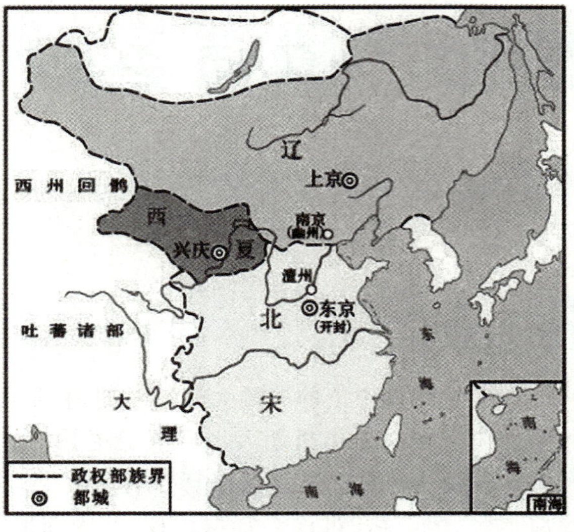

辽、北宋、西夏形势

3. 岳飞抗金

12 世纪，居住在中国东北松花江流域的女真族建立金国，先后灭掉辽国和北宋。北宋灭亡的那年，金国人无心统治中原地区，就想出了“以汉治汉”的方法——立傀儡皇帝张邦昌为帝，张邦昌仅当了 33 天的皇帝，就将政权转让给了宋高宗赵构，赵构建立起南宋王朝。南宋初年，金军几次南下，赵构只知南逃，不敢抵抗，甚至一度乘船入海，不敢登陆。一些主战派将领坚决抗击金兵，岳飞是其中最著名的一员。金军控制北方大片领土后，岳飞率宋军联合北方的抗金义军，给金军以重大打击。他的军队作战勇敢，纪律严明，被称为“岳家军”，成为当时抗金力量的中坚。1140 年，金军以兀术为统帅，大举攻宋。岳飞率军在郾城迎击金军主力，取得大捷，并乘胜进逼开封。金军准备撤退，宋高宗和秦桧为首的投降派，害怕抗金力量壮大对他们不利，合谋向金求和，命令岳飞班师，继而解除岳飞的兵权，并以“莫须有”的罪名将其杀害。

岳飞在抗金斗争中打击了金军的气焰，阻止了金军的南下，为南方的经济发展创造了条件，符合人民的愿望，其功绩不可磨灭。

1141 年，宋金订立和议，南宋对金称臣，向金送交“岁贡”，两国以淮水和大散关为界。至此形成宋金南北对峙局面。

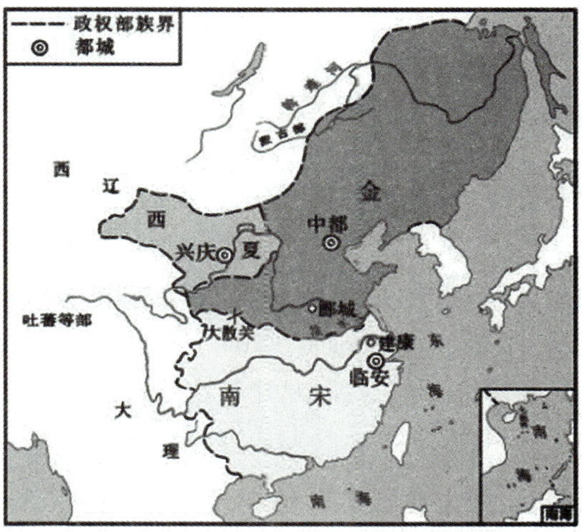

金、南宋对峙形势

二、经济重心南移

我国古代经济发展的重心长期在黄河流域。唐末五代后，南方经济加快发展，人口迅速增加，经济重心南移。两宋时，南方已经成为全国的经济重心。

1. 南方农业的发展

长期以来，由于北方战乱较多，北方人口大量南迁。南方的开发也使人口的自然增长较快，到北宋时，南方的人口数量逐渐超过了北方。

两宋时期，南北各地的农作物品种得到交流，粮食产量大大增加。太湖流域的苏州、湖州成为天下闻名的重要粮产区。从越南引进的占城稻普遍种植，稻麦两熟制得到推广，北方的农作物在南方种植日益增多，棉花、茶叶等经济作物的种植区域也扩大了。

2. 南方手工业的兴旺

两宋时期，南方的丝织业发展迅速，江浙一带的丝绸制品的产量很高，四川则有“罗织锦绣甲天下”的美称。棉织业也不断发展，棉布成为长江下游地区的著名特产。两宋时期是制瓷业发展的辉煌时代，瓷窑遍布全国，江西景德镇已发展成为著名的瓷都。

3. 南方商业的繁荣

北宋时，在频繁的交易中，四川地区印制了纸币“交子”，南宋时，又发行了纸币“会子”。两宋时期的海外贸易空前发展，广州、泉州、明州成为三大对外贸易港口，并设立了专门管理外贸的市舶司。

课堂讨论

想一想，人们为什么要发明纸币？纸币与金属货币相比有哪些优点？

三、王安石变法

阶级矛盾尖锐，富者有田无税，贫者负担沉重，连年的自然灾害加剧了农民苦难，因各地农民暴动频繁；民族对立严重，北宋与西夏和辽国两国发生过多次战争；国家财政入不敷出，国库空虚，出现了严重的财政危机，导致积贫局面的形成；军队战斗力低下，导致宋军在与辽、西夏的战争中连年战败，形成积弱的局面。1069年，宋神宗任用王安石实行变法，希望通过变法达到富国强兵、缓和阶级矛盾、挽救封建统治危机的目的。

1. 变法内容

(1)富国之法。①青苗法：规定在每年春夏两季青黄不接时，由官府贷款或借谷物给农民，收获后还本付息。实行青苗法的目的是使农民在青黄不接之际，不受“兼并之家”高利贷的盘剥，使农民能够“赴时趋事”，但具体实施中出现强制借贷现象，此法是王安石变法措施中争议最大的内容。②农田水利法：规定各地兴修水利工程，用工的材料由当地居民照户等高下进行分派。只要是靠民力不能兴修的，其不足部分可向政府贷款，取息一分，如一州一县不能胜任的，可联合若干州县共同负责。③募役法(免役法)：募役法废除原来按户等轮流充当州县差役的办法，改由州县官府自行出钱雇人应役，雇员所需经费由民户按户分摊。这使得农民从劳役中解脱出来，保证了劳动时间，促进了生产发展，也增加了政府的财政收入。④市易法：在东京设置市易务，出钱收购滞销货物，市场短缺时再卖出。这就限制了大商人对市场的控制，有利于稳定物价和商品交流，也增加了政府的财政收入。⑤方田均税法：清查豪强地主隐瞒的土地，增加了财政收入，减轻了农民负担，但却严重损害了大官僚大地主的利益，遭到他们的强烈反对。⑥均输法：设立发运使，掌握东南六路生产情况和政府与宫廷的需要情况，按照“徙贵就贱，用近易远”的原则，统一收购和运输。这一法令降低了国家支出，减轻了纳税户的额外负担，限制了富商大贾对市场的操纵和对民众的盘剥，便利了市民生活。

(2)强兵之法。①保甲法：政府把农村住户组织起来，十家编为一保。保丁平时种田，闲时练兵，战时编入军队作战。保甲法既加强了对人民的控制，又增强了抵御辽和西夏进攻的军事力量，减少了军费开支。②将兵法：又叫置将法。废除北宋初年订立的更戍法，设“将”为军队编制的基本单位，每将设置正副将各一人，专门负责操练军队，改变了兵将分离的局面以提高军队素质。

(3)取士之法。①改革科举制度：规定进士科不考诗赋，专考经义和时务策，设明法科。②整顿太学：设专门学校培养人才。③唯才用人：打破按资升迁的成规，重用有志于改革的官员。

2. 变法结果

王安石变法对于增加国家收入，有着积极的作用，北宋积贫积弱的局面得以缓解。但是，在新法推行的过程中，由于用人不当，出现了一些危害百姓的现象；新法触动了大地主大官僚的利益，遭到他们的强烈反对。宋神宗死后，司马光出任宰相，新法几乎全部被废除。

3. 变法影响

王安石变法产生了十分重要的历史意义。它是在北宋中期阶级矛盾非常尖锐的情况下进行的改革运动，在一定程度上改变了北宋积弱积贫的局面，缓和了社会矛盾，增加了政府的财政收入，有利于培养人才，客观上也促进了社会的进步和发展。但是由于时代和阶级的双重局限，这种变法不可能从根本上消除封建统治的危机。王安石变法的失败是多种因素造成的。其变法虽然失败了，但他这种勇于斗争的精神是可贵的，不愧为我国古代杰出的政治家、改革家。

四、元朝

元朝(1271—1368 年)是蒙古族建立的中国历史上第一个少数民族建立的大一统帝国，定都大都(今北京)。

1. 西藏正式成为元朝的行政区域

元朝政府将西藏设立为中央政府的一个行政区域，在中央设立专门负责管理西藏事务的中央机构宣政院，在西藏设立宣慰使司都元帅府，简称宣慰司。并清查户口，设立驿站，对西藏地方各级官员实行任免、赏罚制度。尽管中国经历了几代王朝的兴替，但历代中央政府始终对西藏行使着有效的管辖权。

2. 行省制度与宣政院

蒙古族原先居住在也里古那河东部，后来散布到蒙古高原的广大地区。1206 年，蒙古

铁木真

贵族在斡难河源奉铁木真为大汗，尊号成吉思汗，蒙古汗国（大蒙古国）建立。1271 年，元世祖忽必烈定国号为“大元”，取《易经》中“大哉乾元”之意，次年，定都燕京，称为大都。在这期间，蒙古在 1218 年灭西辽，1227 年灭西夏，1234 年灭金国，1246 年招降吐蕃，1253 年灭大理，1276 年灭南宋，1279 年消灭南宋残余势力，元朝最终统一中国。

为对全国实行有效的统治，元朝建立行省制度，即在中央设中书省、枢密院、御史台，在地方设行中书省，简称“行省”。中书省上承天子下总百司，为全国最高行政机构并管辖大都及周围地区；枢密院为全国最高军事管理机构；御史台为最高监察机关。地方的行中书省（行省或省）是中书省的派出机构。另外，在中央设宣政院，统领宗教事务和管辖西藏地区，西藏成为元朝的正式行政区。

3. 澎湖巡检司

元朝时，大陆和琉球（今中国台湾）的联系进一步加强，设置了澎湖巡检司管辖澎湖和琉球（今中国台湾）。

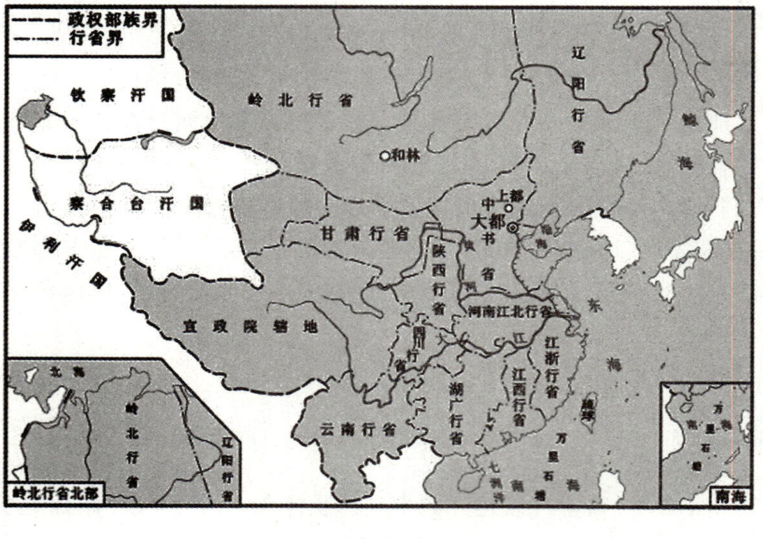

元朝疆域

4. 民族分化政策

元朝统治者为了巩固蒙古贵族的统治地位，实行民族分化政策，把全国各族人分成四等。一等“蒙古人”；二等“色目人”，包括西域各族和原来的西夏人；三等“汉人”，包括原来金统治区域下的汉族人、契丹人和女真人等；四等“南人”，地位最为低下，包括原先南宋统治区域下的汉族人和其他各族人。这四等人在政治和法律上的地位高低虽然不同，但实际上，汉族地主也担任官职，广占土地，而蒙古族贫民也有破产流亡甚至沦为奴隶的。

五、五代、辽、宋、夏、金、元的科技文化

1. 文学

词是一种新体诗歌，始于唐，定型于五代，盛于宋。宋词是中国古代文学皇冠上光辉夺目的一颗巨钻，在古代文学的阆苑里，她是一座芬芳绚丽的园圃。她以姹紫嫣红、千姿百态的风神，与唐诗争奇，与元曲斗艳，历来与唐诗并称双绝，都代表一代文学之盛。两宋时期，优秀词人和词作层出不穷，代表人物有北宋的苏轼（豪放派创始人和代表）、南宋的辛弃疾（豪放派代表）、两宋之交的李清照（婉约派代表）等。苏轼的代表作有《念奴娇·赤壁怀古》《水调歌头·明月几时有》等。辛弃疾的代表作有《菩萨蛮·书江西造口壁》《破阵子·醉里挑灯看剑》等。李清照的作品渗透了忧伤的感情，代表作有《一剪梅·红藕香残玉簟秋》《临江仙·庭院深深深几许》等。

元曲是盛行于元代的一种文艺形式，包括杂剧和散曲，有时专指杂剧。杂剧，宋代以滑稽调笑为特点的一种表演形式，元代发展成戏曲形式，每本以四折为主，有时在开头或折间另加楔子。每折由同宫调同韵的北曲套曲和宾白组成。如关汉卿的《窦娥冤》，流行于大都（今北京）一带。

2. 科学技术

沈括，字存中，号梦溪丈人，杭州钱塘（今浙江杭州）人，北宋科学家、改革家，博学多才，成就显著，我国历史上最卓越的科学家之一。他精通天文、数学、物理学、化学、地质学、气象学、地理学、农学和医学，还是卓越的工程师、出色的外交家。他创制的“十二气历”，是一种先进的、合理的历法，有利于安排农时。晚年以平生见闻，在镇江梦溪园撰写了笔记体巨著《梦溪笔谈》，内容包括我国古代许多科学成就以及沈括自己在科学技术上的创见。英国学者李约瑟称沈括是“中国科学史上最卓越的人物”，《梦溪笔谈》是“中国科学史上的里程碑”。

11 世纪中期，在雕版印刷术的基础上，北宋人毕昇，总结了历代雕版印刷丰富的实践经验，经过反复试验，制成了胶泥活字，实行排版印刷，完成了印刷史上一次重大的革命，比欧洲早了 400 年。

毕昇

课堂讨论

想想看，雕版印刷和活字印刷有什么不同？为什么说活字印刷“既经济，又省时”？今天的印刷业又有什么新发展？

3. 指南针和火药

指南针是一种辨别方位的简单仪器，又称指北针。它的前身是战国时期的司南。指南针常用于航海、大地测量、旅行及军事等方面。南宋时，由阿拉伯人传到了欧洲，为欧洲航海家发现美洲和实现环球航行，提供了重要条件。

火药是中国人发明的，距今已有一千多年了。火药的研究开始于古代道家炼丹术。隋代时，诞生了硫黄、硝石灰和木炭三元体系火药。唐末，火药开始用于军事。北宋时，军事上广泛使用火药。元朝时，火药和火药武器经过阿拉伯人传到欧洲。

4. 天文学

郭守敬，字若思，顺德邢台（今河北邢台）人。元朝天文学家、数学家、水利专家和仪器制造专家。郭守敬曾担任都水监，负责修治元大都至通州的运河。1276 年郭守敬修订新历法，花 4 年时间制订出《授时历》，通行 360 多年。这是当时世界上最先进的一种历法。

5. 绘画

微视频

《清明上河图》

《清明上河图》描绘了北宋时期都城东京（今河南开封）的状况，主要是汴京以及汴河两岸的自然风光和繁荣景象。作者以长卷形式，采用散点透视的构图法，将繁杂的景物纳入统一而富于变化的图画中。该画卷是北宋画家张择端仅有的存世精品，属国宝级文物，也是中国十大传世名画之一。

6. 史学

《资治通鉴》，是北宋司马光主编的一部多卷本编年体史书。它以时间为纲，事件为目，该书记载了从周威烈王二十三年（公元前 403 年），到五代的后周世宗显德六年（959 年）征淮南，共 16 朝 1 362年的历史。这是中国第一部编年体通史，在中国官修史书中占有极其重要的地位。

第七节　明、清（鸦片战争以前）

明清时期（1368—1840 年）是明朝和清朝前期（鸦片战争以前）的合称。明、清两代是中国封建历史的最后两个朝代，君主专制达到顶峰，中国统一多民族的形势得到巩固，中国的版图大致稳定。

一、明朝

明朝是中国历史上最后一个由汉族建立的大一统封建王朝。1368 年，明太祖朱元璋在南京应天府称帝，国号大明。明初定都于应天府（今江苏南京），1421 年迁都至顺天府（今北京），而应天府改称为南京。

课堂讨论

在我国历史上，像朱元璋这样参加过农民起义的开国皇帝还有谁？

1. 君主专制的加强

为了加强君主专制，明朝统治者采取了一系列措施。具体措施有：

(1)行政方面，在中央撤销中书省和丞相，把相权分给六部，还设殿阁大学士，备皇帝顾问。在地方，明太祖为加强对地方控制，废行省，设三司(承宣布政使司、提刑按察使司、都指挥使司)，分管地方行政、司法和军政。三司长官互不统属，直接对皇帝负责。

丞相的废除意味着皇权的进一步加强，从体制上保证了君主的绝对权威。明成祖时，形成内阁制度，中央和地方的政权完全由皇帝控制。

(2)军事方面，在中央，明太祖设五军都督府，与兵部共管兵权，相互牵制。明太祖又创立了卫所制度，各卫、所分属于各省的都指挥使，统由中央五军都督府管辖。

这些举措使兵部、都督府和卫所总兵、将官都不能专军权，军权集中在皇帝手里。

锦衣卫木印

(3)监察方面，明太祖改御史台为都察院，作为中央监察机关。都察院与中央司法机关大理寺、刑部合称“三法司”。“三法司”不能决断的案件，由皇帝裁决。为了监视官吏和镇压人民反抗，明太祖设立锦衣卫，明成祖时设立“东厂”，明朝中期又设立“西厂”，锦衣卫、东厂、西厂都是特务机构，合称“厂卫”，明朝还有一种叫“廷杖”的刑罚，即皇帝在殿廷杖责官员。

使国家司法权集中在皇帝手里，厂卫机构的设立是明朝君主专制空前加强的表现。

(4)学校和科举。明代学校用以培育人才，科举用以选拔人才。学校在中央称为国子监，又名国学、太学。在地方上的称为府、州、县学。在科举考试方面，考试分为两级：低一级的是乡试，高一级的是会试和殿试。考试的内容是儒学的四书五经，应考者不许发挥独立见解，文体为“八股文”。

八股取士束缚了知识分子的思想，加强了封建君主专制。

(5)《大明律》和《大诰》。以朱元璋为代表的明代统治者很重视法律规范的修订，严刑峻法。《大明律》继承了明代以前中国古代法律文献的历史优点，是中国古代法律编纂的历史总结。明太祖朱元璋亲自编定了刑典《大诰》。

2. 靖难之役

明太祖朱元璋把儿孙分封到各地做藩王，藩王势力日益膨胀。他死后，孙子朱允炆即位，就是建文帝。建文帝采取一系列削藩措施，严重威胁藩王利益，坐镇北平的明太祖第四子燕王朱棣起兵反抗，随后挥师南下，史称“靖难之役”。1402 年，朱棣攻破明朝京城南京，战乱中建文帝下落不明。同年，朱棣即位，就是明成祖。靖难之役是明朝开国皇帝朱元璋死后不久爆发的一场统治阶级内部争夺皇位的战争。

3. 郑和下西洋

微视频

郑和下西洋

明朝前期国力强盛，为了宣扬国威，加强与海外诸国的联系，满足统治者对异域珍宝特产的需求，明成祖派郑和出使西洋。

1405—1433 年，郑和先后 7 次航海，到达过亚非 30 多个国家和地区，最远到达非洲东海岸和红海沿岸。

郑和下西洋展示了明朝前期中国国力的强盛，中国的海军纵横大洋，实现了万国朝贡，盛世追及汉唐；加强了中国明朝政府与海外各国的联系，向海外诸国传播了先进的中华文明，加强了东西方文明间的交流；它改变了自明太祖朱元璋以来的禁海政策，开拓了海外贸易。这是中国古代历史上最后一件世界性的盛举，从此再没有此类的壮举。

郑和

郑和下西洋不计成本，7 次下西洋给明朝财政造成巨大经济负担，随着国力的衰退，航海的壮举必然随之悄然结束。

4. 戚继光抗倭

14 世纪初，日本进入南北朝分裂时期，封建诸侯割据，互相攻战，争权夺利。在战争中失败了的一些南朝封建主，就组织武士、商人和浪人到中国沿海地区进行武装走私和抢劫烧杀的海盗活动，历史上称他们为“倭寇”。明初，倭寇对中国沿海进行侵扰，辽东、山东到广东漫长的海岸线上，岛寇倭夷，到处剽掠，沿海居民深受其害。明朝政府派遣将领，调集军队，进行有力的抗击。民族英雄戚继光和他的“戚家军”在抗击倭寇的斗争中做出了巨大的贡献。戚继光率领陆军与另一抗倭名将俞大猷率领的水师，互相配合，合理进攻，到 1565 年，东南沿海的倭寇基本被肃清了。

5. 明末农民战争

明朝后期，政治腐败，宦官专权，土地高度集中，政府不断加派田赋，致使民众不堪重负，阶级矛盾异常尖锐。当时陕北一带土地贫瘠，生产落后，赋税和徭役严重，加之连年发生灾荒，所以率先引发农民起义。

1628 年，陕北农民起义爆发，涌现出高迎祥等几十支起义军。高迎祥称“闯王”，他死后，李自成被拥戴为“闯王”。起义军的主力分成两支，一支由李自成率领，另一支由张献忠率领。1640 年，李自成率领农民起义军进入河南，针对土地高度集中和赋税十分严重的状况，提出了“均田免粮”的口号。1641 年，起义军攻入洛阳，处死贪暴的福王。李自成占领西安后，于 1644 年建立农民军政权，国号大顺。同年 3 月，李自成率领农民军向北京进军，沿途宣布 5 年不征，一民不杀，平买平卖。1644 年 3 月，李自成率农民军攻入北京，明崇祯皇帝上吊身亡，明朝的腐朽统治被推翻。同年，李自成率军东征，同吴三桂和清军在山海关展开激战，战斗失利，回师北京，向陕北撤退。1645 年，李自成在湖北通山县九宫山遭遇地主武装的袭击，壮烈牺牲。第二年冬，张献忠在四川牺牲。李自成牺牲后，农民军余部继续同清军作战，又坚持了近 20 年。明末农民起义军与明清军队经过 30 余年的反复较量，推翻了明朝，打击了清朝，在中国农民战争史上占有重要地位。

二、清朝

1. 清朝的建立

明朝后期，辽东建州女真的杰出首领努尔哈赤逐步统一了女真各部，他创建了八旗制度。1616年，清太祖努尔哈赤建国称汗，国号大金，史称“后金”。1636年，清太宗皇太极称帝，改国号为“大清”。1644年，李自成的大顺军攻占北京，明朝灭亡；驻守山海关的明将吴三桂降清，清摄政王多尔衮指挥清军入关，打败大顺农民军；同年，清顺治帝迁都北京，从此清朝取代明朝，掌握全国的统治。清入关后20年时间里，先后灭亡大顺、大西和南明等政权，基本统一全国。清朝是中国历史上第二个由少数民族建立的统一政权，也是中国最后一个封建帝制国家，对中国历史产生了深远影响。

2. 军机处

军机处以加强皇权为目的，以用兵西北为初衷，成立于雍正七年(1729年)。雍正帝增设军机处，由皇帝派亲信组成，军国大事完全由皇帝裁决，军机大臣只是记录后传达给中央各部和地方官员去执行。军机处的设立是清代中枢机构的重大变革，标志着清代封建专制发展到了顶峰。

3. 文字狱

文字狱是封建社会统治者迫害知识分子的一种冤狱，目的是从思想上加强对人民的控制，实行文化专制。清朝时期的文字狱是空前绝后的，而且随着统治的稳固而加深，越是统治稳定的时期，文字狱就越是登峰造极。据记载，仅庄廷鑨《明史》一案，“所诛不下千余人”。从康熙年间到乾隆年间，就有10多起较大的文字狱，被杀人数之多可想而知。

课堂讨论

“明月有情还顾我，清风无意不留人”是雍正帝时的一位进士写的，他被斩首。你认为诗里有什么问题吗?

4. 收复台湾

1624年，荷兰殖民主义者侵占中国台湾。明末清初，郑成功下决心赶走侵略军。1661年3月，郑成功亲率2.5万名将士，分乘几百艘战船，浩浩荡荡从金门出发。次年初，侵略军头目揆一被迫到郑成功大营，在投降书上签了字。至此，郑成功从荷兰侵略者手里收复了沦陷38年的中国神圣领土台湾。1683年，清军进入台湾，1684年，设置台湾府。

郑成功

5. 统一多民族国家的巩固

明代草原上的蒙古族分为鞑靼和瓦剌等部，威胁明朝北疆。永乐年间，其首领先后接受明朝封号，北方相对稳定。明中期，国力衰退，瓦剌骑兵曾抵北京城下。明后期，鞑靼首领俺答汗与明朝修好，蒙汉两族和平友好数十年。明末清初，蒙古族分为漠南、漠北、漠西三部。清军入关前，漠南蒙古已归属清。后来，其他两部也臣服清朝。17 世纪中期，漠西蒙古的准噶尔部噶尔丹称汗后国力逐渐强盛，占据天山南北，又进攻漠西和漠南蒙古。清军与噶尔丹及其后继者进行了约 70 年的斗争，终于在 1757 年将准噶尔贵族割据势力粉碎，统一天山北路。在乌里雅苏台设将军，加强对蒙古各部的管理。1757 年，天山南路的回部贵族大小和卓兄弟发动叛乱，被清军迅速平定。1762 年，清军设伊犁将军，统管包括巴尔喀什湖在内的整个新疆地区。1771 年，西迁伏尔加河下游的漠西蒙古土尔扈特部，在其首领渥巴锡的率领下，历尽艰辛回到祖国。

明称西藏为乌斯藏。整个明代，西藏各教派势力都一心拥护中央政府。清军入关后，五世达赖来京朝贺，顺治帝接见了西藏黄教首领五世达赖，正式赐予“达赖喇嘛”的封号。后来，康熙帝又赐予另一个黄教领袖五世班禅以“班禅额尔德尼”的封号。此后，历世达赖和班禅都必须经过中央政权的册封。雍正时期，清军设置驻藏大臣，驻藏大臣代表中央政府，同达赖和班禅共同管理西藏事务。驻藏大臣的设置，标志着中央政府对西藏管辖的加强。

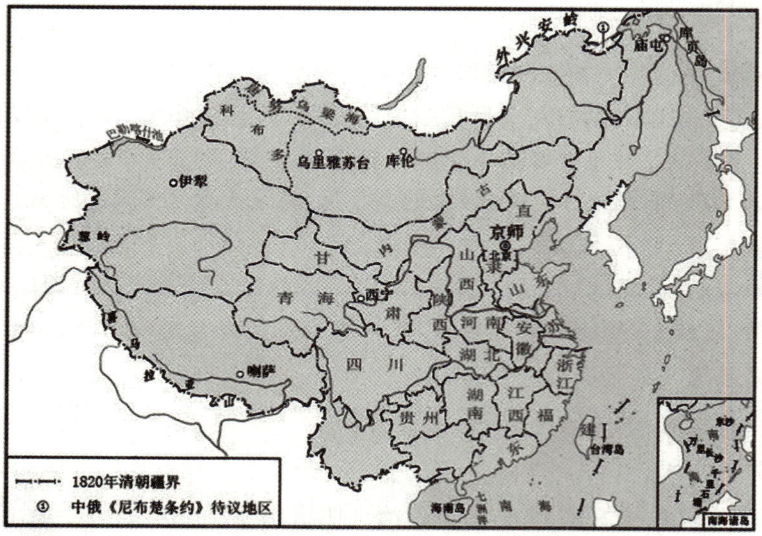

清朝疆域

明朝在平定云南之后就根据云南少数民族的特点，在广大少数民族地区实行土司制度，并不断地使之完善。可是随着社会的不断发展和进步，土司制度的弊端越来越明显，已经不再适合边疆少数民族地区的发展和中央的统治了，废除土司制度已成为历史发展的必然。于是，在明朝末年的时候，在一些条件比较成熟的地方首先废除土司，改以流官取代土官，实行“改土归流”。可是有目的、有计划的、大规模的“改土归流”主要是发生在清代雍正年间，这不但促进了西南地区社会经济的发展和文化教育的进步，也大大加强了清王朝在云南的统治,使云南边疆与内地在政体上逐渐统一,从而进一步巩固了多民族国家的统一。郑成功收复台湾以后,台湾处于郑氏子孙的统治之下。1683 年,清廷命水师提督施琅进军台湾。澎湖一战,郑军大败,郑克塽投降,台湾纳入清朝版图。第二年,清设台湾府,隶属福建省。台湾府的设置,促进了台湾的开发,巩固了祖国的海防。

清朝奠定了我国今天疆域的基础,鼎盛时领土达 1 300 万平方公里。疆域西跨葱岭,西北达巴尔喀什湖,北接西伯利亚,东北至黑龙江以北的外兴安岭和库页岛,东临太平洋,东南到台湾及附属岛屿钓鱼岛、赤尾屿等,南至南海诸岛。清朝是中国历史上统一全国的大王朝之一,各民族之间的经济文化联系加强了,边疆地区也得到了开发。

三、明清经济与科技文化

1. 一条鞭法

明中叶后,土地兼并剧烈,地权高度集中,加以官绅包揽、大户诡寄、徭役日重、农民逃徙,里甲户丁和田额已多不实,政府财政收入减少。

针对这种现象,1581 年,张居正为了增加明朝政府的财政收入,开始实行“一条鞭法”,即把原来的田赋、徭役和杂税合并起来,折成银两,分摊在田亩上,按田亩多少来收税。一条鞭法实行后,一定程度上缓解了明朝财政的窘况。但是,它触动了大地主、大官僚的利益,受到大地主和大官僚的反对,实行不久就被废止了。然而,改用银两收税的办法却保留了下来。

一条鞭法是介于“两税法”与摊丁入亩之间的一种赋役制度。在我国封建社会后期的赋役制度的演变中有着承前启后的作用。它将力役部分摊入田赋,加强了力役由户丁转向土地的趋势。同时,折银制度和雇役反映了商品经济的发展和农民对封建国家的人身依附关系的松弛。此外,由于赋税折银征收对货币地租的产生和部分农产品的商品化起了促进作用,从而更有利于城乡经济的繁荣。

2. 摊丁入亩

摊丁入亩是清朝政府将历代相沿的丁银并入田赋征收的一种赋税制度。由于将丁银摊入田赋征收,废除了以前的“人头税”,无地的农民和其他劳动者摆脱了千百年来的丁役负担;地主的赋税负担加重,在一定程度上限制或缓和了土地兼并;而少地的农民负担则相对减轻。这是中国封建社会后期赋役制度的一次重要改革,于康熙、雍正、乾隆年间普遍实行,客观上是对最底层农民人身控制的放松。它有利于调动广大农民和其他劳动者的生产积极性,促进社会生产的进步。

3. 明末清初三大思想家

黄宗羲,明末清初经学家、史学家、思想家、地理学家、天文历算学家、教育家,通过抨击“家天下”的君主专制制度,向世人传递了光芒四射的“民主”精神,这在当时黑暗的社会环境下是极其可贵的,他提出君主“以为天下利害之权皆出于我,我以天下之利尽归于己,以天下之害尽归于人”,对君主“家天下”的行为从根本上否定了其合法性。黄宗羲认为要限制君主的权力，提倡“法制”，反对“人治”。他反对重农抑商，提出“工商皆本”的主张。他的思想震动了当时的学术界，对晚清民主思潮的兴起也有一定的影响。

顾炎武，明末清初思想家、史学家、语言学家，他学问渊博，强调经世致用之学，开清代朴学风气。他反对“独治”，主张“众治”，即“以天下之权，寄之天下之人”。这种怀疑君权、提倡“众治”的主张，具有反对封建专制独裁的早期民主启蒙思想的色彩。他还提出了“天下兴亡，匹夫有责”的响亮口号。顾炎武所说的“天下兴亡”，不是指一家一姓王朝的兴亡，而是指广大的中国人民赖以生存的整个中华民族的存亡。因此，他的“天下兴亡，匹夫有责”的口号，就成为一个具有深远意义的口号，成为激励中华民族奋进的精神力量。

王夫之，世界上最著名的思想家、哲学家、史学家、文学家、美学家之一，为湖湘文化的精神源头，与黑格尔并称东西方哲学双子星座，他是中国朴素唯物主义思想的集大成者、启蒙主义思想的先导者。他强调“气”是一切变化着的物质现象的实体，是客观存在，“理”是客观规律；提出“气者，理之依也”和“天下惟器”的唯物主义观点，还提出了一些朴素辩证法思想，提倡用发展观点来看待历史。

4. 徐光启

明末数学家、科学家、农学家、政治家、军事家。他编写的《农政全书》主要包括农政思想和农业技术两大方面，分类引录了古代的有关农事的文献和明朝当时的文献，综合介绍了我国传统农业，建立了一个比较完整的农学体系。徐光启也是中西文化交流的先驱之一，他与西方传教士合译的《泰西水法》一书，介绍了欧洲先进的水利工具和技术。他还与利玛窦合译了《几何原本》等著作。

5. 宋应星

明末科学家，他在江西分宜教谕任内著成《天工开物》一书，该书详细叙述了各种农作物和手工业原料的种类、产地、生产技术和工艺装备，以及一些生产组织经验，有大量确切的数据，还绘制了 123 幅插图。《天工开物》被誉为中国 17 世纪的工艺百科全书。

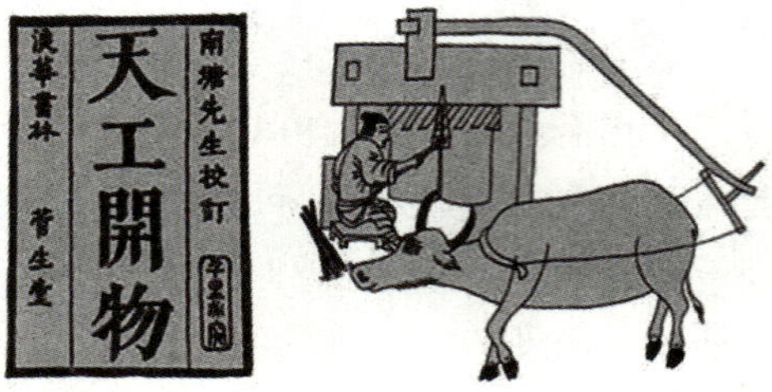

《天工开物》插图

6. 李时珍

中国古代伟大的医学家、药物学家，李时珍曾参考历代有关医药及医药书籍 800 余种，结合自身经验和调查研究，历时 27 年编成《本草纲目》一书，是我国古代药物学的总结性巨著，不仅为中国药物学的发展做出了重大贡献，而且对世界医药学、植物学、动物学、矿物学、化学的发展也产生了深远的影响，在国内外均有很高的评价。已有多种文字的译本或节译本，传遍五大洲。

7. 明清小说

明清是中国小说史上的繁荣时期。这个时代的小说从思想内涵和题材上来说，最大限度地包容了传统文化的精华，而且经过世俗化的图解后，传统文化以可感的形象和动人的故事而走进了千家万户。

《三国演义》是由罗贯中于元末明初以陈寿《三国志》为蓝本写成，此书生动描述了东汉末年群雄割据、三国鼎立、最后司马氏统一天下的复杂历史，结构严谨，场面壮观，人物众多。书中人物有类型化的倾向，语言半文半白，显示出由历史向文学嬗变的痕迹。

课堂讨论

根据《三国演义》这部作品，你能说出历史和历史小说的区别吗？

《水浒传》描述了北宋宣和年间以宋江为首的108个人被逼上梁山、"替天行道"的雄壮故事。它是中国第一部用通俗口语写成的长篇小说，在文学史和汉语史上都有很高的价值。

《西游记》取材于唐代僧人玄奘去天竺(印度)取经的事迹，由吴承恩在民间传说和有关话本、杂剧的基础上改写而成。该书想象丰富，手法浪漫，语言诙谐，是白话小说中独树一帜的优秀之作。书中孙悟空的形象是人民群众敢于同恶势力作斗争、不怕困难等优秀品质的艺术概括，也寄托了人民战胜邪恶势力的美好理想。

《红楼梦》是中国现实主义文学的经典之作。该书以曹家生活为原型，以贾宝玉与林黛玉、薛宝钗的爱情与婚姻悲剧为主要线索，描写了贾氏家族由盛而衰的历史，反映出进入晚期的中国封建社会不可避免的崩溃命运，并具有初步的民主主义思想倾向。

《儒林外史》是清代小说家吴敬梓创作的章回体长篇小说。作者对生活在封建末世和科举制度下的封建文人形象的成功塑造，以及对吃人的科举制度、封建礼教和腐败事态的生动描绘，使小说成为中国古代讽刺文学的典范，也使作者吴敬梓成为中国文学史上批判现实主义的杰出作家之一。

《聊斋志异》是中国清代著名小说家蒲松龄创作的短篇小说集。题材广泛，内容丰富，艺术成就很高。作品成功地塑造了众多的艺术典型，人物形象鲜明生动，故事情节曲折离奇，结构布局严谨巧妙，文笔简练，描写细腻，堪称中国古典文言短篇小说之巅峰。

同步练习

一、选择题

1. 暑假期间，小明计划去考察元谋人遗址，他应该去 ( )

A. 北京 B. 陕西 C. 河南 D. 云南

2. 人与动物的根本区别是 ( )

A. 能不能直立行走　　B. 会不会说话
C. 会不会制造工具　　D. 会不会使用火

3. 下列古人类中,已进入母系氏族社会的有　（　　）
①元谋人　②北京人　③半坡人　④河姆渡人
A. ①③　B. ②③　C. ①④　D. ③④

4. 下列有关炎帝和黄帝的说法中错误的是　（　　）
A. 有关他们的传说是我们祖先经长期口耳相传保存下来的“历史”
B. 有关他们的传说已经被证明是真实的历史
C. 相传炎帝部落和黄帝部落距今约 5 000 年前
D. 黄帝被称为“人文初祖”

5. 城濮之战的双方为　（　　）
A. 齐、楚　B. 晋、楚　C. 齐、秦　D. 吴、越

6. 下列人物中具有人定胜天思想的唯物主义思想家是　（　　）
A. 墨子　B. 孟子　C. 荀子　D. 韩非子

7. 秦统一后,首先作为全国规范文字的是　（　　）
A. 甲骨文　B. 小篆　C. 楷书　D. 隶书

8. 制成世界上最早的地震仪的科学家是　（　　）
A. 蔡伦　B. 张仲景　C. 张衡　D. 华佗

9. 曹操统一北方的决定性战役是　（　　）
A. 巨鹿之战　　B. 官渡之战
C. 长平之战　　D. 赤壁之战

10. 魏晋南北朝时期和隋唐前期江南的农业都有了较大的发展,其相同原因是　（　　）
A. 北方大量人口的南迁,促进了当地农业的发展
B. 南方少数民族与汉族融合,加速了当地经济的发展
C. 统治者的重农政策,有利于农业的发展
D. 农业生产工具的改进,推动了农业的发展

11. 隋唐时起,从洛阳出发沿大运河到江都,途经的河段依次是　（　　）
A. 邗沟、江南河　　B. 永济渠、通济渠、邗沟
C. 通济渠、邗沟　　D. 通济渠、江南河、邗沟

12. 我国采用考试的办法选拔官员开始于　（　　）
A. 秦朝　B. 汉朝　C. 隋朝　D. 宋朝

13. 唐初统治者调整统治政策,客观上最能体现儒家“仁政”思想的是　（　　）
A. 三省六部制、科举制　　B. 租庸调制、科举制
C. 均田制、科举制　　D. 租庸调制、均田制

14. 下列属于北宋加强中央集权,削弱地方权力的措施的是　（　　）
①实行禁军制度　②设枢密使　③设知州和通判　④设转运使

A. ①③　　B. ②④　　C. ①③④　　D. ②③④

15. 据《萍洲可谈》载，北宋时有人在广州看到“舟师识地理，夜则观星，昼则观日，阴晦观指南针”。材料最能说明　　(　　)

A. 指南针用于风水观测　　B. 广州出现了专职气候观测师

C. 北宋时就发明了指南针　　D. 航海使用多种观测技术

16. 蒲松龄在他的代表作《聊斋志异》中写了许多妖鬼狐仙的故事，以此来表达自己的感情，这说明　　(　　)

A. 蒲松龄对现实生活了解不多

B. 妖鬼狐仙故事确实存在

C. 清朝时期大兴文字狱，实行文化专制政策，蒲松龄只能以此表达对现实的不满

D. 清朝时期市民阶层开始形成，这类故事符合他们的口味

17. 明清时期，资本主义萌芽开始出现。但一直到鸦片战争前夕，萌芽虽有壮大，却无突破，资本主义始终未能成为时代的主要潮流。其最根本的原因是　　(　　)

A. 西方资本主义国家的不断侵入

B. 腐朽的封建制度严重阻碍资本主义萌芽的成长

C. 中国始终没有出现独立的手工工场

D. 统治者实行闭关锁国的政策

18. 1669 年康熙帝宣布原明朝藩王的土地归现在耕种的人所有，这实际上是　　(　　)

A. 封建赋税制度的一项变革

B. 封建国家减轻对农民的剥削

C. 承认农民战争对生产关系的局部调整

D. 废除封建地主土地所有制

二、请将下列相关的内容用直线连接起来

退避三舍	桂陵之战	赵括
围魏救赵	长平之战	晋文公
纸上谈兵	城濮之战	勾践
卧薪尝胆	吴越争霸	孙膑

三、非选择题

1. 阅读材料：

材料一：(江南地区)地域辽阔而人烟稀少；稻米和鱼是主要食物，人们还可以从山泽中采集植物果实和贝类为食；放火烧荒，耕种水田；不需要商人贩卖货物，没有非常富裕的人。

——《史记》

材料二：(江南)地广野丰，民勤本业，一岁或稔，(稔：丰收。)则数郡忘饥。丝绵布帛之饶，覆衣天下。(覆衣天下：这里指江南地区出产的丝绵布帛可以供天下人享用。)

——《宋书》

请回答：

(1)材料二中描写的江南地区与材料一相比发生了什么变化？

(2)导致这种变化的因素有哪些？

2. 有位阿拉伯商人来到广州，拜见一位唐朝官员。他透过丝绸衣服看到官员胸口上有粒黑痣，惊奇地问："您胸前的痣，怎么能透过两层衣服还看得见？"官员哈哈大笑，请客人再靠近观察，原来他身上穿了五件丝绸衣服。这个例子说明了什么问题？

3. 阅读材料：

罢宰相不设，析中书省归六部，以尚书任天下事，侍郎贰(副)之，而殿阁大学士只备顾问。帝方自操威柄，学士鲜所参决。

——《明史·职官志》

请回答：

(1)材料反映的是哪一朝代官制的变化？这一变化是什么矛盾的反映？

(2)文中的"帝"是谁？

(3)文中的"六部"指的是哪六部？六部的长官对谁负责？

(4)上述机构的变化有何作用？

测试题 选择题

测试题 判断题

第二章　中国近代史

本章导读

中国近代史从第一次鸦片战争（1840 年）到新中国成立（1949 年）为止。一部中国近代史，就是一部中国人民的革命史，就是一部中华民族抵抗侵略的抗争史，就是一部中华民族打倒帝国主义以实现民族解放、打倒封建主义以实现人民富强的斗争史。其中从 1840 年鸦片战争到 1919 年五四运动前夕，是旧民主主义革命阶段；从 1919 年五四运动到 1949 年中华人民共和国成立前夕，是新民主主义革命阶段。

知识探究

第一节　鸦片战争

中国近代史上一共有两次鸦片战争：第一次鸦片战争持续了两年，从 1840 年 6 月至 1842 年 8 月。第二次鸦片战争持续了四年，从 1856 年 10 月至 1860 年 10 月。鸦片战争以后，中国开始由独立的封建国家逐步变成半殖民地半封建的国家，中华民族开始了一百多年屈辱、苦难、探索、斗争的历程。

微视频

鸦片战争

一、第一次鸦片战争

1. 魏源

魏源是清代启蒙思想家、政治家、文学家，近代中国“睁眼看世界”的先行者之一。倡导学习西方先进科学技术，总结出“师夷长技以制夷”的新思想。他以林则徐主持编译的《四洲志》为基础，编写出《海国图志》一书，记述了世界各国的地理、历史、经济、政治、军事和科学技术，乃至宗教、文化等情况，并附有世界地图、各大洲地图和分国地图等。此书旨在唤起国人学习外国长技，兴利除弊，增强国力，抵抗外来侵略。

2. 林则徐

林则徐

清朝后期政治家、思想家和诗人，是中华民族抵御外侮过程中伟大的民族英雄，其主要功绩是虎门销烟。1839 年 6 月，林则徐下令将缴获英国、美国走私犯的鸦片 110 多万公斤，在虎门海滩当众销毁。因其主张严禁鸦片、抵抗西方的侵略、坚持维护中国主权和民族利益，深受人民的敬仰。他是著名的封建政治家，地主阶级改革派的代表人物。他坚决实行禁烟，抵抗外国武装侵略，捍卫了国家主权和领土。他还主张学习西方先进技术，发展民族工商业，亲自主持编译《四国志》，是近代中国“睁眼看世界”的第一人。

3. 虎门销烟

★微视频

虎门销烟

在清朝闭关锁国的时候，欧洲资本主义国家迅速崛起。英国在 19 世纪二三十年代就基本完成了工业革命，在当时代表了最先进的生产力水平。19 世纪 30 年代以前，由于自给自足的自然经济，中国在与外国的贸易中始终处于出超地位。中国对英贸易每年都保持出超二三百万两白银的优势。但是，鸦片在中国受到热捧，沿海官兵甚至出动兵船在近海与毒贩交易，再由兵船运回内陆，开设烟馆倾销鸦片。鸦片输入的急剧增加，使中英两国的贸易地位完全改变。英国由原来的入超变为出超，中国却相反，这造成白银大量外流。据不完全统计，1820—1840 年间，中国外流白银约在 1 亿两。由鸦片大量输入而引起的白银不断外流，已开始影响到清王朝的国库和货币的流通，使清朝的经济面临崩溃的边缘。更为严重的是，鸦片的泛滥极大地摧残了吸食者的身心健康，假如任其发展下去，必将使中华民族面临灭亡的危险。

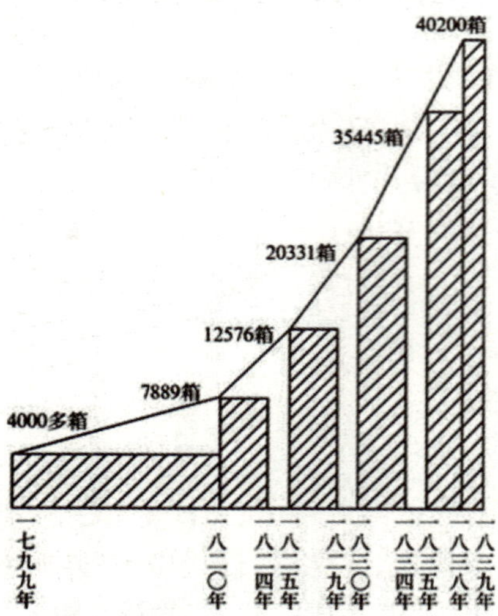

英国输入中国的鸦片激增表

林则徐早已于江苏巡抚及湖广总督任内时禁烟，把烟贩及鸦片吸食者一扫而空。鉴于林则徐的成功，道光帝认为禁烟并非不可行，于是道光帝下定决心，召林则徐入京，一连八日，天天召见林则徐商谈禁烟。1838 年 12 月 31 日，道光帝任命林则徐为钦差大臣，全国禁止吸食鸦片。他缉拿烟贩，整顿和加强海防，了解外国形势，命令外国商人交出鸦片，并让他们保证“永不携带鸦片”。1839 年 6 月，林则徐下令将缴获的英、美等国商人的约 110 多万公斤鸦片，在虎门海滩当众销毁。

林则徐领导禁烟运动的胜利，维护了中华民族的尊严和利益，是中华民族的民族英雄。虎门销烟是中国近代史上反对帝国主义侵略的重要史例，它展示出了中华民族反对外来侵略的坚定决心，对中国人民抗击外来侵略有着标志性的意义。但是，禁烟运动直接损坏了英国资产阶级的利益，英国政府很快决定对中国发动蓄谋已久的侵略战争。

课堂讨论

请你把鸦片对中国的危害归纳成几条并写出来。

4.《南京条约》

微视频

南京条约

1840 年 6 月，英国侵略者借口保护所谓的鸦片贸易，将舰队开到广东海面，封锁珠江口，进行挑衅，鸦片战争正式开始。1841 年初，英军扩大侵华战争，侵占了广东、香港岛，又攻占了中国东南沿海的其他城市。1842 年 8 月，在英国的军事威胁下，清政府屈服求和，鸦片战争宣告结束。清政府与英国签订了《南京条约》，该条约是近代西方资本主义国家强加在中国人民身上的第一个不平等条约。

《南京条约》的主要内容有：

(1)割地：割香港岛给英国。

(2)赔款：清政府向英国赔款 2 100 万银元。

(3)开放广州、厦门、福州、宁波、上海等五处为通商口岸。

(4)准许英国在五处通商口岸派驻领事。

(5)协定关税：英商进出口货物缴纳的税款，中国需与英国商定。

《南京条约》的签订

《南京条约》签订给中国带来严重的危害，主要危害有以下几点：

(1)割地破坏了中国的领土完整和主权完整。

(2)赔款不仅表现了英国侵略者的无耻掠夺,而且开创了侵略者对中国勒索赔偿的恶例。

(3)协定关税破坏了中国的关税自主权,而且极大地限制了中国资本主义经济的发展。

(4)巨额赔款使得清政府加强了对人民的压榨,人民的负担空前沉重。

(5)开放通商口岸使得中国东南沿海的门户大开,此后,西方列强的侵略势力接踵而来。

这场战争使中国的主权完整遭到破坏,独立发展的道路被迫中断,并被卷入资本主义世界市场,中国历史进程发生了重大转变,开始沦为半殖民地半封建社会。

第二年,英国侵略者又强迫清政府签订了《南京条约》的两个附件,通过附件条约,英、法、美等国在中国攫取了领事裁判权、片面最惠国待遇等许多特权。1844 年,美国又强迫清政府签订了《望厦条约》。

鸦片战争对中国社会带来了巨大影响:

第一,社会性质的变化。鸦片战争后,中国领土、领海、司法等主权遭到破坏。外国侵略者利用侵略特权,疯狂向中国倾销商品和掠夺原料,逐渐把中国卷入世界资本主义市场,中国自给自足的封建经济逐步解体。中国开始沦为半殖民地半封建社会。

第二,社会主要矛盾的变化。社会的主要矛盾,由地主阶级和农民阶级的矛盾,开始转变为外国资本主义和中华民族的矛盾,封建主义和人民大众的矛盾。而外国资本主义和中华民族的矛盾,成为各种社会矛盾中最主要的矛盾。

第三,革命任务(革命对象)的变化。鸦片战争后,中国人民肩负起反对帝国主义侵略和反对本国封建统治的双重革命任务。中国从此进入了漫长的旧民主主义革命时期。

鸦片战争是中国历史的转折点,是中国近代史的开端。

二、第二次鸦片战争

1. 火烧圆明园

英国与法国趁中国太平天国运动之际,以"亚罗号事件"及"西林教案事件"为借口,联手进攻中国,因为这场战争可以看作是第一次鸦片战争的延续,所以也称"第二次鸦片战争"。1856 年 10 月,英军炮轰广州,1860 年,联军再次攻占天津,进逼北京,接着一路烧杀抢掠,占领北京。在这次战争中,英法联军洗劫并焚毁了北京西北郊举世闻名的皇家园林圆明园。

2.《天津条约》

1858 年,英法舰队在美、俄两国的支持下,袭击大沽口。大沽炮台失陷,英法联军进犯天津。清政府与俄、美、英、法各国代表分别签订《天津条约》。

《天津条约》的主要内容有:

(1)外国公使进驻北京。

(2)增开牛庄、登州、潮州、琼州、汉口等 10 处为通商口岸。

(3)外国人可以到中国内地游历、通商、传教。

(4)外国军舰和商船可以在长江各口岸自由往来。

(5)中英两国派员在上海举行会议,修改关税税则。

(6)中国赔偿英、法两国军费白银 200 万两，赔偿英商损失 200 万两。

3. 《北京条约》

1860 年，英法联军攻进北京后，英、法、俄强迫清政府分别签订了结束第二次鸦片战争的不平等条约即《北京条约》。

《北京条约》的主要内容有：

(1)清政府承认《天津条约》有效。

(2)增开天津为商埠。

(3)割让九龙司地方一区给英国。

(4)准许英、法招募华工出国。

(5)对英、法两国赔款各增至 800 万两白银。

4. 沙俄侵占中国大片领土

在第二次鸦片战争及之后的几年时间里，沙俄用武力和其他要挟手段，强迫清政府订立了一系列不平等条约，共割占了中国西北和东北领土 150 多万平方公里。其中《中俄瑷珲条约》，侵占了黑龙江以北、外兴安岭以南 60 多万平方公里的中国领土；《中俄北京条约》，把乌苏里江以东，包括库页岛在内，约 40 万平方公里的中国领土，也强行侵占；《中俄勘分西北界约记》，把中国境内的 3 个大湖——巴尔喀什湖、斋桑湖和伊克塞湖，连同周围面积共达 44 万多平方公里的土地全部侵占。19 世纪 80 年代的中俄《改订条约》以及之后的 5 个勘界议定书，将中国西北部 7 万多平方公里侵占。

第二次鸦片战争给中国带来巨大的影响。政治上，中国损失了更多的主权和领土；清政府向外国侵略者屈服，开始成为他们的附庸及工具，中外反动势力公开勾结，共同镇压中国人民的反抗；经济上，外国侵略势力扩张到中国沿海各省，并延伸到中国内地，这就方便了列强倾销商品、掠夺廉价原材料和劳动力，使中国受到资本主义经济的侵略性的冲击。中国半殖民地半封建化的程度加深了。

第二节 太平天国运动

太平天国运动是 19 世纪中叶中国的一场大规模反清运动。从金田起义开始，到天京陷落结束，历时 13 年。

微视频

太平天国运动

一、太平天国的兴衰

1. 洪秀全

清嘉庆十八年十二月初十生于广东花县(今广州市花都区)福源水村，后移居到官禄布村。道光年间，屡应科举不中，遂吸取早期基督教义中的平等思想，创立拜上帝会，撰写了《原道救世歌》以布教，主张建立远古“天下为公”的盛世。洪秀全建立太平天国，称天王，1853 年以南京作为首都，改名天京，1864 年在天京病逝，太平天国在他去世后不久覆亡。洪秀全领导的规模空前的太平天国农民起义，影响巨大。

2. 金田起义

1843 年，洪秀全创立拜上帝教也叫拜上帝会。1844 年以后，冯云山、洪秀全先后来到桂平紫荆山区创建根据地。不久，拜上帝会组织遍及浔州、林州各县和广东信宜、高州等地。武装起义条件逐渐成熟。1850 年 7 月，洪秀全发布团营令，各地拜上帝会众 1 万多人云集金田，准备起义，并于平南思旺和金田附近的彩村江两次大败清军，声势大振。1850 年末至 1851 年初，由洪秀全、杨秀清、萧朝贵、冯云山、韦昌辉、石达开组成的领导集团经过多年筹备后，在广西金田村组织团营，发动对清廷的武力对抗，后建国号“太平天国”，并于 1853 年攻下金陵，号称天京（今南京），定都于此。全体将士蓄发易服，头裹红巾，从金田开始了轰轰烈烈的太平天国运动。

3. 天京变乱

1851 年，天王洪秀全在“永安建制”时，命其他四王归东王杨秀清节制。自从南王冯云山及西王萧朝贵相继战死后，权力更加集中在杨秀清一人身上，杨秀清变得嚣张跋扈。洪秀全令北王韦昌辉回天京商讨对策，韦昌辉回天京后杀死杨秀清及其家属部下两万多人，洪秀全又将韦昌辉处死。北王韦昌辉死后，翼王石达开执政，天王洪秀全开始重用其兄弟以牵制石达开，石达开在 1857 年带领大军出走，令太平天国雪上加霜。

天京变乱严重地削弱了太平天国的领导和军事力量，出现了国中无人、朝中无将的局面，天京变乱成为太平天国由盛转衰的分水岭。

课堂讨论

议一议为什么太平天国存在的时间如此短暂？

二、《天朝田亩制度》与《资政新篇》

1. 《天朝田亩制度》

微视频

天朝田亩制度与资政新篇

《天朝田亩制度》是太平天国定都天京后，于 1853 年颁布的一个全面的农民革命斗争纲领和社会改革方案。它是以解决土地问题为中心，规定“凡分田照人口，不论男妇，算其家口多寡，人多则分多，人寡则分寡”，还包括社会组织、军事、文化教育诸方面的内容。《天朝田亩制度》反映了广大农民迫切要求废除封建土地所有制的强烈愿望，将农民的平均主义思想制度化，标志着中国农民战争发展到了最高峰。但是，这个制度本身又带有空想性，违反了社会发展规律，无法调动农民的积极性。

2. 《资政新篇》

《资政新篇》，洪仁玕撰，1859 年刊行。洪仁玕于 1859 年 4 月被封为干王，总理全国政事，他向洪秀全提出了一个改革内政和建设国家的新方案——《资政新篇》。其主要内容包括以下几个方面：

（1）政治方面：主张"禁明党之弊"，加强中央集权；学习西方，制定法律制度；设新闻官听取社会舆论；设投票箱由公众选举官吏。

（2）经济方面：发展近代工矿、交通、邮政、银行等事业，奖励科技发明和机器制造。

（3）思想文化方面：反对迷信，破除陈规陋俗，提倡兴办学校、医院和社会福利事业。

（4）外交方面：主张同外国平等交往、自由通商，严禁鸦片输入，不准外国干涉中国内政。

《资政新篇》具有鲜明的资本主义色彩，是先进的中国人最早提出的在中国发展资本主义的方案，集中反映了当时先进的中国人向西方寻找真理和探索救国救民的道路的迫切愿望。但由于太平天国本身的历史局限性，未能实施。

第三节 洋务运动

洋务运动是19世纪60年代至90年代地主阶级洋务派进行的一场自救运动，前期以"自强"为口号，后期以"求富"为口号。以奕䜣、李鸿章、曾国藩、左宗棠等为代表的洋务派官员主张学习列强的工业技术和商业模式，利用官办、官督商办、官商合办等模式发展近代工业，以获得强大的军事装备，增加国库收入，增强国力，维护清廷统治。

★微视频

洋务运动

一、总理衙门

第二次鸦片战争以后，随着通商口岸的增多和外国公使进驻北京，清朝统治者的华夷观念受到冲击。西方列强不甘心以"外夷"身份同清朝政府打交道，强烈要求清朝设立专门的外交机构，总理衙门由此产生。它主管外交、通商及其他洋务事宜，下设英国、法国、俄国、美国、海防五股，同文馆和海关总税务司署是其附属机构。总理衙门是近代中国第一个常设的外交机构，它的设立加强了清朝同外国的联系，但更有利于列强控制清朝的内政外交，是清朝中央机构开始半殖民地化的标志。

奕䜣

李鸿章

二、洋务运动的主要工业

1. 军事工业

洋务派以“自强”为名，兴办军事工业，并围绕军事工业开办其他企业，建立新式武器装备的陆海军是其主要内容。从19世纪60年代开始，开办江南制造总局、福州船政局、安庆内军械所等近代军事工业。其中，江南制造总局是中国第一个较大的官办军事工厂。

江南制造总局炮厂的机器房

2. 民用工业

洋务派兴办军事工业的过程中，遇到了难以解决的资金、原料、燃料和交通运输等方面的困难。于是，洋务派在“求富”的口号下，从19世纪70年代起，采取官办、官督商办和官商合办等方式，开办轮船招商局、开平煤矿、天津电报局、上海机器织布局等民用企业。

三、洋务名臣

1. 曾国藩

曾国藩

曾国藩出生于湖南长沙府湘乡县杨树坪，晚清重臣，湘军的创立者和统帅者，被称为“湘军之父”。晚清“中兴四大名臣”之一，官至两江总督、直隶总督、武英殿大学士，封一等毅勇侯，谥曰“文正”。1853年被任命为团练大臣，在湖南督办地主武装团练，创建湘军，镇压太平天国运动，因提倡“捕人要多，杀人要快”，被称之为“曾剃头”，也因此被很多人认为是汉奸刽子手。曾国藩对清王朝的政治、军事、文化、经济等方面都产生了深远的影响。曾国藩举办洋务，在他的倡议下，建造了中国第一艘轮船，建立了第一所兵工学堂，印刷翻译了第一批西方书籍，选派了第一批赴美留学生。可以说曾国藩是中国现代化建设的开拓者。1870 年，他在直隶总督任内查办“天津教案”时激起公愤，不久病逝。

2. 李鸿章

李鸿章是晚清名臣，洋务运动的主要领导人之一，安徽合肥人，淮军的创始人和统帅，洋务运动的主要倡导者之一。1861 年，在安徽按湘军编制编成淮勇五营。1862 年，曾国藩考虑到上海是“筹饷膏腴之地”，命淮勇乘英国轮船抵达上海，自成一军，称为淮军。李鸿章到上海后，同外国雇佣军（后组建为常胜军）联合进攻太平军，剿灭太平天国，接着李鸿章又镇压了捻军。作为晚清重臣，他官至直隶总督兼北洋通商大臣，掌握军政、外交大权。作为洋务派的地方代表，他创办了军用工业和民用工业以及北洋水师。但他也曾经代表清政府签订了一系列不平等条约。

课堂讨论

有人说，洋务运动是一次失败的封建统治者的自救运动。想一想，这种说法对不对？为什么？

第四节 民族危机的加深

第二次鸦片战争以后，列强对中国的侵略不断加深，特别是《辛丑条约》的签订，清政府完全成为帝国主义统治中国的工具，中国彻底沦为半殖民地半封建社会。

微视频

民族危机的加深

一、中法战争

由法国侵略越南进而侵略中国而引起的一次战争。因李鸿章奉行“不可与欧洲强国轻言战事”的投降政策，致使福建水师处于被动挨打的境地。法军发动突然袭击，福建水师伤亡惨重，清政府被迫向法国正式宣战。

1. 镇南关大捷

1885 年 2 月，法军进攻越南北部谅山，广西巡抚潘鼎新不战而退，这时正值老将冯子材受命帮办广西关外军务，他驰赴镇南关整顿部队，部署战守。得知法军将犯镇南关，冯子材率士卒奋勇杀敌，终于将法军击退，清军乘胜追击，连破文渊、谅山，将法军逐至郎甲以南，还重伤东部法军统帅尼格里，法军陷入困境。镇南关大捷使清军在中法战争中转败为胜，导致法国茹费理内阁倒台。李鸿章等人主张“乘胜即收”，把镇南关大捷当作寻求妥协的绝好机会，清政府与法国签订了《中法新约》。中法战争的结果是中国不败而败，法国不胜而胜。

2. 台湾行省的建立

中法战争结束以后，清政府鉴于台湾在国防上的重要地位，于1885年在台湾正式建立行省，刘铭传为台湾第一任巡抚。

二、甲午中日战争

1. 背景

1868年，日本通过明治维新，“脱亚入欧”，开始走上资本主义道路，国力日渐强盛。当时的日本，两次工业革命正交叉进行，1888年，日本产业革命出现高潮，但日本作为一个岛国，国内资源匮乏、市场狭小，加之国内封建残余势力的浓厚及社会转型期各种矛盾的尖锐，因此以天皇为首的日本统治集团急于从对外扩张中寻求出路。面对一触即发的战争形势，清政府寄希望于各国的“调停”而不认真备战，结果处于被动不利的地位。

2. 黄海海战

邓世昌

1894年7月，日本海军在牙山口外丰岛海面上突然袭击清军的运兵船，清政府被迫对日宣战。1894年是旧历甲午年，历史上称这场战争为甲午中日战争。同年9月，中国北洋舰队和日本舰队在黄海海面展开了一场激战。北洋水师提督丁汝昌受伤，由管带刘步蟾代替督战。“致远”号多次中弹，管带邓世昌下令开足马力向敌舰撞去，不幸被鱼雷击中，邓世昌和全舰战士全部牺牲；“经远”号管带林永升和全舰官兵坚持战斗到最后一刻，与舰同沉。黄海海战持续5个多小时，北洋水师损失致远、经远、超勇、扬威、广甲5艘军舰，死伤官兵约600人；日本舰队松岛、吉野、比睿、赤城、西京丸5舰受重伤，伤亡239人。黄海海战以后，李鸿章为了保存实力，令北洋水师退回旅顺、威海，“避战保船”，不再出战，日本海军掌握了黄海的制海权。1895年初，日军进攻威海卫，北洋水师全军覆没。甲午中日战争是日本在列强支持下企图通过征服朝鲜、入侵中国而挑起的侵略战争，以中国的失败告终。

3.《马关条约》

威海卫战役以后，日本继续加紧侵略中国，清政府急忙派李鸿章到日本求和。1895年4月17日上午11时40分，李鸿章代表清政府与日本代表伊藤博文在马关春帆楼签订了丧权辱国的《马关条约》。其主要内容包括以下几点：

(1)中国承认朝鲜独立；割让台湾岛及其附属岛屿、澎湖列岛与辽东半岛给日本；赔偿日本2亿两白银。

(2)开放沙市、重庆、苏州、杭州为通商口岸。

(3)允许日本人在通商口岸开设工厂。

1895年5月8日，中日两国在芝罘(今山东烟台)交换两国皇帝的批准书，条约正式生效。《马关条约》给中国造成了严重的危害。

(1)台湾等大片领土的割让，进一步破坏了中国主权的完整，刺激了列强瓜分中国的野心，民族危机进一步加深。而且还造成了台湾和大陆难以弥补的隔阂，遗患至今。

(2)巨额的赔款，加重了中国人民的负担。同时，加速了日本军国主义的发展。清朝因此大借外债，致使列强控制了中国的经济命脉。

(3)通商口岸的开放，使帝国主义侵略势力深入到中国内地。

(4)允许在华投资办厂，其他列强引用“利益均沾”的条款，争先恐后地在中国开设工厂，严重阻碍了中国民族资本主义的发展。同时，也反映出列强对华经济侵略由商品输出转向资本输出阶段。

《马关条约》是继《南京条约》以来最严重的不平等条约。各帝国主义国家援引片面最惠国待遇，获得了《马关条约》中除割地赔款以外中国给予日本的其他所有权利。它反映了帝国主义资本输出、分割世界的侵略要求，外国资本主义对中国的侵略进入一个新的阶段。总之，《马关条约》使中国面临空前严重的民族危机，中国社会半殖民地化的程度大大加深了。

三、义和团运动和八国联军侵华战争

1. 义和团运动的兴起

义和团运动是1900年前后，中国甲午战败后，在西方列强对华渗透侵略日益加重、对清廷控制日益加深、华北地区中国境内基督教教会与民众的冲突日益加深的情况下，在中国北方发生的以华北农民和部分清军为主体，以“扶清灭洋”为口号，针对在华西方人和华人基督徒的“保国”“保种”暴力运动，义和团运动极力抵抗了八国联军的侵略。

(1)义和团本来是长期流行在山东、直隶(今河北)一带的民间秘密会社。清代有许多传播武术的民间团体，如义和拳、梅花拳等，特别是义和拳，它在长期发展中蒙上了浓厚的民间宗教色彩，被认为是义和团的前身，然而也有部分人认为，义和团源于一种勤王的民团组织。随着中国近代形势的发展，帝国主义与中华民族的矛盾代替华夷之辨、满汉之争成为主要矛盾，义和团开始支持清朝抵抗西方。

(2)中国在1894年的甲午战争中被日本打败，被迫在1895年签署《马关条约》，这标志着以“自强”“求富”为口号的洋务运动的失败，并引发列强瓜分中国的狂潮。随着帝国主义侵略的加深，更激发起各地的排外情绪。1897年，山东冠县梨园屯村民与教堂因历史上的土地纠纷引起冲突。威县梅花拳师赵三多应村民阎书勤等的邀请，前往援助。后赵三多将梅花拳改名为义和拳。1898年6月，山东巡抚张汝梅上奏朝廷，认为义和拳本属乡团，建议“改拳勇为民团”。并明确说义和拳就是“义和团”，在清朝官员中首次提出了“义和团”的概念。

(3)1900年1月，慈禧不顾西方外交人员的抗议，发布维护义和团的诏令。清政府主张抚义和团向洋人开战。由天津至涿州、保定都有拳民起坛请神、烧教堂、杀洋人、杀清军、并到处毁坏铁路及电线杆等洋物。涿州知府更被三万名拳民占据。

(4)失败原因：义和团运动的领导阶级是农民阶级，群众基础主要是农民和小手工业者。由于农民阶级的局限性，他们提不出一个切合实际的革命纲领。起初，他们是以“反清复明”为宗旨，屡遭清政府的镇压。在严重的民族危机面前，他们又把斗争的矛头直指帝国主义，提出了“扶清灭洋”的口号。以慈禧太后为首的清政府，采取假宣战、真投降的欺骗手法，对外投降帝国主义，对内镇压义和团运动，使义和团处于内外夹攻的境地，最终，义和团运动在中外反动势力的联合绞杀下失败了。

2. 八国联军侵华

声势浩大的义和团运动矛头直指帝国主义侵略势力。为了镇压中国人民的反抗，维护既得利益，1900 年，英、俄、德、法、美、日、意、奥组成八国联军 2 万多人，由英海军司令西摩尔率领，从大沽经天津向北京进犯。8 月 14 日凌晨，联军来到北京城外向北京发起总攻。15 日逐步攻占了北京各城门，随即与清军在京城各处展开巷战。8 月 16 日晚，联军基本上已经占领北京全城。慈禧太后、光绪帝和亲贵大臣离京，随后下罪己诏，派奕劻和李鸿章与联军谈和。9 月，被推为联军总司令的德国陆军元帅阿尔弗雷德·冯·瓦德西来华。联军陆续增兵至 10 万，由京津出兵，分攻山海关、保定、正定以至山西境内。

3. 《辛丑条约》及中国半殖民地半封建社会的形成

微视频

辛丑条约

八国联军攻占北京后，中外反动势力开始联合镇压义和团，同时着手策划“议和”。1901 年 7 月 25 日，清政府被迫与英国、美国、日本、俄国、法国、德国、意大利、奥匈、比利时、西班牙和荷兰总共十一个国家签订了丧权辱国的《辛丑条约》。条约的主要内容有：

《辛丑条约》的签订

(1)清政府赔款白银 4.5 亿两，分 39 年付清，加上利息共计 9.8 亿两，以海关等税收作担保，为当时的中国年总收入的 12 倍，被称为“庚子赔款”。

(2)清政府保证禁止人民参加反对外国侵略的斗争。

(3)拆毁大沽炮台，允许帝国主义派兵驻扎北京到山海关铁路沿线重要地区。

(4)划定东交民巷为“使关界”，允许各国派兵保护，不准中国人居住。

《辛丑条约》给中国带来严重的危害：

(1)巨额的赔款，是列强对中国空前的大规模勒索，为支付这笔赔款，清政府加紧搜刮人民，使中国人民生活更加贫困。

(2)按照条约规定，清朝官吏严厉镇压中国人民的反帝斗争，进一步成为帝国主义的帮凶。

(3)外国侵略者控制京津地区，使清政府完全处于军队的控制之下，便于侵略者直接派兵镇压中国人民的反帝斗争。

(4)在北京设立的“使馆界”，实际上是“国中之国”，是帝国主义策划侵略中国的大本营，外国使团成了清政府的太上皇，清政府变成了帝国主义统治中国的工具。

《辛丑条约》是中国近代史上赔款数目最大、主权丧失最严重、精神屈辱最深沉的不平等条约，给中国人民带来了空前的灾难。它标志着以慈禧太后为首的清政府已甘当“洋人的朝廷”，完全成为帝国主义列强统治中国的工具，中国完全沦为半殖民地半封建社会。

课堂讨论

结合《辛丑条约》的主要内容，你能谈谈这个条约给中华民族带来哪些危害吗？

第五节 戊戌变法

戊戌变法是指1898年(农历戊戌年)以康有为为首的改良主义者通过光绪皇帝所进行的历时仅103天的一场资产阶级政治改革运动，因此也叫百日维新。

微视频

戊戌变法

一、维新宣传

1. 公车上书

1895年春，乙未科进士正在北平考完会试，等待发榜。《马关条约》中割让台湾及辽东，赔款白银二亿两的消息突然传至，在北京应试的举人群情激愤。台籍举人更是痛哭流涕。4月22日，康有为写成1.8万字的“上今上皇帝书”，18省举人响应，1 200多人连署。5月2日，由康、梁二人带领，18省举人与数千市民集都察院门前请代奏，史称“公车上书”。公车上书被认为是维新派登上历史舞台的标志，也被认为是中国群众的政治运动的开端。

2. 康有为

微视频

康有为

康有为，广东省南海县丹灶苏村人，人称“康南海”，中国政治家、思想家、教育家。康有为自幼学习儒家思想，1879年开始接触西方文化，吸取了西方传来的进化论和政治观点，初步形成了维新变法的思想体系。1888年，康有为再一次到北京参加顺天乡试，借机上书光绪帝，请求变法，受阻未上达。1891年后，他在广州设立万木草堂，收徒讲学，弟子有梁启超、陈千秋等人。1895年，他到北京参加会试，得知《马关条约》签订，联合1 300多名举人，上万言书，即“公车上书”。为了组织和发展维新派力量，1895年8月，康有为在北京组织了强学会并创办《中外纪闻》宣传变法。1898 年 1 月，光绪皇帝下令康有为条陈变法意见，他呈上《应诏统筹全局折》，又进呈所著《日本明治变政考》《俄罗斯大彼得变政记》二书。6 月 16 日，光绪帝在颐和园勤政殿召见康有为，任命他为总理衙门章京，准其专折奏事，筹备变法事宜，后因慈禧太后的干预，维新变法失败。康有为站在时代前列，先行看到了国家的危机，并进行了大胆尝试，为孙中山领导的辛亥革命作了实践上的指导。

3. 梁启超

梁启超，广东江门人，清光绪举人，和其师康有为一起，倡导变法维新，并称“康梁”。他是中国近代维新派代表人物、领袖，学者，是近代中国的思想启蒙者，他深度参与了中国从旧社会向现代社会变革的活动，民初清华大学国学院四大教授之一、著名新闻报刊活动家。他的文章视角独特，令人深思。戊戌变法前，他与康有为一起联合各省举人发动“公车上书”运动，此后先后领导北京和上海的强学会，又与黄遵宪一起办《时务报》，任长沙时务学堂的主讲，并著《变法通议》为变法做宣传。戊戌变法失败后，与康有为一起流亡日本。他是近代文学革命运动的理论倡导者。同时，梁启超还是中国第一个在文章中用到“中华民族”一词的人，他还从日文文字中吸收了很多新词，如“科技”“组织”“干部”等。

4. 《天演论》

清朝末年，甲午海战的惨败，再次将中华民族推到了危亡的关头。此时，严复翻译了英国生物学家赫胥黎的《天演论》，并于 1897 年 12 月在天津出版的《国闻汇编》刊出，引起了巨大的社会反响。该书认为万物均按“物竞天择”的自然规律变化，“物竞”就是生物之间的生存竞争，优种战胜劣种，强种战胜弱种；“天择”就是自然选择，自然淘汰，生物是在生存竞争和自然淘汰的过程中进化演进的。他结合甲午战争后国家危亡的状况，向国人发出了与天争胜、图强保种的呐喊，指出再不变法将循优胜劣败之公例而亡国亡种，对维新变法运动起了推动作用。

二、百日维新

在维新人士和帝党官员的积极推动下，1898 年 6 月 11 日，光绪皇帝颁布“明定国是诏”诏书，宣布变法。新政从此日开始，到 9 月 21 日慈禧太后发动政变为止，历时 103 天，史称“百日维新”。“百日维新”的主要内容有：

(1)经济上，设立农工商局、路矿总局，提倡开办实业；修筑铁路，开采矿藏；组织商会；改革财政。

(2)政治上，广开言路，允许士民上书言事；改订律例；裁汰绿营，编练新军；废除旗下寄生特权。

(3)文化上，废八股，兴西学；设立中小学堂；创办京师大学堂；设译书局，翻译外国书籍；允许设立报馆、学会；派留学生；奖励科学著作和发明。

谭嗣同就义

新政措施虽未触及封建统治的基础，但是，这些措施代表了新兴资产阶级的利益，为封建顽固势力所不容。清政府中的一些权贵显宦、守旧官僚对新政措施阳奉阴违，托词抗命。1898 年 9 月 21 日凌晨，慈禧太后突然从颐和园赶回紫禁城，直入光绪皇帝寝宫，将光绪皇帝囚禁于中南海瀛台，下令逮捕维新人士，发布训政诏书，再次临朝"训政"，戊戌变法失败。

戊戌变法是资产阶级维新派为挽救民族危亡而发起的改良运动，是一次爱国救亡运动。它要求在中国发展资本主义经济和扩大资产阶级政治权力，符合近代中国历史的发展趋势，因而也是一次进步的政治改良运动。它传播了资产阶级新文化、新思想，批判封建主义旧文化、旧思想，又是一次思想启蒙运动。

课堂讨论

对于谭嗣同甘愿为变法流血牺牲的做法，你怎么看？

第六节 辛亥革命

辛亥革命是指 1911 年(清宣统三年)中国爆发的资产阶级民主革命。它是在清王朝日益腐朽、帝国主义侵略进一步加深、中国民族资本主义初步成长的国情下发生的。其目的是推翻清朝的专制统治，挽救民族危亡，争取国家的独立、民主和富强。

一、孙中山与同盟会

1. 孙中山

孙中山，名文，号逸仙，化名中山，广东香山人。中国近代民主主义革命的先行者，中华民国和中国国民党创始人，三民主义的倡导者。1894 年 1 月，孙中山在檀香山组织兴中会，以"驱除鞑虏，恢复中国，创立合众政府"为誓词，决心推翻清朝统治，建立资产阶级共和国。

孙中山

2. 同盟会

微视频

三民主义

20 世纪初，接受民主进步思想的人士成立了华兴会、光复会等革命团体。革命形势的迅速发展，要求革命团体联合起来，组成一个统一的资产阶级革命政党。

1905 年 8 月，孙中山与黄兴等人，以兴中会、华兴会等革命团体为基础，在日本东京创建全国性的资产阶级革命党——中国同盟会，孙中山被推举为总理，他所提出的"驱除鞑虏，恢复中华，创立民国，平均地权"的革命宗旨被确立为同盟会的纲领。在同盟会机关报《民报》发刊词中，孙中山首次提出"民族""民权""民生"三大主义，简称三民主义。"驱除鞑虏，恢复中华"即孙中山的民族主义思想，就是用革命的手段推翻清王朝的封建统治，把斗争矛头直指清王朝，也打击了帝国主义在华的侵略势力；"创立民国"即孙中山的民权主义思想，是三民主义的核心，是“政治革命的根本”，它从理论上解决了当时革命派迫切需要解决的夺取政权与建立政权的问题，防止君主制复辟；“平均地权”即孙中山的民生主义思想，是民族资产阶级的土地纲领。同盟会是中国第一个全国性的资产阶级革命政党，它的成立，有力地推动了全国革命运动的发展。

《民报》

三民主义是中国近代比较完整的资产阶级民主革命纲领。它反映了中国半殖民地半封建社会的主要矛盾，表达了人民群众争取独立、民主和富强的愿望，标志着旧民主主义革命在更完整意义上的开始，在当时的历史条件下产生过重大的积极作用，但是三民主义没有明确提出反对帝国主义的要求，也没有彻底的土地革命纲领，这就决定了资产阶级革命派不可能彻底地完成反帝反封建的民主革命任务。

二、辛亥革命

1. 武昌起义

微视频
武昌起义

1911 年 10 月 10 日，武昌发生了一场旨在推翻清朝统治的兵变，是辛亥革命的开端。黄花岗起义失败后，以文学社和共进会为主的革命党人决定把目标转向长江流域，准备在以武汉为中心的两湖地区发动一次新的武装起义。通过革命党人的努力，终于在 1911 年 10 月 10 日成功地发动了具有划时代意义的武昌起义。起义的胜利，逐步使清朝走向灭亡，并建立起亚洲第一个民主共和国——中华民国，这是亚洲和中国走向民主共和的开端，在中国历史上具有里程碑意义。起义军掌控武汉三镇后，湖北军政府成立，黎元洪被推举为都督，改国号为“中华民国”，并号召各省民众起义响应辛亥革命。

2. 《中华民国临时约法》

武昌首义成功后，中原 12 省纷纷宣布独立。1911 年 12 月，17 省的代表齐聚上海，推举孙文为临时大总统；孙文组织内阁，成立南京临时政府。又选举黎元洪为副总统，内阁参谋总长由黄兴兼任，负责一切军事事务。1912 年元旦，孙中山在南京宣誓就职，定国号为“中华民国”，以五色旗（代表汉、藏、蒙、回、满——当时的五大民族）为国旗，并建立了中央政府机构。南京临时政府的成立，标志着中国历史上第一个资产阶级共和国——中华民国的诞生，它不仅结束了 200 多年的清朝统治，也结束了中国 2 000 多年的封建帝制。

1912 年 3 月 8 日南京临时参议院通过《中华民国临时约法》，3 月 11 日公布实施，它是中国第一部资产阶级宪法性文件，具有反对封建专制制度的进步意义。《中华民国临时约法》的主要内容有：中华民国的主权属于国民全体；国内各民族一律平等，国民有言论、结社、集会、著作的自由；国民有选举权和被选举权。确立行政、立法、司法三权分立的政治制度。约法还特别规定实行责任内阁制，参议院行使立法权，有弹劾总统的权利。革命派企图用

《临时约法》来限制袁世凯独裁，维护共和制度，具有资产阶级共和国宪法的性质。

3. 孙中山维护共和的斗争

袁世凯

袁世凯窃取革命果实以后，全部政权都掌控在自己手中，建立起北洋军阀的独裁统治。为了维护民主，1912 年 8 月，宋教仁在征得孙中山、黄兴的同意后，以同盟会为基础联合其他几个政党，组成了国民党。宋教仁在为民主奔走疾呼的时候被刺杀。1913 年南方七省国民党人掀起“二次革命”，反对袁世凯；1915 年 12 月 25 日，在袁世凯准备“登基”前一周，爱国将领蔡锷等在云南组织“护国军”宣布云南独立，很快形成席卷半个中国的“护国运动”；1917 年 9 月，在广州成立以孙中山为首的护法军政府，并出师北伐，即为“护法运动”，目的是反对张勋复辟和反对段祺瑞。

课堂讨论

有人说：“辛亥革命有成功的一面，也有失败的一面。”你同意这种说法吗？为什么？

第七节 新文化运动

中华民国建立后，从西方传入的平等、自由、博爱、民主等思想观念得到进一步传播，日益受到知识分子、资产阶级的欢迎。但窃取辛亥革命果实的袁世凯，为实现独裁和专制，在思想文化领域掀起一股尊孔复古的逆流。新旧思潮发生激烈冲突，以陈独秀为代表的中国先进分子奋起反击，力图从根本上改造国民性，新文化运动应运而生。

★微视频

新文化运动

一、新文化运动的代表人物

1. 陈独秀

新青年
LA JEUNESSE
第六卷第五號
上海群益書社印行

《新青年》

中国新文化运动的发起人和旗帜，中国文化启蒙运动的先驱，五四运动的总司令，中国共产主义运动的先行者，中国共产党的主要创始人之一和早期领导人之一。作为新文化运动的发起者，他是 20 世纪中国第一次思想解放运动的倡导者，在中国历史上第一个举起了民主、科学两面大旗，对中国近现代历史的发展产生了巨大的影响，至今还在影响着中国历史的进程。他创办的《新青年》杂志，是中国近现代历史上影响最大的刊物，教育、引导了整整一代人。1915 年，陈独秀在上海创办《青年杂志》，后改名为《新青年》。《新青年》后来迁至北京，成为新文化运动的主要阵地。他发表的《警告青年》一文，以及后来发表的《文学革命论》等著作都对当时的社会产生了巨大的影响。

2. 李大钊

李大钊

中国共产主义的先驱、伟大的马克思主义者、杰出的无产阶级革命家、中国共产党的主要创始人之一，他不仅是共产党早期卓越的领导人，而且是学识渊博、勇于开拓的著名学者，为中国共产主义运动和民族解放事业做出了巨大贡献。1917 年俄国十月革命胜利后，李大钊同志备受鼓舞，连续发表《法俄革命之比较观》《庶民的胜利》《布尔什维主义的胜利》《新纪元》等文章和演讲，热情讴歌十月革命。他以敏锐的眼光，深刻认识到这场革命将对 20 世纪世界历史进程产生划时代的影响，也从中看到了中华民族争取独立和中国人民求得解放的希望。在宣传十月革命的过程中，他自己的觉悟得到迅速提高，从一个爱国的民主主义者转变为一个马克思主义者，并且成为我国最早的马克思主义传播者。他投入并参与领导了五四运动，致力于马克思主义的宣传。他在《新青年》发表的《我的马克思主义观》，系统介绍了马克思主义理论，在当时的思想界产生了重要影响，这为中国共产党的成立作了思想上的准备。

二、白话文运动

白话文又称语体文、俗语，指的是以现代汉语口语为基础，经过加工的书面语。它是相对于文言文而言的。1917 年初，《新青年》发表了胡适的《文学改良刍议》和陈独秀的《文学革命论》等文章，反对旧文学和文言文，提倡平易的反映现实的新文学和白话文。《新青年》从第四卷起改用白话文，采用新式标点，刊登新体诗，开始了文学革命。

课堂讨论

新文化运动“是几个青年凭空造出来的”。这种说法对不对，为什么？

第八节　五四爱国运动和中国共产党的成立

辛亥革命以后，中国仍处于半殖民地半封建社会，随着社会矛盾的加深和各种进步社会思想的兴起，第一次世界大战以后爆发了五四运动，一些新的思想被引进中国。俄国十月革命的成功给中国送来了马克思主义，中国人民为振兴中华又开始探索新的道路。

一、五四运动

北洋军阀的黑暗统治，中国工人阶级不断壮大，新文化运动促进了思想解放，而俄国十月革命给中国人民送来了马克思主义，为中国的革命事业点燃了一盏明灯。

第一次世界大战结束后，1919年1月，战胜国在法国巴黎召开“和平会议”。中国政府作为战胜国参加会议，要求归还大战期间被日本抢去的德国在山东的特权，遭到了无理拒绝，欧洲巴黎和会的外交失败，再加上“二十一条”的签订，引爆了轰轰烈烈的五四爱国运动。

1919年5月1日，北京大学的一些学生获悉巴黎和会拒绝中国要求的消息。当天，学生代表就在北大西斋饭厅召开紧急会议，决定1919年5月3日在北大法科大礼堂举行全体学生临时大会。1919年5月4日，北京3所高校的3 000多名学生代表冲破军警阻挠，云集天安门，打出“外争主权，内惩国贼”等口号，要求惩办亲日派卖国贼曹汝霖、陆宗舆、章宗祥，学生游行队伍移至曹宅，痛打了章宗祥，北京高等师范学校（今北京师范大学前身）数理部的匡互生第一个冲进曹宅，并带头火烧曹宅，引发“火烧赵家楼”事件。随后，军警给予镇压，并逮捕了学生代表32人。陈独秀、李大钊在北京积极指导运动的开展。各地学生纷纷响应北京学生的反帝爱国斗争，举行示威游行。随着全国各地反帝爱国斗争的不断高涨，北洋军阀政府被迫释放被捕学生，罢免了曹汝霖、陆宗舆、章宗祥的职务，在巴黎的中国政府代表也拒绝在对德合约上签字。五四运动取得了初步胜利。

五四运动的初步胜利的重要意义：

第一，五四运动是一场伟大的群众爱国运动。它的斗争对象直指帝国主义和北洋军阀政府，表现出的反帝反封建的彻底性是史无前例的。它充分发动了群众，工、商、学联合起来，也有部分农民参与进来，实际上揭开了全民族进行彻底的反帝反封建斗争的序幕。

第二，五四运动是一场深刻的思想解放运动。它使中国人民进一步认识到帝国主义侵略的本质和军阀统治的黑暗，同时进一步坚定了中国人民反帝反封建的决心；促进了全国人民对改造中国问题的反思和探索，也促进了新思潮的蓬勃兴起和马克思主义的传播。

第三，五四运动揭开了中国新民主主义革命的序幕。从此，无产阶级登上了政治舞台，民众的力量得到了广泛的发动，这些不仅使五四运动本身具有新民主主义革命的基本内涵，还直接为中国共产党的成立创造了阶级上、思想上和干部上的条件。

课堂讨论

五四运动的性质是一次彻底地不妥协地反帝反封建的革命运动，其中的“彻底地不妥协地”如何理解？

二、中国共产党成立

1. 马克思主义的传播

俄国十月革命以后，《新青年》刊登了李大钊的《庶民的胜利》《布尔什维克主义的胜利》两篇文章，歌颂俄国十月革命，开始宣传马克思主义。1919年9月，又出版了马克思主义专号，发表了李大钊的《我的马克思主义观》，比较全面地介绍了马克思主义。

为了广泛传播马克思列宁主义，统一建党思想，1920年9月，上海发起把《新青年》杂志改为党的公开刊物的提议。新青年出版社还翻译出版了《共产党宣言》《国家与革命》等马克思列宁主义经典著作，以及多种宣传马克思主义的通俗小册子。各地共产主义小组又创办了一批面向工人的通俗刊物，在上海有《劳动界》，北京有《劳动音》和《工人月刊》，济南有《济南劳动月刊》，广州有《劳动者》等，对工人进行阶级意识的启蒙教育。

2. 中国共产党的成立

1921 年，在李达的主持下全国代表大会的筹备工作在上海举行，并向各地党组织写信发出通知，要求各地选派两名代表出席大会。7 月 23 日来自北京、汉口、广州、长沙、济南和日本的各地代表全部到达上海。1921 年 7 月 23 日至 31 日，在上海召开了中国共产党的第一次全国代表大会，大会通过了中国共产党的第一个纲领和决议。

中共一大会址(嘉兴南湖游船)

纲领主要的规定有：党的名称是“中国共产党”；党的性质是无产阶级政党；党的奋斗目标是推翻资产阶级政权，建立无产阶级专政，实现社会主义和共产主义；党的基本任务是从事工人运动的各项活动，加强对工会和工人运动的研究与领导。大会选举产生了党的领导机构——中央局，陈独秀为书记，张国焘负责组织，李达负责宣传。

中共一大的召开宣告了中国共产党的正式成立。从此，中国诞生了完全新式的、以共产主义为目的、以马列主义为行动指南的、统一的工人阶级政党。中国共产党的成立，给灾难深重的中国人民带来了光明和希望，为中国革命指明了方向。中国共产党成立后，中国革命的面貌焕然一新。

第九节　国民革命与土地革命

国民革命是指 1924—1927 年中国人民在中国国民党和中国共产党合作领导下进行的反对北洋军阀统治的革命战争和政治运动，且在中国共产党的积极参与和努力下，大革命风暴迅速席卷全国。但是由于年轻的中国共产党在合作过程中放弃了革命的领导权，大革命很快失败了。共产党吸取教训后，开始建立起武装革命根据地。

一、第一次国共合作

在列强的操纵下，封建军阀割据、混战的局面愈演愈烈，“打倒列强，铲除军阀”成为全国人民的共同愿望。这样的革命形势和历史任务要求国内进步力量必须联合。1923年，中国共产党在广州举行第三次全国代表大会，决定同孙中山领导的国民党进行合作，建立反帝反封建的革命统一战线，会上决定了合作的方针：共产党员以个人身份加入国民党，把国民党改造成为工人、农民、小资产阶级和民族资产阶级联盟的政党；同时保持共产党在政治上、思想上和组织上的独立性。

1924年1月20日至30日，在中国共产党人的参加与帮助下，孙中山在广州召开了国民党第一次全国代表大会，重新解释了三民主义。大会通过了共产党人起草的以反帝反封建为主要内容的宣言，确定了联俄、联共、扶助农工的三大政策，从而把旧三民主义发展为新三民主义。大会选举产生中国国民党中央执行委员会，共产党员李大钊、谭平山、毛泽东、林祖涵、瞿秋白等10人当选为国民党中央执行委员或候补执行委员，约占委员总数的1/4。国民党一大的召开标志着第一次国共合作的正式建立。中国革命进入第一次国内革命战争即大革命时期。

二、北伐战争

微视频

北伐战争

国民革命军北伐，是由国民党领导下的国民政府以国民革命军为主力于1926年至1928年间发动的统一战争。因其战争过程由南向北进行，故又常简称为“北伐”或“北伐战争”。

1924年5月，在苏联和中国共产党帮助下，国民党在广州黄埔创办了陆军军官学校，简称黄埔军校。黄埔军校为国民革命军的建立奠定了基础，培养了大批军事人才。

黄埔军校

1925年，广东革命政府以黄埔学生军为主力，进行两次东征，全歼陈炯明叛军。不久，国民政府又统一了广东、广西，广东革命根据地得到巩固，这就为国民革命军北伐奠定了基础。

1926 年 7 月 9 日，蒋介石就职国民革命军总司令并誓师北伐。国民政府以两广为基地，坚持“打倒吴佩孚，联络孙传芳，不理张作霖”的策略，实行各个击破。进兵湖南，攻占平江、岳阳，歼灭吴佩孚的军队。国民革命军接着从两湖地区挥师东进江西，追击孙传芳，1927 年 3 月 24 日占领南京。1927 年初，国民政府从广州迁到武汉。同年 4 月，北伐军又挥师北上，进攻张作霖的部队。1928 年 12 月 29 日，张学良在东北通电东北易帜，宣布效忠南京中央政府，北伐至此宣布成功。

北伐的成功主要是由于国共两党的团结合作，和北伐军的英勇作战尤其是共产党员起了先锋模范作用，而且得到了广大的人民群众的支持。

课堂讨论

课堂讨论：孙中山为什么要创办黄埔军校？

三、“四一二”反革命政变

1927 年 4 月 12 日，以蒋介石为首的国民党新右派在上海发动反对国民党左派和共产党的武装政变，大肆屠杀共产党员、国民党左派及革命群众。这就是历史上著名的“四一二”反革命政变。

1927 年 4 月 12 日凌晨，停泊在上海高昌庙的军舰上空升起了信号，早已准备好的全副武装的青洪帮、特务约数百人，身着蓝色短裤，臂缠白布黑“工”字袖标，从法租界乘多辆汽车分散四出，先后在闸北、南市、沪西、吴淞、虹口等区，袭击工人纠察队。工人纠察队仓促抵抗，双方发生激战。事先埋伏在工人纠察队周围的大批军警，以“调解工人内讧”为名，强行收缴枪械，上海 2 700 多名武装工人纠察队被解除武装。工人纠察队牺牲 120 余人，受伤 180 人。当天上午，上海总工会会所和各区工人纠察队驻所均被占领。在租界和华界内，外国军警搜捕共产党员和工人 1 000 余人，交给蒋介石的军警。这些反动派在上海大肆搜捕和屠杀的同时，江苏、浙江、安徽、福建等省也以“清党”名义，对共产党员和革命群众进行大屠杀。

“四一二”反革命政变使中国大革命受到严重的摧残，是大革命从胜利走向失败的转折点、同时也宣告国共两党第一次合作的破裂。经过“四一二”反革命政变，共产党基层组织基本瘫痪。惨痛的失败给中国人民以深刻的教训，使共产党认识到要领导人民取得革命的胜利，就必须坚持无产阶级对革命的领导权，必须掌握革命武装，坚持武装斗争。

四、土地革命

1. 中国共产党的武装暴动

大革命失败后，共产党开始认识到武装斗争的重要性，为了挽救革命，决定用武装起义反抗国民党反动派的屠杀政策。

(1)南昌起义:1927 年 8 月 1 日,江西南昌发起了反对国民党的反共政策的武装起义。由周恩来、谭平山、叶挺、朱德、刘伯承等中共人士和贺龙领导——贺龙在事件后加入中国共产党。南昌起义打响了武装反抗国民党反动派的第一枪,揭开了中国共产党独立领导武装斗争和创建革命军队的序幕。因此,8 月 1 日被定为中国人民解放军建军纪念日。

微视频 南昌起义

南昌起义

(2)八七会议:第一次国内革命战争失败以后,在关系党和革命事业前途和命运的关键时刻,中共中央政治局于 1927 年 8 月 7 日在汉口召开的紧急会议。会议总结了大革命失败的经验教训,坚决纠正和结束了陈独秀的右倾机会主义错误,撤销了他的总书记职务。会议确定了土地革命和武装反抗国民党反动派的屠杀政策的总方针,并就国共两党关系、土地革命、武装斗争等问题进行了讨论,把发动农民举行秋收起义作为党在当时的最主要任务。毛泽东在会上第一次提出了“枪杆子里面出政权”的思想。这给正处于思想混乱和组织涣散的中国共产党指明了新的出路,为挽救党和革命做出了巨大贡献。

(3)秋收起义:秋收起义是 1927 年 9 月 9 日由毛泽东在湖南东部和江西西部领导的工农革命军(即红军)举行的一次武装起义,是继南昌起义之后,中国共产党领导的又一次著名的武装起义。起义军分三路进攻长沙,但由于敌人势力比较强大而遭到严重损失。毛泽东命令各路起义军退到文家市,决定放弃夺取长沙的计划,改向敌人力量薄弱的山区进军。进军途中进行了著名的三湾改编,把党的支部建在连上。

微视频 秋收起义

南昌起义、秋收起义,为中国革命从城市转入农村,创建工农红军,建立农村革命根据地揭开了序幕;农村革命根据地的建立和各地武装斗争的开展,又为彻底推翻国民党反动统治、夺取全国政权找到了一条通往胜利的道路,同时也是工农武装割据思想的来源之一。

2. 革命根据地

1927 年 10 月,毛泽东率领经“三湾改编”后的秋收起义部队到达井冈山,先后在宁冈、永新、茶陵、遂川等县恢复和建立了党组织,发展武装力量,开展游击战争,领导农民打土豪分田地，建立红色政权，实行工农武装割据，创建了党领导下的第一个农村革命根据地——井冈山革命根据地。1928 年 4 月，朱德、陈毅率领南昌起义保存下来的部队和湘南农军到达井冈山，和毛泽东领导的工农革命军会师，成立了中国工农红军第四军。井冈山革命根据地的建立，点燃了“工农武装割据”的星星之火，中国革命的中心开始从城市转入农村，走上了农村包围城市、武装夺取政权的新道路。这说明中国共产党的力量还很弱小，敌人很强大，革命的道路还很长。也意味着中共开始走向成熟，找到了正确的革命道路。

井冈山会师

毛泽东认为，红色政权的存在和发展，必须包括三个方面的内容，即在中国共产党的领导下，把武装斗争、土地革命和根据地建设三者结合起来。它是把马克思主义普遍真理同中国革命具体实践相结合的光辉典范。

到 1930 年夏，全国已建立起十几块农村革命根据地。主要有：毛泽东、朱德建立的赣南、闽西根据地，后发展为中央革命根据地；彭德怀建立的湘赣革命根据地；贺龙建立的洪湖和湘鄂边根据地；邓小平等建立的左右江根据地；徐向前等建立的鄂豫皖根据地；滕代远等建立的湘鄂赣根据地；澎湃建立的海陆丰根据地等。

中国共产党在革命根据地开展土地革命、打土豪、分田地、废除封建剥削和债务，满足农民土地要求。1931 年春，毛泽东总结土地革命的经验，制定出一条完整的土地革命路线。依靠贫农、雇农，联合中农，限制富农，保护中小工商业者，消灭地主阶级，变封建半封建的土地所有制为农民的土地所有制。这条路线，调动了一切反封建的因素，保证了土地革命的胜利。土地革命使广大贫雇农在政治上翻了身，经济上分得了土地，生活上得到了保证。

课堂讨论

秋收起义后工农革命军为什么要去井冈山建立革命根据地？

3. 红军长征

革命的蓬勃发展使国民党反动派惶恐不安，他们连续对中央革命根据地进行了五次围剿。1933 年 10 月，蒋介石调集 100 万军队、200 多架飞机，向各革命根据地发动了第五次“围剿”。对中央根据地，蒋介石动用 50 万兵力，分路“围剿”中央红军。在王明“左”倾冒险主义思想的影响下，李德等人先推行“军事冒险主义”策略，后在敌人的猖狂进攻面前采取

“拼命主义”，最后发展成“逃跑主义”，导致中央红军第五次反“围剿”的失败。1934 年 10 月，中央红军主力被迫退出中央革命根据地，突围转移，开始长征。

红军在前有堵截后有追兵的危急情况下，强渡乌江，解放了贵州重镇遵义。1935 年 1 月 15 日至 17 日，中共中央政治局在贵州遵义召开了一次极其重要的扩大会议——遵义会议，开始独立自主地解决中国革命问题。遵义会议是在红军第五次反“围剿”失败和长征初期严重受挫的情况下，为了纠正王明军事指挥上的“左”倾错误而召开的，是中国共产党第一次独立自主地运用马克思列宁主义基本原理解决自己的路线、方针政策的会议。遵义会议在极端危险的时刻，挽救了党和红军，中国共产党历史上一个生死攸关的转折点，标志着中国共产党从幼年达到成熟。

遵义会议后，鉴于川地布防严密，中央红军确定撤离遵义，在川黔滇边和贵州省内迂回穿插。特别是在四渡赤水的过程中，中央红军灵活机动地创造战机，运动作战，各个歼敌，以少胜多，从而变被动为主动。南渡乌江，直逼贵阳，抢渡金沙江，摆脱了几十万国民党军的围追堵截，取得了战略转移中具有决定意义的胜利。由于执行了正确的民族政策，红军顺利通过大凉山彝族区。接着强渡大渡河，飞夺泸定桥，翻越终年积雪的夹金山。1936 年 10 月，红军第一、二、四方面军在甘肃会宁会师，宣告长征胜利结束。

课堂讨论

红军长征途中，除敌人围追堵截外，还遇到哪些困难和问题？

第十节　抗日战争

一、抗日战争全面爆发

1. 九一八事变

九一八历史博物馆

1931 年 9 月 18 日傍晚，盘踞在中国东北的日本关东军按照精心策划的阴谋，铁道“守备队”炸毁沈阳柳条湖附近日本修筑的南满铁路路轨，并嫁祸于中国军队，日军以此为借口，炮轰中国东北军北大营，制造了震惊中外的“九一八事变”。同月 19 日，日军侵占沈阳，又陆续占领长春、吉林等地。1932 年 2 月，东北全境沦陷。此后，日本在中国东北建立了伪满政权，开始了对东北人民长达 14 年之久的奴役和殖民统治，使东北 3 000 多万同胞饱受亡国奴的痛苦。九一八事变是由日本蓄意制造并发动的侵华战争，是日本帝国主义侵华的开端，揭开了第二次世界大战东方战场的序幕。

2.“一二·九”运动

1935 年 12 月 9 日，北平（北京）大中学生数千人举行抗日救国示威游行，反对华北自治，反抗日本帝国主义，要求保全中国领土的完整，掀起了全国抗日救亡运动新高潮。这是中国共产党领导的一次大规模学生爱国运动。北平学生的爱国行动，揭露了日本帝国主义侵略中国、并吞华北的阴谋，打击了国民党政府的妥协投降政策，大大地促进了中国人民的觉醒，得到了全国学生的响应和全国人民的支持，形成了全国人民抗日民主运动的新高潮，推动了抗日民族统一战线的建立。

3. 西安事变

西安事变，又称“双十二事变”。1936 年 12 月 12 日，为了劝谏蒋介石改变“攘外必先安内”的既定国策，停止内战，一致抗日。时任西北剿匪副总司令、东北军领袖的张学良和时任国民革命军第十七路总指挥、西北军领袖的杨虎城在西安华清池发动兵变，扣留了时任国民政府军事委员会委员长和西北剿匪总司令的蒋介石，逼蒋抗日，时称“西安兵谏”。事变发生后，国民党内亲日派头子何应钦积极部署讨伐张、杨，企图置蒋介石于死地，以夺取政权。亲英美派的宋美龄、宋子文等为和平解决事变，营救蒋介石四处奔走。面对复杂的局势，中国共产党高瞻远瞩，从全民族利益出发，在中共中央和周恩来同志的努力下，蒋介石最终接受“停止内战，一致抗日”的主张，西安事变和平解决，这促成了第二次国共合作，形成了全面抗战的局面，为中华民族抗日战争的胜利奠定了坚实的基础。

4. 七七事变

微视频

七七卢沟桥事变

1937 年 7 月 7 日，驻华日军在卢沟桥附近演习时，借口一名士兵“失踪”，要求进入宛平县城搜查。其无理要求遭到中国守军严词拒绝，日军随后悍然向中国守军开枪射击，炮轰宛平城，制造了震惊中外的“七七事变”，又称“卢沟桥事变”。这是日本军国主义蓄谋已久的战争。此后，日本军国主义侵占我华北大片领土，把侵略的魔爪伸向了中国内陆腹地，亡国灭种的危险迫在眉睫。

5.“八一三”事变

“八一三”事变，是继七七事变以后，日本帝国主义为扩大侵华战争在上海制造的又一起事变。淞沪会战期间，上海人民以各种方式积极参加抗战，支援前线，各界群众都组织了救亡协会。文艺界救亡协会、学生界救亡协会、上海市纱厂工友救亡协会等团体，陆续开展了宣传、募捐、演出、慰劳等活动。全国各界民众也积极支援上海抗战。“八一三”事变以后，根据国共两党协议，在西北的工农红军主力改编为国民革命军第八路军，朱德、彭德怀为正副总指挥。后来，又把南方八省的红军游击队改编为国民革命军陆军新编第四军，叶挺、项英为正副军长。九月，国民党公布了中共中央提交的国共合作宣言。因此，淞沪会战是中国全民族的抗战。

6. 南京大屠杀

淞沪会战结束后，中国军队向南京方向溃退，位于上海和南京之间的多处军事要塞无人防守，军队几乎全部撤退到南京外围。1937 年 12 月 13 日，日军进占南京城，对手无寸铁的南京民众进行了长达 6 周惨绝人寰的大规模屠杀、强奸以及纵火、抢劫等战争罪行与反人类罪行。直到 1938 年 2 月，南京的秩序才开始好转。据第二次世界大战结束后远东国际军事法庭和南京军事法庭的有关判决和调查，在大屠杀中有 20 万以上乃至 30 万以上中国平民和战俘被日军杀害，南京城被日军大肆纵火和抢劫，致使南京城被毁三分之一，财产损失不计其数。

日军砍杀中国民众

二、国共合作抗日

1. 正面战场

日军占领平津以后，决定向华北和华东两个方向发动进攻，速战速决，妄图在 3 个月内灭亡中国。在中国人控制的连片国土与日军侵华推进线上对峙交战而形成的战场被称为“正面战场”。主要是国民党的军队与日军之间的交战。

(1)淞沪会战：1937 年 8 月的淞沪会战是抗战爆发以来，中日双方规模最大的一次会战。3 个月的战役中，双方都投入几十万的兵力。由于国民革命军战略不当，武器装备落后，在付出了 33 万多人的损失后，最终被迫匆忙撤兵，这直接导致了南京会战的失利。此战日军伤亡 5 万余人。11 月，上海失守，淞沪会战结束。

(2)太原会战和平型关大捷：淞沪会战期间，华北日军侵入山西，企图夺取太原。国民党组织太原会战，八路军开赴山西参加会战。林彪率领一一五师在平型关伏击日军，取得平型关大捷，这是抗战以来的首次大捷，国民党军队由于指挥混乱，布置不当，战斗十分艰苦，之后日军占领了太原。

(3)徐州会战：日军打通了津浦线，扩大了占领区，但未能消灭中国军队主力。国民政府第五战区司令官李宗仁，指挥中国军队，将日军阻击在山东临沂和台儿庄。其中台儿庄大捷消灭日军 1 万多人，极大地鼓舞了全国人民的抗战，是抗战以来的最大胜利。但最终未能阻止敌人的疯狂进攻，徐州等地相继失守。

中国军队守卫台儿庄

(4)枣宜会战：1939 年初至 1940 年期间，日军向华中、华南的国民党正面战场发动进攻。在 1940 年 5 月的枣宜会战中，张自忠上将率军与敌人奋战九昼夜，殉国于南瓜店，宜昌失陷。枣宜会战是武汉会战以来，日军在国民党正面战场发动的规模最大的一次进攻，日军占领南昌。

（5）豫湘桂战役：1944 年初，日军为打通中国大陆交通线，发动了豫湘桂战役。这是日军在国民党正面战场发动的规模最大的一次战役，历时 8 个月。国民党损失兵力五六十万人，放弃了豫、湘、桂、闽、粤等省的大部地区和贵州的一部分地区。

抗战以来，国民党在正面战场虽然组织了几次大规模的会战，广大将士也英勇作战，但由于国民党实行单纯依靠政府和军队、不敢和不愿发动人民群众的片面抗战路线，无力阻止敌人的疯狂进攻，使中国丧失了大片领土。

2. 敌后战场

（1）洛川会议：1937 年秋，中国共产党在陕北召开洛川会议，会议决定把党的工作重心放在战区和敌后，在敌后放手发动群众，开展独立自主的游击战争，开辟敌后战场，建立敌后抗日根据地。制定了动员全民族一切力量、争取抗战胜利的人民战争路线，即全面抗战路线。

（2）建立抗日根据地：洛川会议以后，八路军、新四军挺进敌后，开辟了抗日根据地。晋察冀抗日根据地，在聂荣臻率领下，以山西五台山为中心，在抗日战争中，粉碎日军多次"扫荡"。晋绥抗日根据地，由贺龙、关向应领导创建，后又与当地武装相结合，开辟大青山抗日游击根据地。另有晋冀豫抗日根据地和冀鲁豫抗日根据地等多个抗日根据地。中共中央和毛泽东所在的陕甘宁抗日根据地，成为敌后抗日战争的指导中心，陕甘宁边区也成为全国抗日根据地的总后方。

（3）百团大战：百团大战是中国抗日战争时期，中国共产党领导下的八路军、新四军与日军在华北地区发生的一次规模最大、持续时间最长的战役。百团大战壮大了敌后抗日军民的声威，振奋了全国人民争取抗战胜利的信心，大大提高了共产党和八路军的威望，在战略上有力地支援了国民党正面战场的抗战。

课堂讨论

你能从目标、规模和战绩三方面来评价百团大战吗？

三、抗日战争的胜利

1944 年起，抗日根据地军民对日军发动了局部反攻，收复了大片国土，日军被压缩到铁路沿线和较大城市。

1945 年 4 月，在世界反法西斯战争和中国的抗日战争即将取得胜利的前夜，在中国面临着两种前途、两种命运斗争的关键时刻，为了团结全党、全国人民，彻底打败日本侵略者，建立独立、自由、民主、统一与富强的新中国，中国共产党召开了第七次全国代表大会。这次大会的主要任务是组织和保障全中国人民取得抗战的最后胜利，建立一个新民主主义的新中国。毛泽东《论联合政府》的政治报告是这次大会的中心议题。报告科学地分析了国际国内形势，郑重地提出了中国人民强烈希望打败日本侵略者、建立民主联合政府、建设新中国的基本要求。毛泽东在报告中提出了党的政治路线，即“放手发动群众，壮大人民力量，在我党的领导下，打败日本侵略者，解放全国人民，建立一个新民主主义的中国”。报告还提出了“废止国民党一党专政，建立民主的联合政府”的主张。

侵华日军总司令冈村宁次在投降书上签字

1945年8月6日，为了避免采取大量伤亡的登陆战以及先苏联一步拿下日本本土，美军在日本广岛投下第一枚原子弹，三天后又在长崎投下第二枚原子弹。苏联红军也根据《雅尔达密约》，在1945年8月8日对日宣战，发动八月风暴行动，于1945年8月9日出兵中国东北。此时的日本关东军兵力仅有70万人部署在中国东北和朝鲜半岛，苏联红军投入到远东战场则多达150万人，双方的装备也相差悬殊，苏联红军横扫日本关东军。毛泽东发表《对日寇最后一战》，抗日战争进入全面大反攻阶段。国民党方面在美军空运、海运帮助下，迅速占领各大城市，接受日本投降。

整个抗日战争期间，中国（含国共两党）军队共进行会战22次，重要战役200余次，大小战斗近20万次，总计歼灭日军150余万人、伪军118万人。抗日战争的胜利，是一百多年来中国人民第一次取得反对外来侵略斗争的完全胜利。它洗雪了中国的民族耻辱，成为中华民族由衰败到振兴的转折点，为中国的独立和解放奠定了基础。它大大增强了全国人民的民族自尊心和自信心。中国的抗日战争是世界反法西斯战争的重要组成部分，中国人民的斗争支援了其他国家人民的斗争，对世界反法西斯战争的胜利做出了重大贡献，中国的国际地位提高了。

第十一节　解放战争

解放战争是1945年8月至1950年6月中国人民解放军在中国共产党的领导和广大人民群众的支援下，为推翻国民党独裁统治而进行的战争，也是20世纪中期在中国境内发生的共产党军队与国民党军队之间的长期对抗。解放战争后，中国人民终于取得了新民主主义革命的伟大胜利。

一、重庆谈判

抗战胜利后，日本帝国主义被逐出中国，国共之争再次成为国内外关注的焦点。此时的蒋介石仍未放弃消灭共产党及其领导的军队的意图，但蒋介石有所顾忌：一是经过十四年抗战，全国人民普遍期待和平建设国家，民主党派甚至国民党内部均有人反对战争；二是美、苏两国都表示不赞成中国发生战争；三是国民党政府的精锐军队在抗战期间大都退到中国西南和西北地区，要迅速开赴共产党控制区前线还需要一段时间。权衡利弊之后，蒋介石在调兵遣将的同时，亦发动和平攻势，于 1945 年 8 月 14 日、20 日、23 日连续三次电邀中共领袖毛泽东到重庆进行谈判，目的在于尽一切可能争取准备战争的时间。中共中央于 8 月 23 日在延安召开政治局扩大会议，提出通过和平途径，建设一个独立、民主、和平的新中国，认为抗日战争阶段已经结束，新的阶段是和平建国，避免战争或尽可能使战争推迟爆发。于是，中共中央派毛泽东、周恩来、王若飞为代表，赴重庆桂园与国民党进行谈判。中国共产党同国民党政府在重庆进行了为期 43 天的和平谈判，史称“重庆谈判”。

谈判从 1945 年 8 月 29 日开始，至 10 月 10 日结束，国共双方签订了《政府与中共代表会谈纪要》(即《双十协定》)。国民党当局接受“和平建国的基本方针”，同意长期合作，坚决避免内战，建设独立、自由、富强的新中国。但是，对于人民军队和解放区政权的合法地位问题，国共双方未能达成协议。这份协议不久就被蒋介石撕毁，战争一触即爆发。

二、解放战争的硝烟

1946 年 6 月下旬，国、共两党的军队在中原地区(湖北、河南交界)爆发了大规模的武装冲突，解放战争就此开始。解放战争大致分为三个阶段。第一阶段为战略防御阶段。期间，国民党依靠优势兵力对解放区展开了全面进攻，但被共产党挫败。第二阶段为战略相持阶段，8 个月的全面进攻并没有收到预想中的效果，共产党方面主力依然存在。国民党当局调整策略，重点进攻陕北与山东共产党根据地。在孟良崮战役中，号称国民党“王牌部队”的整编 74 师全军覆没，师长张灵甫阵亡，国民党军队全线撤退。同时，人民解放军军力上升至 280 万人，装备了重炮兵与工兵，基本具备了同国民党军队决战的实力。由于国民党集中兵力进攻延安及山东解放区，导致后方兵力空虚，1947 年 6 月，刘伯承、邓小平率领大军强渡黄河，千里挺进大别山，直接威胁国民党的统治中心南京和武汉；陈毅、粟裕领导下的华东野战军挺进豫皖苏；陈赓、谢富治兵团挺进豫西。三路大军，互相策应，在黄河与长江之间的广大地区形成了一个“品”字形的战略态势，牵制了南线国民党军一半以上的兵力，使中原地区由国民党军进攻共产党统治区的重要后方变成了解放军夺取全国胜利的前进基地。1948 年 9 月至 1949 年 12 月是第三阶段，被称为战略进攻阶段，期间，共产党发起了辽沈战役(辽西会战)、淮海战役(徐蚌会战)和平津战役(平津会战)三大战役，击溃、消灭、收编了国民党军的主力近 150 万人。

课堂讨论

为什么说刘邓大军挺进大别山是人民解放军转入战略进攻的开始？

三、国民党政权覆亡

由于国民党军队在三大战役中的大溃败，加上美国和国民党内部的压力，蒋介石在1949年元旦发出“求和”声明，企图用假和平作缓兵之计。内外交困的蒋介石宣布下野，此后代理总统李宗仁试图求和。1949年4月，国共举行了北平和谈并达成协议(但国民党谈判代表张治中会谈后留在了北平，之后公开宣布脱离国民党)，国民党拒绝在和谈协议上签字。4月21日，毛泽东和朱德向中国人民解放军下达进军命令，百万雄师渡江作战。4月23日，解放军占领南京，统治中国22年的国民党政权覆灭了。

人民解放军占领南京国民党“总统府”

同步练习

一、选择题

1. 英国发动鸦片战争的主要目的是 ( )
   A. 保护鸦片贸易　　B. 割占中国领土
   C. 打开中国商品市场　　D. 争取外交礼仪平等
2. 英国通过《虎门条约》取得了“领事裁判权”，这意味着 ( )
   A. 中英两国之间的贸易纠纷由英国领事解决
   B. 英国领事享有对《南京条约》的解释权
   C. 中国的司法主权遭到破坏
   D. 英国领事可以决定中国的关税税率
3. 鸦片战争后，中国逐渐被卷入世界资本主义市场，这对中国的影响不包括 ( )
   A. 封建地主土地所有制瓦解　　B. 自给自足的自然经济逐步解体
   C. 西方的先进生产技术逐步传入　　D. 英国输华商品激增
4. 兴起于广西桂平的太平天国运动，先后颁布了《天朝田亩制度》和《资政新篇》，两部文献的共同特点是 ( )
   A. 试图在中国发展资本主义　　B. 脱离了社会现实，流于空想
   C. 反映了农民的理想追求　　D. 受到西方宗教文化的影响
5. 清政府内部洋务派和顽固派之间的根本分歧在于 ( )
   A. 要不要维护封建的政治制度　　B. 要不要维护封建的伦理纲常
   C. 要不要学习西方的先进生产技术　　D. 要不要抵抗列强的侵略

6. 下列体现洋务派“求富”主张的实践活动是 （　　）

A. 创办江南制造总局　　B. 创办轮船招商局

C. 成立天津机器制造局　　D. 设立农工商总局

7. 甲午海战后，经三国干涉，日本被迫交还辽东半岛。这反映 （　　）

①列强在华争夺趋于白热化　　②清政府的外交政策取得成效

③清政府国际地位极端低下　　④日本无力对付三国的联合威慑

A. ①②③　　B. ②③④　　C. ①②④　　D. ①③④

8. 康、梁维新派提出向西方学习，推动“百日维新”，但真正得以实施的措施是 （　　）

A. 按西法编练新军　　B. 设制度局，为新政立法

C. 进行地方官制的改革　　D. 撤并政府机构，裁汰冗员

9. 孙中山认为，西方国家贫富不均，劳资矛盾尖锐，“社会革命其将不远”，中国应该防患于未然，因此他提出了 （　　）

A. 民族主义　　B. 民权主义

C. 民生主义　　D. 民粹主义

10. 新文化运动时期，陈独秀等先进知识分子强调科学与民主并重，在政治上主张实行 （　　）

A. 民主共和制　　B. 君主立宪制

C. 苏维埃体制　　D. 人民民主制

11. 革命统一战线建立前，中国共产党提出“中国现存的各政党，只有国民党是比较革命的民主派，是比较真正的民主派”的主要依据是 （　　）

A. 孙中山领导国民党坚持反帝反封建斗争

B. 国民党建立了根据地和军队

C. 其领袖孙中山站在无产阶级立场上

D. 国民党代表资产阶级和小资产阶级的利益

12. 井冈山革命根据地的建立和巩固 （　　）

A. 奠定了“党指挥枪”的新型人民军队的基础

B. 开创了农村包围城市、武装夺取政权的道路

C. 标志第二次国内革命战争时期的开始

D. 创建了中共独立领导的革命武装

13. 我国农村革命根据地主要分布在南方的主要原因是 （　　）

A. 北方是军阀统治中心　　B. 北伐战争的影响

C. 近代革命从南方开始的　　D. 江南地区群众基础好

14. 下列选项中属于“工农武装割据”思想对八七会议决议的发展的是 （　　）

A. 武装斗争　　B. 土地革命

C. 根据地建设　　D. 纠正右倾错误

15. 中国红色政权能够存在并且日益发展壮大的根本原因是 （　　）

A. 国民大革命在人民群众中留下了深刻影响

B. 有中国共产党的正确领导

C. 有相当数量的正式红军的存在

D. 中国各地区政治经济发展不平衡

16. 中国共产党制定全面抗战路线是在 （ ）

A. 八一宣言中　　B. 瓦窑堡会议上

C. 中共抗日通电中　　D. 洛川会议上

17. 下列关于战略防御阶段对国民政府的评价不正确的是 （ ）

A. 承认中国共产党及其人民军队的合法地位

B. 对日本继续采取妥协、投降政策，推行片面抗战路线，被迫自卫抵抗

C. 在正面战场组织了淞沪、太原、徐州、武汉 4 次大规模会战

D. 挫败了日军“速战速决”灭亡中国的企图

18. 在历史课本剧晚会上，《西安和平谈判》《重庆谈判》两个节目中，下列人物中都曾出场的是 （ ）

A. 毛泽东　　B. 周恩来

C. 刘少奇　　D. 邓小平

二、非选择题

1. 全国人大十届二次会议期间，温家宝总理在答记者问时，引用了清末诗人丘逢甲的《春愁》：春愁难遣强看山，往事惊心泪欲潸。四百万人同一哭，去年今日割台湾。

请回答：

(1)这首诗写于哪一年？

(2)为什么“四百万人同一哭”？

(3)“春愁”是中国古诗词中常见的词语，作者以此为题抒发了怎样的情怀？

2. 阅读材料：

现在本党大会宣言已经表决，这是本党成立以来破天荒的举动。……发表此宣言，就是表示以后革命与从前不同。前几次革命，均因半路上与军阀官僚相妥协、相调和，以致革命成功之后仍不免于失败。……即举排满、倒袁、护法三役而言，我们做革命都是有头无尾，都是有始无终，所以终归失败。

此次我们通过宣言，就是重新担负革命的责任，就是计划彻底的革命，就是要把军阀来推倒，把受压迫的人民解放出来，这是关于对内的责任。至于对外的责任，有要反抗帝国侵略，将世界受帝国主义所压迫的人民来联络一致，共同协作，互相扶助，将全世界受压迫的人民都来解放。

——《孙中山全集》第 9 卷

请回答：

(1)引文中“本党大会宣言已经表决”是何时何地召开的什么大会？已经表决的是何宣言？

(2)引文中的对内、对外责任与旧三民主义的主要区别是什么?

3. 阅读以下与红军第五次反“围剿”有关的材料:

材料一:蒋介石要求国民党军,对根据地“予以严密封锁,使其交通物质,两相断绝,则内无生产,外无接济,既不得活动,又不能鼠窜,困守一隅,束手待毙”。

——《处理剿匪省份政治工作报告》

材料二:粟裕在回忆第五次反“围剿”时说,十九师是红七军团的主力、战斗力强,擅长打野战,但没有见到过装甲车……部队一见到(国民党军的)两个铁家伙打着机枪冲过来,就手足无措,一个师的阵地便是被两辆装甲车冲垮。

——《李志民回忆录》

材料三:粮食问题已经非常严重的摆在我们面前,谷价到处高涨,有些地方如会昌、瑞金、博生、于都等处已涨到七八元一担。应该收集的土地税和公债谷子还差着很巨大的数目。

——《红色中华》第146期

请回答:

(1)根据材料,概括指出红军在进行第五次反“围剿”时所面临的严峻的内外形势。

(2)根据材料并结合所学知识,从指导方针和客观形势两方面分析红军第五次反“围剿”失败的主要原因。

(3)针对当时严峻的内外形势中国共产党是如何应对的?

测试题 选择题

测试题 判断题

第三章 中国现代史

本章导读

中国现代史是指 1949 年 10 月中华人民共和国成立至今的历史，又称中华人民共和国史，分为新民主主义社会（从 1949 年 10 月新中国成立到 1956 年底三大改造基本完成）与社会主义社会（1956 年至今）两大历史阶段。这一时期也是中国人民建立政权、巩固政权、探索和发展，使中国走向富强、民主、自立的一段发展史。

知识探究

第一节 中华人民共和国的成立和向社会主义的过渡

1949 年 10 月，伟大的新中国诞生了，中国从此进入现代化时期。从中华人民共和国成立至 1956 年社会主义改造基本完成，是中国由新民主主义向社会主义过渡的历史时期。

一、中华人民共和国成立

1. 新政协会议

1949 年 9 月，中国人民政治协商会议第一届全体会议在北平隆重召开。中国共产党，各民主党派，无党派民主人士，人民解放军，各人民社团，各地区、各民族和国外华侨的代表出席大会，讨论成立新中国的问题。大会决定成立中华人民共和国，通过了《中国人民政治协商会议共同纲领》，简称《共同纲领》。大会选举了中央人民政府委员会，毛泽东当选主席，朱德、刘少奇、宋庆龄等为副主席。会议决定改北平为北京，为新中国的首都，以五星红旗为国旗，以《义勇军进行曲》为代国歌。1949 年 10 月 1 日，毛泽东在天安门城楼上，向世界庄严宣布了中华人民共和国的成立。

2. 《共同纲领》

《共同纲领》除序言外，分为总纲、政权机关、军事制度、经济政策、文化教育政策、民族政策、外交政策共 7 章 60 条。它肯定了人民革命的胜利成果，宣告了封建主义和官僚资本主义在中国统治的结束和人民民主共和国的建立，规定了新中国的国体和政体。它确认“中国人民民主专政是中国工人阶级、农民阶级、小资产阶级、民族资产阶级及其他爱国民主分子的人民民主统一战线的政权，以工农联盟为基础，以工人阶级为领导”。它规定人民代表大会制度为我国的政权组织形式；宣布取消帝国主义在华的一切特权；没收官僚资本，进行土地改革；并且规定了新中国的各项基本政策和公民的基本权利和义务。由于它所规定的是国家制度和社会制度的基本原则及各项基本政策，并且它是由代行全国人民代表大会职权的中国人民政治协商会议制定的，因此，虽然它还不是一部正式的宪法，但不管从内容上还是从法律效力上看都具有国家宪法的特征，起到了临时宪法的作用。它是建国初期团结全国人民共同前进的政治基础和战斗纲领，对于巩固新生的人民政权，加强革命法制，维护人民民主权利，恢复和发展国民经济等方面都起着重要的指导作用。它的许多基本原则在制定 1954 年宪法时都得到了再次确认和进一步发展，因而在我国宪政史上有着重要的历史意义。

开国大典

二、土地改革与抗美援朝

1. 土地改革

★ 微视频

土地改革

土地改革是中国人民在中国共产党的领导下，彻底铲除封建剥削制度的一场深刻的社会革命，是我国民主革命的一项基本任务。中国共产党在民主革命时期，就提出了彻底的土地革命纲领，领导了解放区军民进行土地改革。新中国成立前，东北、华北等老解放区已基本完成土地改革，消灭了封建剥削制度。

党中央明确规定了新解放区土地改革的总路线和总政策：依靠贫农、雇农，团结中农，中立富农，有步骤、有分别地消灭封建剥削制度，发展农业生产。新解放区土地改革的基本内容是：没收地主阶级的土地，将其分配给无地或少地的农民，把封建剥削的土地所有制改变为农民的土地所有制。对于地主分子，同样分给一定数量的土地，让其在劳动中改造为新人。1950 年 6 月，中央人民政府委员会通过并颁布实施《中华人民共和国土地改革法》，该法成为指导土地改革的基本法律依据。土地改革法规定："废除地主阶级封建剥削的土地所有制，实行农民的土地所有制，借以解放农村生产力，发展农业生产，为新中国的工业化开辟道路。"同时还把过去征收富农多余土地财产的政策改为保存富农经济的政策，以便更好地孤立地主、保护中农和小土地出租者、稳定民族资产阶级。归根到底，都是为了促进生产的恢复和发展。

在党的正确领导下，到 1953 年春，除部分少数民族地区外，我国大陆普遍实行了土地改革。土地改革彻底摧毁了封建剥削制度，使全国 3 亿多农民无偿分得了约 7 亿亩土地和大批生产资料，而且不必每年再向地主缴纳约 3 000 万吨以上的粮食地租。土地改革真正实现了中国农民数千年来希望获得土地的愿望，使农民真正翻身做了主人，从而最深入、最广泛地调动了农民群众的革命和建设的积极性，使农村生产力获得了极大的解放。土地改革还确立了贫雇农在农村中的优势地位，巩固了工农联盟，为引导亿万农民走上集体化道路创造了条件。

2. 抗美援朝

1950 年 6 月 25 日，朝鲜内战爆发。美国采取武装干涉政策，6 月 27 日，美国总统杜鲁门发表声明，宣布出兵朝鲜，并命令美国海军第七舰队侵入台湾海峡。同日，联合国安理会通过决议，联合国会员国要派兵随从美国军队入朝。6 月 28 日，毛泽东发表讲话，号召"全国和全世界的人民团结起来，进行充分的准备，打败美帝国主义的任何挑衅"。同日，周恩来代表中国政府发表声明，强烈谴责美国侵略朝鲜、中国台湾及干涉亚洲事务的罪行。号召"全世界一切爱好和平正义和自由的人类，尤其是东方各被压迫民族和人民，一致奋起，制止美帝国主义在东方的新侵略"。1950 年 10 月，中国人民志愿军在彭德怀司令员的指挥下，跨过鸭绿江，同朝鲜人民并肩抗击美国侵略者。经过五次大的战役，中朝部队一起将侵略军赶回到"三八"线以南，1953 年夏，美国不得不在《朝鲜停战协定》上签字。抗美援朝的胜利，为我国经济建设和社会改革赢得了一个相对稳定的和平环境。

课堂讨论

在抗美援朝战争中，为什么中朝部队可以打败军力强大的美国，取得最后的胜利？

三、向社会主义过渡

1. 第一个五年计划

中华人民共和国成立以后，经过三年的经济恢复，国民经济得到根本好转，工业生产已经达到历史最高水平，但是我国那时还是一个落后的农业国，许多工业产品的人均占有量远远低于发达国家。

为了有计划地进行社会主义建设，我国政府编制了发展国民经济的第一个五年计划。它的基本任务是：集中力量发展重工业，建立国家工业化和国防现代化的初步基础；有步骤地对农业、手工业和资本主义工商业进行社会主义改造；保证国民经济中社会主义成分的比重稳步增长。第一个五年计划从1953年开始执行，是我国工业化的起点。

我国自己制造的第一架喷气式飞机

武汉长江大桥建成通车

第一个五年计划的特点是：优先发展重工业；社会主义革命同社会主义建设并举。在全国人民的努力下，到1957年，第一个五年计划的经济建设指标都大幅度超额完成，这就为社会主义工业化奠定了基础。

2. 三大改造

三大改造是指1953—1956年底，中国共产党在全国范围内组织的对于农业、资本主义工商业和手工业进行的社会主义改造。其中，对于资本主义工商业的社会主义改造是三大改造的重点。在我国新民主主义革命胜利和土地改革完成以后，国内的主要矛盾转为工人阶级和资产阶级之间、社会主义道路和资本主义道路之间的矛盾。一方面，国家需要资本主义工商业有一定的发展，因为它存在着有利于国计民生的一面；另一方面，资本主义工商业又影响着国计民生长久发展，这就出现了限制和反限制的斗争。为了把原来落后、混乱、畸形发展的资本主义工商业逐步引上社会主义的道路，从1953年起，中国共产党在全国范围内果断地对资本主义工商业进行了大规模的社会主义改造。改造分为两个步骤：第一步是把资本主义转变为国家资本主义；第二步是把国家资本主义转变为社会主义。

在过渡时期总路线的指引下，1954年底，主要的大型私营工业企业多数已经通过公私合营的方式转变为公私合营企业。在商业方面，则在国家掌握一切重要货源的情况下，使私营商业执行经销代销业务的方式，逐步向国家资本主义商业转变。1955年下半年，不少大中城市出现了资本主义工商业全行业公私合营的趋势。11月，中共中央召集各省、市、自治区党委负责人召开会议，加强了对全行业公私合营的领导。这时，农业合作化高潮兴起，资本主义工商业全行业公私合营的条件已经成熟。全行业公私合营，是国家资本主义的最高形式，是使资本主义私有制转变为社会主义公有制的具有决定意义的重大举措。

1956 年 1 月 10 日，北京首先宣布实现全行业公私合营。接着，上海、天津、广州、武汉、西安、重庆、沈阳等大城市以及 50 多个中等城市相继实现全行业公私合营。在 1956 年的第一季度末，全国全行业公私合营的私营工业已达到 99%，私营商业达到 85%，基本上完成了对资本主义工商业的社会主义改造。但是，在对资本主义工商业进行改造的过程中，也存在着过急、过快和过粗的做法。同一时期，中国共产党还顺利地开展和完成了对于农业和手工业的社会主义改造。三大改造的胜利完成，为新中国从新民主主义社会向社会主义社会过渡创造了条件。

3. 第一部社会主义宪法

1954 年宪法是我国第一部社会主义类型的宪法。这部宪法于 1954 年 9 月 20 日在全国人民代表大会第一次会议一致通过并公布实施。

1954 宪法

第一部社会主义宪法以《共同纲领》为基础，同时又是《共同纲领》的继续和发展。《共同纲领》中有关国家的政治制度、经济制度、军事制度、文化教育政策、民族政策的基本原则，均被实际生活证明符合中国的国情，在 1954 年宪法中被再次肯定。宪法结合新民主主义向社会主义过渡的需要，规定了过渡时期的总任务及现实这一任务的具体方法和步骤，对国家机构和公民的基本权利与义务也作了更加具体的规定。1954 年宪法总结了长期以来我国人民坚持革命斗争的历史经验，特别是新中国建立初期社会主义建设的经验。它的颁布、实行，对于巩固胜利成果，推动社会主义事业的进一步发展，起到了巨大的作用。

第二节 在曲折中前进

三大改造完成后，中国已经是一个社会主义国家，但又是一个经济文化落后、人口众多、幅员辽阔、发展极不平衡的国家。怎样建设社会主义，怎样巩固和发展社会主义，并没有现成的道路可循，必须在实践中进行艰苦的探索。

新中国成立初期，因为没有经验，在经济建设上只得学习甚至照搬苏联的做法。这在当时是完全有必要的，但这种做法缺乏创造性，有时不符合我国国情。显然不应当是长久之计。第一个五年计划的实践，中国共产党和人民政府已经积累了进行社会主义建设的初步经验。1956 年 2 月召开的苏共二十大，暴露了苏联在社会主义建设中存在的问题。在这种情况下，中国共产党人决心走自己的路，开始探索适合中国国情的社会主义建设道路。

一、中共八大

到 1956 年上半年，全国绝大部分地区基本上完成了对生产资料私有制的社会主义改造，一个崭新的社会主义制度从此在中国建立起来。与此同时，第一个五年计划的许多重要指标已提前完成。为了探索适合中国国情的社会主义建设道路，制定党在新形势下的路线、方针、政策，中共中央决定召开第八次全国代表大会。

1956 年秋，中共八大在北京召开。大会完全肯定了党中央从七大以来的路线是正确的，同时正确地分析了社会主义改造基本完成以后，国内的阶级关系和主要矛盾的变化，确定党的工作重点是进行社会主义建设。大会提出，生产资料私有制的社会主义改造基本完成以后，国内的主要矛盾不再是工人阶级和资产阶级之间的矛盾，而是人民对于建立先进的工业国的要求同落后的农业国的现实之间的矛盾，是人民对于经济文化迅速发展的需要同当前经济文化不能满足人民需要的状况之间的矛盾。这一矛盾实质上是先进的社会主义制度同落后的社会生产之间的矛盾。解决这个矛盾的办法是发展社会生产力，实行大规模的经济建设。为此，大会作出了党和国家的工作重点必须转移到社会主义建设上来的重大战略决策。大会在总结中国第一个五年计划实施经验的基础上，继续坚持既反保守又反冒进，即在综合平衡中稳步前进的经济建设方针。

中共八大关于中国社会主要矛盾的实质的看法，把中国生产力发展还很落后这一基本国情突出出来，强调在社会主义改造已经基本完成的情况下，国家的主要任务已经由解放生产力变为在新的生产关系下保护和发展生产力。这个着眼点，历史证明是正确的。

二、“大跃进”和人民公社化运动

1.“大跃进”运动

为尽快地把我国建设成为社会主义现代化国家，1958 年 5 月，中共八大二次会议，正式通过了“鼓足干劲、力争上游、多快好省地建设社会主义”的总路线。尽管这条总路线的出发点是要尽快地改变我国经济文化落后的状况，但由于忽视了客观的经济发展规律，根本不可能在短期内彻底改变我国经济文化落后的状况。会后，“大跃进”运动在全国范围内发动起来，主要标志是盲目求快，片面追求工农业生产和建设的高速度。与此同时，全国掀起了“以钢为纲，全面跃进”的全民大炼钢铁的群众运动。在这样的目标和口号下，基本建设投资急剧膨胀，3 年间，基建投资总额高达 1 006 亿元，比一五计划时期基本建设总投资几乎高出一倍。积累率突然猛增，3 年间平均每年积累率高达 39.1%。不切实际的高指标，必然导致瞎指挥盛行，浮夸风泛滥，广大群众生活遇到了严重的困难。“大跃进”开始三年，导致国民经济比例严重失调，造成了严重的经济困难。以高指标、瞎指挥、浮夸风和共产风为主要标志的“左”倾错误严重泛滥。

2. 人民公社化运动

人民公社化运动总路线提出后，党中央主观地认为农业合作化的规模越大，公有化程度越高，就越能促进生产的发展。因此，1958 年 8 月召开的中央政治局北戴河会议，通过了在农村建立人民公社的决议，认为这是指导农民加速社会主义建设，提前建成社会主义和逐步向共产主义过渡的最好形式。人民公社化运动严重损害了农民的利益，降低了他们建设社会主义的积极性。

“大跃进”宣传画

三、国民经济的调整与发展

1. 经济困难的出现和调整

1959 年夏，政治局扩大会议的召开，促使全国开展起“反右倾”斗争。“反右倾”斗争使“大跃进”和人民公社化运动中的错误进一步发展，再加上自然灾害严重，苏联背信弃义地撕毁两国经济技术合作协议，这一切造成 1959—1961 年期间我国国民经济的严重困难。面对严重困难，从 1960 年冬开始，党中央开始纠正农村工作中的“左”倾错误，对国民经济实行“调整、巩固、充实、提高”的八字方针。1962 年初，中国共产党召开七千人大会，初步总结了“大跃进”中的经验教训，中共中央主要领导人带头作自我批评。党中央的这些措施，鼓舞了全国各族人民，从 1962 年起，国民经济逐步恢复，开始发展。到 1965 年，国民经济全面好转，调整国民经济的任务基本完成。

2. 经济的发展

我国在探索建设社会主义的道路上，虽然遭到严重挫折，但从总体上看，中国人民在中国共产党的领导下，坚持自力更生、艰苦奋斗，终于战胜困难，取得了巨大的成就。在经济建设方面，建成大中型项目 500 多个。工农业总产值增长近 60%。武汉、包头两大钢铁基地，大庆油田、胜利油田、大港油田相继建成投产。到 1956 年，以往依靠“洋油”的我国，石油已经全部自给。电力工业也增长很快。新建铁路八千多公里，建成兰新、包兰等铁路。在科技上，成功试射了第一颗原子弹，研制成了人工合成结晶胰岛素。

“铁人”王进喜

人民的好干部——焦裕禄

课堂讨论

简述“一五”时期中国经济的发展速度比较快的原因。

第三节 “文化大革命”

从 1966 年 5 月至 1976 年 10 月是“文化大革命”动乱的十年。它使党、国家和人民遭到新中国成立以来最严重的挫折和损失。

一、“文化大革命”的开始

1966 年 5 月至 1976 年 10 月的“文化大革命”是由毛泽东错误发动和领导，被反革命集团利用，给党、国家和各族人民带来严重灾难的内乱。

在探索中国建设社会主义的道路上，党内的指导思想上的“左”倾错误越来越严重，到了 20 世纪 60 年代中期，毛泽东对当时国内阶级斗争形势以及党和国家的政治状况作出了严重的错误估计，甚至认为中央出现修正主义，党和国家已经面临着资产阶级复辟的现实危险。为此，他想通过发动“文化大革命”来防止资本主义复辟、维护党的纯洁性和寻求中国自己的建设社会主义的道路。

1965 年 11 月，上海《文汇报》发表姚文元《评新编历史剧《海瑞罢官》》一文。文章中涉及中央领导层在许多重大政策问题上的不同意见，点燃了"文化大革命"的导火线。

1966 年 2 月初，中共中央政治局委员会兼北京市委第一书记彭真召集"文化革命五人小组"开会，起草《关于当前学术讨论的汇报提纲》(后来被称为"二月提纲")，试图将批判的范围限制在学术范围之内。为了在全国范围内发动"文化大革命"，同年 5 月 4 日至 26 日，中央政治局召开扩大会议。会议于 5 月 16 日通过的《中国共产党中央委员会通知》(简称"五一六通知")对"二月提纲"进行了全面批判，并指出："混进党里、政府里、军队里和各种文化界的资产阶级代表人物，是一批反革命的修正主义分子，一旦时机成熟，他们就会要夺取政权，由无产阶级专政变为资产阶级专政。"会议决定设立"中央文化革命小组"，这个小组被江青等人把持，实际上凌驾于中央政治局之上。这两次会议的召开，标志着"文化大革命"的全面发动。陈伯达、康生、江青、张春桥等组成的"中央文革小组"，成为"文革"的实际指挥机构。

影响深远的"文化大革命"

1966 年 8 月 1 日至 12 日，毛泽东主持召开中共八届十一中全会，并在全会上印发《炮打司令部——我的一张大字报》，对"文化大革命"进行再次发动。全会通过了《关于无产阶级文化大革命的决定》(简称"十六条")，成为"文化大革命"的指导方针。

毛泽东发动"文化大革命"的主要论点是：一大批资产阶级的代表人物、反革命的修正主义分子，已经混进党里、政府里、军队里和文化领域的各界里，相当多数的单位的领导权已不在马克思主义者和人民群众手里；党内走资本主义道路的当权派在中央形成了一个资产阶级司令部，它有一条修正主义的政治路线和组织路线，在各省、市、自治区和中央各部门都有代理人；"文化大革命"实质上是一个阶级推翻另一个阶级的政治大革命，以后还要进行多次。上述论点曾被概括为所谓的"无产阶级专政下继续革命的理论"。毛泽东在晚年提出这些理论以及其实践严重地背离了客观实际，并被他重用过的林彪、江青、康生等人所利用。

历史已经证明，毛泽东发动"文化大革命"的主要论点，既不符合马克思列宁主义，也不符合中国的实际。这些论点对当时国内阶段形势以及党和政治状况的估计，是完全错误的。"文化大革命"在一系列重大理论和政策问题上混淆是非，对新中国成立以来的正确方针政策和成就进行了否定，实际上这也是对包括毛泽东在内的党中央和人民政府的工作的否定，对全国各族人民建设社会主义的艰苦奋斗的否定。

二、全面内乱的形成

1967 年 1 月，由张春桥、姚文元等策划，以王洪文等为首的一批造反派组织，夺取了上海市的党政领导大权，即所谓"一月革命"。毛泽东和"文革小组"支持上海夺权。在夺权的过程中，各地造反派组织普遍形成两大对立面，加上江青、陈伯达、康生、张春桥等人的推波助澜，全国进入了“打倒一切、全面内乱”的局面中。他们将矛头指向老一辈革命家，如刘少奇、邓小平等。同年 2 月前后，在有部分中共中央政治局委员、国务院和中共中央领导人参加的不同会议上，谭震林、陈毅、叶剑英、李富春、李先念、徐向前、聂荣臻等对“文化大革命”的错误做法提出了强烈的批判。然而，这次抗争却被诬称为“二月逆流”而遭到压制和打击。老一辈革命家的二月抗争被压下去以后，社会上出现了更大规模的揪斗、打击、迫害党和国家各级领导干部的浪潮，林彪、江青一伙把刘少奇定为所谓的“叛徒、内奸、工贼”，并在党的八届十二中全会上将他永远开除出党，造成党的历史上最大的冤案。

1969 年 4 月 1 日至 24 日，中国共产党第九次全国代表大会在北京召开，这次大会使“文化大革命”的错误理论和实践合法化，加强了林彪、江青、康生等人在党中央的地位。九大在思想上、政治上和组织上的指导方针都是错误的。

“全国山河一片红”邮票

三、林彪、江青集团的覆灭

1. 林彪集团的覆灭

党的九大以后，“斗、批、改”运动在全国展开。按照毛泽东的设想，“斗、批、改”包括建立“革命委员会”、大批判、清理阶级队伍、整党、精简机构、改革不合理的规章制度、下放科室人员等阶段。在实际工作中还包含“教育革命”、知识青年上山下乡等内容。毛泽东试图通过“斗、批、改”，达到“天下大治”的设想，也含有结束“文化大革命”的意向。但是，“斗、批、改”实际上是把“文化大革命”的“左”倾错误在各个领域具体化，结果是党内矛盾和社会矛盾继续紧张，引起动乱的因素更加深化。

党的九大结束后，林彪集团的权势膨胀到顶点，同江青集团之间争夺权力的矛盾急剧上升。他们担心江青集团的势力有可能超过自己，林彪的接班人地位会发生变化，因而妄图提前“接班”。1970 年 8 月，在党的九届二中全会上，林彪、江青两个集团长期积累的矛盾终于爆发了。林彪集团的图谋及其宗派活动被揭露并受到批判后，毛泽东采取一系列措施削弱林彪集团的权势。林彪集团的骨干成员铤而走险，决心策划武装政变，毛泽东、周恩来采取措施粉碎了他们的阴谋。1971 年 9 月 13 日，林彪慌忙同妻叶群、子林立果乘飞机出逃，在蒙古温都尔汗机毁人亡。这就是"九一三事件"。林彪叛逃事件的发生，是"文化大革命"推翻党的一系列基本原则的结果，客观上宣告了"文化大革命"理论和实践的失败。

林彪事件发生后，毛泽东在周恩来协助下，领导全党进行粉碎林彪反革命集团的斗争，使党和国家避免了一场大的分裂。随后，周恩来在毛泽东的支持下主持中央日常工作，开始推动落实干部政策，并进行整顿，提出批判极"左"思潮，努力恢复国家的正常秩序，使各方面的工作有了转机。

2. 江青集团的覆灭

1976 年 1 月，人民的好总理周恩来逝世，全国各族人民陷入无限悲痛。北京和各地群众利用清明节掀起全国范围的悼念周恩来、痛斥"四人帮"的强大运动。其中以首都天安门广场的悼念、抗议活动声势最为浩大，这就是"四五运动"。运动遭到"四人帮"镇压。邓小平被诬为"天安门事件"的后台，再次被打倒。然而这场全国性的运动，为后来粉碎江青反革命集团奠定了伟大的群众基础。"天安门事件"后，中央政治局通过两个决议：一是决定在周恩来逝世后，华国锋担任国务院代总理同时主持党中央日常工作，并为党中央第一副主席、国务院总理；二是撤销邓小平的党内外一切职务，保留党籍。随着邓小平被撤职，"批邓、反击右倾翻案风"运动以更大的规模和声势在全国强行推开。

1976 年，朱德、毛泽东相继去世，全国人民沉浸在巨大的悲痛之中。在党和国家的几位主要领导人相继去世后，党和国家的前途成为人们忧虑的问题。毛泽东逝世前后，"四人帮"加紧了夺取党和国家最高领导权的阴谋活动。他们暗地布置其在上海的亲信突击发放武器；撇开中央办公厅值班室，在中南海另设值班室，企图由他们指挥全国；还在报纸上公开诬蔑和威胁华国锋等中央领导人。"四人帮"篡党夺权的活动，使叶剑英、李先念等许多老一辈革命家深感忧虑。身为党中央第一副主席的华国锋，在"四人帮"强势进攻下，也认识到必须铲除"四人帮"。10 月 6 日晚，华国锋、叶剑英等代表中央政治局，执行党和人民的意志，对江青、张春桥、王洪文、姚文元及其在北京的帮派骨干实行隔离审查，毅然粉碎了江青反革命集团。党中央还采取有力措施控制了上海局势，使江青集团的骨干分子妄图武装叛乱的阴谋未能得逞。粉碎"四人帮"的胜利，结束了"文化大革命"这场灾难，从危难中挽救了中国的社会主义事业，为党和国家进入新的历史时期创造了前提。

课堂讨论

"四人帮"的行为对我们国家今后的发展有什么启示？

第四节 社会主义建设新时期

"文化大革命"结束以后，经过两年的徘徊前进，1978 年 12 月党召开了具有伟大历史转折意义的十一届三中全会。从此，我国进入了社会主义现代化建设新时期。

一、历史的转折

1. 真理标准问题大讨论

粉碎“四人帮”以后，为纠正“文化大革命”以来“左”的错误，思想理论界开展了一场关于真理标准问题的讨论。这次讨论肯定了“实践是检验真理的唯一标准”，否定了“两个凡是”的错误方针，重新确立了实事求是的思想路线，这就打破了长期以来个人崇拜和教条主义的束缚。这是继延安整风之后又一场马克思主义思想解放运动，为党的十一届三中全会的召开奠定了思想基础。

实践是检验真理的唯一标准

本报特约评论员

检验真理的标准只能是社会实践

理论与实践的统一，是马克思主义的一个最基本的原则

《光明日报》刊登的《实践是检验真理的唯一标准》的文章

2. 中共十一届三中全会

1978 年 12 月 18 日至 22 日，中共十一届三中全会在北京召开。全会结束了党在粉碎“四人帮”后两年在徘徊中前进的局面，实现了新中国成立以来党的历史上具有深远意义的伟大转折。这个伟大转折，是全局性的、根本性的，集中表现在以下几个主要方面：

第一，全会实现了思想路线的拨乱反正。思想路线的拨乱反正是各方面拨乱反正的前提和先导。全会冲破了党的指导思想上存在的教条主义和个人崇拜的严重束缚，坚决批判和否定了“两个凡是”的错误方针，高度评价了关于真理标准问题的讨论，指出“实践是检验真理的唯一标准”是党的思想路线的根本原则，从而重新确立了马克思主义的实事求是的思想路线。

第二，全会实现了政治路线的拨乱反正。这是最根本的拨乱反正。新中国成立之初，党就要求各项工作必须以发展生产力为中心。党的八大确定要以在新的生产关系下保护和发展生产力为主要任务。之后的错误，归根到底，就是背离了八大路线，搞了“以阶级斗争为纲”，没有集中力量进行经济建设。十一届三中全会果断地作出把全党工作的着重点和全国人民的注意力转移到社会主义现代化建设上来的战略决策。这是八大正确路线的恢复和发展，是在新的历史条件下对建设有中国自己特色社会主义道路的探索。

第三，全会实现了组织路线的拨乱反正。一大批老一辈革命家重新回到党中央的领导岗位，以邓小平为核心的中央领导集体经过十一届三中全会在实际上建立起来，这是最重要的成果。正是从这个意义上，可以说三中全会实现了组织路线的拨乱反正，使重新确立的正确的思想路线和政治路线有了组织上的保证。

第四，全会开始了系统地清理重大历史是非的拨乱反正。全会认真地讨论了“文化大革命”中发生的一些重大政治事件，也讨论了“文化大革命”前遗留下来的某些历史问题。

第五，全会恢复了党的民主集中制的传统。全会讨论并着重提出了健全社会主义民主和加强社会主义法制的任务。全会决定根据党的历史经验，健全党的民主集中制，健全党规党法，严肃党纪；全体党员和党干部，必须遵守纪律，是恢复党和国家正常政治生活的起码要求；强调党中央和各级党委要加强集体领导。

第六，全会作出了实行改革开放的新决策，启动了农村改革的新进程。

十一届三中全会所作出的这些在领导工作中具有重大意义的转变，标志着中国共产党从根本上冲破了长期“左”倾错误的严重束缚，端正了党的指导思想，使广大党员、干部和群众从过去盛行的个人崇拜和教条主义束缚中解放出来，在思想、政治、组织上全面恢复和确立了马克思主义的正确路线，结束了 1976 年 10 月以来党的工作在徘徊中前进的局面，将党领导的社会主义事业引向健康发展的道路。党的十一届三中全会揭开了党和国家历史的新篇章，是新中国成立以来我党历史上具有深远意义的伟大转折。

二、改革开放

微视频

家庭联产承包责任制

1. 农村联产承包制和城市经济体制改革

十一届三中全会以后，经济体制改革逐步展开。经济体制改革是在社会主义制度的前提下，改革生产关系中不适应生产力发展的一系列环节，解放社会主义生产力。经济体制改革，首先在农村取得突破性进展，在农村实行以家庭联产承包为主要形式的责任制，发展乡镇企业和非农经济，废除了“一大二公”的人民公社旧体制。这就调动了农民生产积极性，解放了农村生产力，推动了农业的发展，使农村改革向专业化、商品化、社会化发展。

农村改革推动城市经济体制改革。十一届三中全会以后，城市也开始探索经济体制改革，逐步扩大企业的自主权。到 1985 年，城市的经济体制改革全面展开，主要把单一的公有制经济发展为以公有制经济为主体的多种所有制经济；把高度集中的管理体制改变为以间接管理为主、宏观调控的管理体制。经过改革，城市经济生活出现前所未有的活跃局面。

2. 经济特区的设立

微视频

经济特区

十一届三中全会以后，我国迈出了对外开放的步伐。1979 年，根据广东、福建两省靠近港澳台、华侨众多的有利条件，党中央和国务院决定，对两省的对外经济活动实行特殊优惠政策。第二年，正式确定在广东的深圳、珠海、汕头和福建的厦门设置经济特区。后来，在我国逐渐形成“经济特区—沿海开放城市—沿海经济开发区—内地”这样一个多层次，点、线、面结合的全方位对外开放新局面。对外开放成为我国的基本国策，对发展社会主义经济起着十分重要的作用。

3. 社会主义市场经济体制的建立

1992年召开的党的十四次全国代表大会，江泽民总书记以邓小平的建设有中国特色社会主义理论为指导，提出了90年代改革和建设的主要任务，即坚持党的基本路线，加快改革开放，集中力量把经济建设搞上去。他还提出了经济体制改革的目标是建立社会主义市场经济体制。这一目标的确立，是中国共产党人的伟大创举，标志着中国的改革开放进入了整体推进、全面创新的阶段。1993年11月中共十四届三中全会通过了《关于建立社会主义市场经济体制若干问题的决定》，把党的十四大确定的经济体制改革目标和基本原则加以系统化、具体化，是中国建立社会主义市场经济体制的总体规划。

中国石油化工集团公司挂牌

三、"一国两制"的构想

为早日解决台湾问题，实现祖国的统一大业，1979年元旦，全国人大常委会发表《告台湾同胞书》，提出采用和平方式统一祖国的方针，建议海峡两岸首先实现通航、通邮、通商和探亲旅游。同时政府命令解放军停止对金门等岛屿的炮击。

20世纪80年代初，邓小平提出"一国两制"的伟大构想。后来，他又在多次谈话中，对"一个国家，两种制度"的构想进行了全面的阐述。他指出，所谓"一国两制"，"具体说，就是在中华人民共和国内，大陆十亿人口实行社会主义制度，香港、台湾实行资本主义制度"。"一国两制"构想是一项大胆的、创新性的重大战略决策。1984年，六届人大二次会议的《政府工作报告》中阐述了这一伟大构想，获得了大会通过。

"一国两制"的构想，为香港、澳门的回归开辟了路径。1984年12月，中英两国政府在北京正式签署了关于香港问题的联合声明。联合声明宣布：中国政府决定于1997年7月1日对香港恢复行使主权，英国政府声明届时即将香港交还中国。联合声明的发表，为实现祖国的统一大业迈进了一大步。关于香港问题的联合声明，为解决澳门问题提供了范例。中国政府与葡萄牙政府就澳门问题进行谈判，1987年4月，双方在北京签署了关于澳门问题的联合声明。联合声明宣布：中华人民共和国政府将于1999年12月20日对澳门恢复行使主权。

课堂讨论

请大家回想，香港、澳门是怎样被租借、强占的？

第五节 新中国的外交

新中国成立后到1978年十一届三中全会的召开，在这三十年中中国外交的主要任务是维护独立、巩固政权、维护领土主权与安全，且取得了显著成就。在1978年以后，中国的外交在前三十年的基础上，承前启后，取得了巨大的成绩。

一、前三十年的外交成就

1. 实现和巩固了国家的独立和外交上的自主，在国际舞台上赢得平等与尊严

新中国建立以后奉行独立自主和平外交政策。毛泽东在新中国成立第一天，就向全世界宣布："凡愿遵守平等、互利及互相尊重领土主权等项原则的任何外国政府，本政府均愿与之建立外交关系。"新中国成立初期坚持独立自主外交政策，确立了"另起炉灶"的原则，实施了"谈判建交"的政策，坚持按照互相尊重领土主权、互不侵犯、互不干涉内政、平等互利和平共处的原则发展与其他国家的关系。中国政府坚持反对霸权主义和强权政治，坚决维护国家的独立主权和领土完整，彻底挫败了西方大国对中国的敌视和不承认，到1979年对外开放之际，中国已经在和平共处五项原则的基础上与111个国家建立了平等的外交关系，实现了中华民族与其他国家和民族的完全平等。

2. 维护了国家安全和领土完整

面对两大阵营的尖锐斗争，鉴于新中国成立前后的国际环境和历史条件，中国政府在外交上坚定地站在社会主义阵营一边。这使新中国在保障人民革命胜利果实、保卫和平、维护独立与主权的斗争中不至于处于孤立地位。在解决历史遗留问题的同时与苏联签订了《中苏友好同盟互助条约》。

台湾自古以来就是中国领土不可分割的一部分，解放战争后期国民党残余逃亡至刚刚归还中国的宝岛。朝鲜战争爆发后，美国在对朝鲜干涉的同时，将第七舰队开进台湾海峡，公然干涉中国内政，中国政府进行了持之以恒的坚决抵抗。1972年尼克松访华期间在《上海公报》上发表了"美国表示承认只有一个中国，美国对此不提出异议"。在1978年的《中美建交公报》上，美国则明确表示"承认中华人民共和国是中国唯一合法政府"，台湾是中国领土的一部分，粉碎了多年来美国制造"两个中国"的种种图谋，维护了中国的领土完整。

在20世纪60年代，中苏之间由战略分歧演变为理论争论，最后发展到国家关系的严重恶化。苏联凭借其大国实力和在社会主义阵营中的"领导"地位，企图染指中国主权，威胁中国安全。面对这些压力，毛泽东明确指出，"若谈主权问题，半个指头都不成"，坚决拒绝了苏联损害中国主权的要求，坚决反对苏联把中国纳入到苏联的全球战略中，维护了中国主权和领土完整。

3. 改善与周边国家的关系

中国的周边大部分国家是西方殖民侵略的受害者，也是列强侵略和蚕食中国的跳板和

基地，在中国和这些国家赢得民族独立后，双方之间存在着不少的历史遗留问题。在与印度谈判解决两国之间存在的历史遗留问题时，周恩来总理首次提出了和平共处五项原则，得到印度的支持后被写入中印之间的协议。从此，互相尊重领土主权、互不侵犯、互不干涉内政、平等互利、和平共处五项原则成为被国际社会所广泛接受的准则。

中国幅员辽阔，边界漫长达 4 万多公里。一部分边界从未划定，部分虽然划定，但却存在分歧。与 15 个国家接壤(苏联解体前为 12 个国家)，邻国众多。针对中国与周边国家之间存在的重要历史遗留边界问题，新中国成立后确立了以“安定四邻，争取国际形势的和缓”为目的，以“在平等、互利、友好的基础上加以解决”为原则，依据历史、照顾现状，“在解决之前，维持现状”的基本政策。1960 年与缅甸平等解决了边界问题，随后又先后与尼泊尔、阿富汗、蒙古、朝鲜等国家解决了历史遗留的边界问题。

中国积极参与 1955 年在万隆召开的亚非国际会议，中国代表团团长周恩来，针对帝国主义破坏会议的阴谋和各国之间的矛盾和分歧，提出“求同存异”的方针，化解了一些发展中国家的疑虑和误解，开启了与广大发展中国家关系的新历程。在国际上，中国与他们互相支持，休戚与共，支持他们巩固和维护民族独立，以及发展民族经济的愿望。周恩来总理在 1964 年访问马里期间提出了中国对外援助的八项原则。广大发展中国家积极支持中国恢复中国在联合国合法地位。在 1971 年第 26 届联合国大会通过恢复中国在联合国合法席位的决议中的 76 张赞同票中，大部分是发展中国家投的，特别是非洲国家，因此，毛泽东说：“是非洲黑人兄弟将中国抬进联合国的。”

中国恢复联合国合法席位，乔冠华(左)开怀大笑

4. 创建新型的外交队伍，形成了牢固可靠的外交队伍和外交机制

在外交队伍的建设上，新中国不依靠旧外交部的一套人马办外交，为了保证独立自主外交政策的落实，根据“另起炉灶”的原则，新中国领导人从建国初期的历史条件和需要出发，建立一支由建国以前就从事外交和外事工作的原中央外事组的干部、军队领导骨干以及从文科大学挑选出的毕业生组成的新型的外交队伍，造就了一支政治可靠、忠于职守、掌握政策、熟悉业务、严守纪律、团结协作的外交队伍。新中国独立自主外交开始有了组织上的保证。

二、十一届三中全会以后的外交成就

十一届三中全会开启了改革开放的历史新时期。中国的改革大开放，使当代中国同世界的关系发生了历史性变化，也使中国外交进入了崭新的历史时期。经过前三十年的外交斗争，中国外交已经有了牢固和坚实的基础。十一届三中全会以后，中国外交在此基础上承前启后，取得了更大的成就。

1. 进一步维护了国家主权和尊严，极大地改善了中国的国际安全环境

改革开放进程开始之后，以邓小平同志为核心的中央领导集体根据国际形势的新特点，指出世界大战的危险已经下降，确立了独立自主的和平外交政策，同美国的冷战政策拉开距离，并在苏联霸权扩张受挫的情况下，不失时机地缓和了中苏关系，大大减轻了来自北方的军事压力。20 世纪 80 年代末最终实现的中苏关系正常化，使中国在中、美、苏三角关系中处于有利地位。

在打击“法轮功”“藏独”等敌对势力方面，取得了卓越成效。在处理生态环境、气候变化、公共卫生、非法移民和难民、走私贩毒、跨境犯罪、恐怖主义等非传统安全威胁方面，加强了国内政策协调与国际合作，成功应对了来自诸多非传统安全领域的挑战。

2. 提高了中国的综合国力和国际竞争力

为适应国内工作重心的转移，中国加强了经济外交，在同发达国家的关系中将政治上的友好互信同经济上的合作交流结合起来，以政促经，政经结合，维护和扩展了国内经济发展所需要的国际市场以及资金和技术来源。在与广大发展中国家的关系中，坚持相互尊重、平等相待、互利互惠、共同发展、形式多样、注重实效的指导原则，使日益扩大的经济关系成为同发展中国家关系的重要基础和纽带。

在中国融入国际经济体系，特别是在申请恢复在“关贸总协定”中的缔约国地位和加入世界贸易组织的 17 年的谈判过程中，坚持以发展中国家身份，按照权利和义务平衡的原则，最大限度地维护中国的经济利益。

3. 塑造了良好的国际形象

在多边外交中，中国主张多边主义和开放的地区主义，利用上海合作组织、亚太经合组织、东盟地区论坛、南亚区域合作联盟等桥梁，以及东亚峰会、东盟“十加三”、中日韩首脑会晤等机制，积极推进建成周边利益共同体。通过成功举办奥运会、承办上海世博会、成立博鳌亚洲论坛、推动上海合作组织的成立，以及推动和主持关于朝鲜核问题的六方会谈等，中国逐步扭转了过去被动参加多边外交的模式，成为多边外交机制的主动参与者、倡导者乃至主导者。

在解决全球性问题和处理地区冲突问题上，中国坚持和平谈判、外交磋商，在尊重相关国家主权的原则下，派出维和部队进入热点地区，得到国际社会的充分肯定。中国在朝核问题上主动斡旋，主张采用政治手段解决伊朗核问题。在其他国家和地区发生经济危机和自然灾害时，尽己所能提供援助。在解决全球气候变化、公共卫生等问题上，中国积极承担相

应国际义务，履行自己的承诺，国际形象得到很大的改善。

4. 促进祖国统一大业

改革开放后，中国政府提出了“一国两制、和平统一”的战略构想。在同所有国家的关系中，在一切国际组织和国际交往中，坚持一个中国原则，挫败了“台湾当局”加入联合国和其他政府间国际组织、企图分裂国家的阴谋，在外交上承认“中华民国”的国家数量压缩到只剩下二十多个小国，沉重打击了“台独”势力。同时，根据台湾岛内的社会变化和两岸交流的扩展，涉台政策也进行了一些调整，使和平统一的方针获得更多的国际支持。驻外使团更加关心和维护台湾同胞在海外的权益，使和平统一的方针在海外华人华侨中深入人心。

中国政府分别于 1984 年和 1987 年与英国和葡萄牙签署了《关于香港问题的联合声明》和《关于澳门问题的联合声明》，确立了香港和澳门回归祖国的路线图。“冷战”结束后，对英国在香港问题上违背中英联合声明精神的做法，中国政府进行了有理、有利、有节的外交斗争，并顺利地分别于 1997 年和 1999 年恢复对香港和澳门行使主权，解决了中国与西方国家之间的这些历史遗留问题。

中英香港政权交接仪式

香港特别行政区区旗

香港和澳门回归以来，外交工作上积极维护港澳地区在国际上的利益，维护香港同胞和澳门同胞在国外的权益，坚决反对外部势力干涉香港、澳门事务，为保持港澳地区的繁荣稳定做了很大的努力。

中葡澳门政权交接仪式

澳门特别行政区区旗

香港、澳门的回归，标志着中国人民洗雪了百年国耻，开创了香港、澳门和祖国内地共同发展的新纪元；标志着我国在完成祖国统一大业上迈出了重要的一步；标志着中国人民为世界和平、发展与进步事业做出了新的贡献。

课堂讨论

从今天中国在政治、经济、文化等各方面取得的成就来看，我们可以说中国崛起了吗？

第六节 新中国的文化与科技

社会主义制度的建立，为新中国文化与科技事业的发展提供了可靠保障。新中国成立以来，在自然科学、社会科学领域都取得了可喜的成果，尤其是在科学技术方面，有些项目接近了世界先进水平，有些项目处于世界领先地位。

一、"双百"方针

为了促进科学文化事业的迅速发展，充分调动知识分子的积极性和创造性，中共中央在科学和文化方面提出了"百花齐放，百家争鸣"的方针，在科学界和文化艺术界引起强烈反响。但是，1957 夏，右派斗争的严重扩大化和随后在意识形态开展的一系列错误的过火的政治批判，使双百方针受到严重干扰和损害。"文化大革命"期间，许多文艺、教育和科技界人士惨遭迫害，教育领域混乱不堪，文学艺术领域一片凋零，科技领域发展迟缓。中共十一届三中全会后，中共中央坚持贯彻双百方针，提出并大力实施科教兴国战略，我国教育事业实现了跨越式发展，科学技术领域成就突出，文学艺术创作走向繁荣，有利于推动了我国综合国力的不断提高。

二、科学技术

1. 两弹一星

新中国成立以后，中央人民政府十分重视发展科学技术事业，在许多领域取得了重大成就。1964 年，我国第一颗原子弹爆炸成功，由此跨入核国家行列；1966 年，我国第一颗导弹爆炸成功，使我国有了用于实战的导弹；1970 年，我国第一颗人造地球卫星"东方红 1 号"发射成功，其重量超过了苏美等国家的第一颗卫星。

邓稼先

我国第一颗原子弹爆炸成功

2. 杂交水稻

袁隆平从 20 世纪 60 年代起进行水稻良种培育，经多次杂交试验和筛选，于 1973 年在世界上首次育成籼型杂交水稻，被誉为“东方魔稻”。袁隆平在实践中提出水稻杂交新理论，实现了水稻育种的历史性突破，被国际农学界誉为“杂交水稻之父”。后来被授予新中国第一个国家特等发明奖。

课堂讨论

说一说中国在科技领域取得的成就。

同步练习

一、选择题

1. 中国现代史是党领导全国各族人民进行社会主义现代化建设的历史，其开端是 （　　）

A. 1911 年辛亥革命　　B. 1919 年五四运动

C. 1921 年中国共产党成立　　D. 1949 年中华人民共和国成立

2. 历史上西藏获得和平解放是在 （　　）

A. 1949 年　　B. 1950 年　　C. 1951 年　　D. 1959 年

3. 中国人民志愿军的出兵时间和司令员分别是 （　　）

A. 1950 年 10 月、刘伯承　　B. 1951 年 10 月、陈毅

C. 1950 年 10 月、彭德怀　　D. 1950 年 10 月、贺龙

4. 为了彻底废除封建剥削的土地制度，1950 年中央人民政府颁布了 （　　）

A.《土地法案》　　B.《减租减息的土地政策》
C.《中国土地法大纲》　　D.《中华人民共和国土地改革法》

5. 在"一五"计划中,我国优先发展的是　(　　)
A. 重工业　　B. 轻工业　　C. 交通运输业　　D. 农业

6. 下列选项中不属于社会主义改造对象的是　(　　)
A. 农业　　B. 手工业
C. 资本主义工商业　　D. 外国资本主义企业

7. 三大改造的实质是　(　　)
A. 个体劳动者互助合作　　B. 引导农民走社会主义道路
C. 限制民族资产阶级的剥削　　D. 变革生产关系的社会主义革命

8. 我国社会主义制度确立的时间是　(　　)
A. 1856 年　　B. 1950 年　　C. 1953 年　　D. 1956 年

9. 我国石油实现全部自给的标志性事件是　(　　)
A. 胜利油田建成　　B. 大庆油田建成
C. 大港油田建成　　D. 中原油田建成

10. 1958 年出现的"左"的错误的主要特征是　(　　)
①高指标　　②瞎指挥　　③浮夸风　　④共产风
A. ①③　　B. ④③②　　C. ①②③　　D. ①②③④

11. 下列人物中与"四五运动"爆发有关的是　(　　)
A. 刘少奇　　B. 周恩来　　C. 林彪　　D. 彭德怀

12. "我们唱着东方红,当家做主站起来,我们讲着春天的故事,改革开放富起来。"歌词中歌颂的是　(　　)
A. 孙中山和邓小平　　B. 孙中山和邓小平
C. 毛泽东和邓小平　　D. 刘少奇和邓小平

13. 下列选项中为党的十一届三中全会的召开奠定思想基础的是　(　　)
A. 江青反革命集团被粉碎　　B. 林彪反革命集团被粉碎
C. 邓小平理论的形成　　D. 关于真理标准问题的讨论

14. 十一届三中全会后,改革首先开始于　(　　)
A. 农村　　B. 城市　　C. 沿海地区　　D. 市

15. 下列人物中被人们称为中国"改革开放之父"的著名人物是　(　　)
A. 毛泽东　　B. 邓小平　　C. 江泽民　　D. 胡锦涛

16. 1980 年我国设立了首批经济特区,特区数量最多的省是　(　　)
A. 山东　　B. 福建　　C. 江苏　　D. 广东

17. 下列城市中被誉为"一夜崛起之城"的是　(　　)
A. 上海　　B. 珠海　　C. 深圳　　D. 厦门

18. 20 世纪 80 年代与 19 世纪中国对外开放的本质区别是　(　　)

A. 是部分开放　　　　　　　　B. 向所有国家开放

C. 有利于民族工业发展　　　　D. 中国为主权国家

19. 十一届三中全会后，党领导人民进行中国特色社会主义建设，其“特色”主要是指（　　）

A. 进行精神文明建设　　　　　B. 进行物质文明建设

C. 在中国国情下实现的社会主义　　D. 和资本主义完全不同的建设

二、非选择题

1. 阅读材料：

三年以来，在人民解放战争和人民革命中牺牲的人民英雄们永垂不朽！

三十年以来，在人民解放战争和人民革命中牺牲的人民英雄们永垂不朽！

由此上溯到一千八百四十年，从那时起，为了反对内外敌人，争取民族独立和人民自由幸福，在历次斗争中牺牲的人民英雄们永垂不朽！

——人民英雄纪念碑碑文

请回答：

(1)为什么要建人民英雄纪念碑？

(2)“三年以来”指什么时期？

(3)“三十年以来”是指什么历史事件以来？它标志着什么？

(4)“上溯到一千八百四十年”是指什么历史事件？它标志着什么？

(5)根据所学知识，你认为中国革命取得胜利的原因有哪些？(说出三条即可)

2. 阅读材料：

起来！不愿做奴隶的人们！把我们的血肉，筑成我们新的长城！中华民族到了最危险的时候，每个人被迫着发出最后的吼声！

——《义勇军进行曲》

请回答：

(1)《义勇军进行曲》的曲作者是谁？这首歌曲是在哪次会议上被定为国歌的？

(2)歌词中“中华民族到了最危险的时候”是指什么？

(3)歌词中的“中华民族到了最危险的时候”是否已经过时了？请简要谈谈你的看法和态度。

测试题　　测试题

选择题　　判断题

第四章　世界古代史

本章导读

文明出现之前，人类经历了漫长的史前时期。随着生产力的发展，原始社会逐渐被阶级社会所替代，从五六千年前开始，在亚非的大河流域、欧洲的希腊和罗马相继诞生了灿烂的古代文明，出现了国家，进入了奴隶社会。在奴隶制度衰落和崩溃的过程中，封建制度得以确立和发展，社会经济和文化缓慢地向前发展。在世界古代史时期，各地区各民族创造的古代文明为近代文明的产生与发展奠定了基础。佛教、基督教和伊斯兰教三大宗教的形成对世界历史的发展产生了深远影响。从人类文明出现到 15 世纪，亚洲、非洲和欧洲之间的接触和交流逐渐加强，美洲和大洋洲则与亚洲、非洲和欧洲处于基本隔绝的状态。

知识探究

第一节　古代亚非文明

古代亚非文明也被称为大河文明。古代北非和亚洲的大河流域，沃野千里，灌溉便利，独特的农耕环境为人类的生存创造了良好的条件。古代居民很早便在这些地区生产劳动，繁衍生息，所以大河流域成为人类文明的发源地。古代大河流域以农业文明为特征，也是这些地区国家形成和发展的经济基础。古埃及、巴比伦、古印度和中国这些亚非文明古国，就是在农业经济的基础上建立和发展，并表现出自己的文明特征。

一、人类的出现

目前，大多数人类学家认为，现代人类从非洲南方古猿中的一支发展而来，大约在距今三四百万年前形成了人类。南方古猿属于“正在形成中的人”。它经过长期的进化和劳动，终于在使用天然工具的过程中学会了制造工具。

基督教主张上帝造人，达尔文在《物种起源》里提出了生物进化论，提出物竞天择，适者生存，优胜劣汰的结论。达尔文的这套学说，奠定了进化生物学的基础。他还将进化论用于思考人类发展的历史，阐明了人类在动物界的位置及其由动物进化而来的依据。

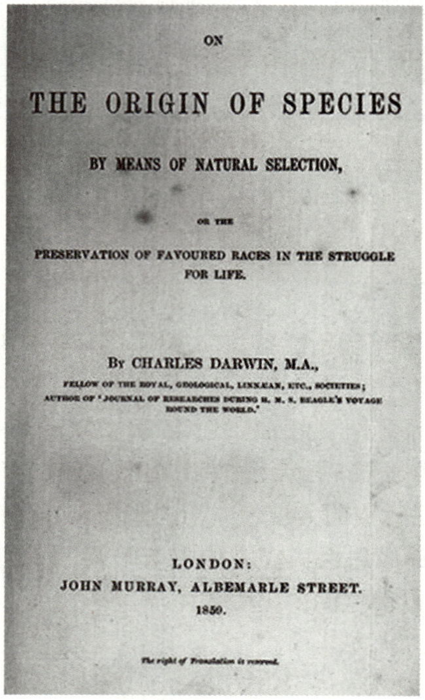

ON

THE ORIGIN OF SPECIES

BY MEANS OF NATURAL SELECTION,

OR THE

PRESERVATION OF FAVOURED RACES IN THE STRUGGLE FOR LIFE.

BY CHARLES DARWIN, M.A.,

FELLOW OF THE ROYAL, GEOLOGICAL, LINNÆAN, ETC., SOCIETIES;
AUTHOR OF 'JOURNAL OF RESEARCHES DURING H. M. S. BEAGLE'S VOYAGE ROUND THE WORLD.'

LONDON:
JOHN MURRAY, ALBEMARLE STREET.
1859.

The right of Translation is reserved.

《物种起源》

微视频

人类的起源

这个观点经过一番激烈的学术和宗教的大争论后，渐渐被科学界所接受。在以后的岁月里，古生物学家通过对古生物化石的研究，在达尔文学说的基础上，形成了现代人类起源说。

人类进化

二、三大人种

世界上主要有三大人种：黄种人，白种人，黑种人。

人种的差异是很显著的，但是这种差异是不同自然地理环境等众多因素长期影响的结果。例如，生活在炎热地区的人类为了抵抗太阳的暴晒，皮肤的黑色素多，所以显现出黑色人种的特征；生活在寒冷地区的人类则为了抵抗严寒，他们的身材长得比较矮，鼻子相对扁平等。自从有了人类，也就形成了人类社会。

三、亚非文明古国

1. 古埃及文明

古埃及是四大文明古国之一，位于非洲东北部尼罗河中下游地区。古埃及文明形成于6 000年前（公元前 4000 年）左右，古埃及前王朝开始于 5 100 年前（公元前 3100 年）左右时美尼斯统一上下埃及建立第一王朝，终止于公元前 30 年罗马征服埃及托勒密王朝。

古埃及文明是指在尼罗河第一瀑布至三角洲地区，时间段限为公元前 5000 年的塔萨文化到公元 641 年阿拉伯人征服埃及的历史。专家们实际探讨古埃及文化的时间范围，是公元前 3100 年埃及南、北王国的首次联合，到公元前 30 年罗马帝国屋大维攻占埃及，克利奥帕特拉七世自杀，托勒密王朝覆灭，埃及并入罗马帝国。亦即通常所说的历史三千多年的法老王朝。古埃及文化是人类四大文明发祥地之一，也是阿拉伯文化的源头之一。

公元前 3 世纪的曼涅托，将从美尼斯开始至马其顿亚历山大征服止的埃及历史分为三十个（或三十一个）王朝，学者又在此基础上将上古埃及史分为以下几个时期：

（1）前王朝时期（金石并用时期，约公元前 4500—前 3100 年）。

（2）早王朝时期（1～2 王朝，约公元前 3100—前 2686 年）。

（3）古王国时期（3～6 王朝，约公元前 2686—前 2181 年，又被称为金字塔时期）。

（4）第一中间期（7～10 王朝，约公元前 2181—前 2040 年）。

（5）中王国时期（11～14 王朝，约公元前 2040—前 1786 年）。

（6）第二中间期（15～17 王朝，约公元前 1786—前 1567 年）。

（7）新王国时期（18～20 王朝，约公元前 1567—前 1085 年）。

（8）第三中间期（21～25 王朝，约公元前 1085—前 664 年）。

（9）后王朝时期（26～31 王朝，约公元前 664—前 332 年）。

（10）马其顿希腊人和罗马人统治时期（公元前 332—公元 642 年）。

从第 1 至第 4 时期，是奴隶制国家形成和统一王朝出现的时期，第 5 至第 7 时期是统一王国重建和帝国时期，第 8 至第 10 时期是埃及奴隶制国家衰落和陷于外族统治下的时期。

国王自称是神的化身，他们的陵墓金字塔是权力的象征。古埃及的金字塔现存约 80 座，起自第 3 王朝，止于第二中间期（新王国时期王墓不再用金字塔的形式，而是采用了岩墓的形式）。它们分布于孟菲斯附近尼罗河西岸。

金字塔是古埃及文明的象征，是古埃及人民智慧的结晶。但是金字塔的修建加重了人民的负担，耗费了国家的人力和财力，加剧了国内的阶级矛盾，削弱了君主专制的实力。希罗多德和狄奥多拉都记载说，“人民对修建金字塔满怀愤怒，甚至可能爆发过人民起义”。第

5 王朝就可能是在人民起义后建立起来的，无怪乎新王朝更加依赖神权势力来维护其统治。

古代埃及人最早使用的文字形成于公元前 3000 年左右。它用图形表示事物，所以叫象形文字，是世界上最古老的文字之一。这种文字通常被刻在庙墙、宗教纪念物和纸草上，主要使用者是僧侣和书吏。埃及象形文字对以后的字母文字产生了重要影响。

课堂讨论

古代埃及金字塔的工程浩大，规模宏伟，很多人怀疑五千年前的人类是否有这种建筑能力。你怎样看待这个问题？谈谈你的理由。

2. 古巴比伦文明

古巴比伦，位于亚洲西部，现在的伊拉克、伊朗、叙利亚一带，美索不达米亚位于底格里斯河和幼发拉底河之间，是世界上最早的文明发源地之一，而巴比伦王国就坐落在美索不达米亚地区。公元前 3500 年后，苏美尔人先后在这里建立了很多奴隶制城邦，其间不断地出现政权更迭，使国家一直处于无序状态，最后苏美尔很快地衰落。公元前 18 世纪，汉谟拉比继承了巴比伦城邦的王位，他自称是“月神的后裔”，并发动了大规模的战争，最终统一了美索不达米亚。

古巴比伦城遗址

古巴比伦文明分为古巴比伦王国和新巴比伦王国两个时期。史载，因为古巴比伦人兴建希望能通往天堂的高塔，上帝降下神罚，大洪水肆虐，人类靠诺亚方舟得于延续，古巴比伦王国就此灭亡。汉谟拉比死后，帝国就瓦解了。王国先后受到赫梯人、加喜特人的入侵，直到前 729 年终于被亚述帝国吞并。20 年后亚述为迦勒底人所灭，迦勒底人在巴比伦建立了短短的 80 多年的新巴比伦王国。新巴比伦王国为波斯人所灭。

大约在埃及象形文字出现的同一时期，两河流域的苏美尔人创造了楔形文字。楔形文字后来流传到亚洲西部的许多地方，被西亚古代各民族所采用，为人类文明的发展做出了重大贡献。

3. 古印度文明

古印度文明最早在印度河流域兴起，它是人类古老的文明之一。在亚洲南部，印度河由北向南蜿蜒流过。夏季，喜马拉雅山积雪融化，河水泛滥，两岸水源充足，土地肥沃，季风还带来丰沛的降水。约公元前2500年，印度河流域开始出现奴隶制小国。后来，来自中亚自称雅利安人的部落侵入古代印度。他们征服当地居民并把他们变为奴隶，先后在印度河流域和恒河流域建立起奴隶制国家。

(1)种姓制度。雅利安人进入古代印度后，逐渐产生不同等级，形成严格的等级制度，史称“种姓制度”。根据这个制度，社会从高到低依次分为四个等级：婆罗门、刹帝利、吠舍、首陀罗。各个等级之间高低贵贱有别，下一等级的人没资格从事高一等级的职业，不同等级的人不得通婚。种姓制度激化了当时的社会矛盾，并对后来印度社会发展带来了不良影响。

(2)印度佛教。公元前6世纪，古代印度社会矛盾尖锐，佛教在这种社会背景下诞生了。佛教创始人是乔达摩·悉达多，后来被称为释迦牟尼，意思是释迦族的隐修者。佛教宣扬“众生平等”，反对婆罗门的特权的地位。很多国王大力扶持佛教，公元前3世纪，阿育王在位时，佛教有了很大发展，并向外传播。

修行中的释迦牟尼

佛教主要向两个方向传播：一是向北传播，经中亚地区传到中国大部分地区，之后又从中国传到朝鲜、日本和越南等国；二是向南传播，传入斯里兰卡、泰国、缅甸等国和我国境内傣族地区。

古代印度是人类文明的发源地之一，在文学、哲学和自然科学等方面对人类文明做出了独创性的贡献。在文学方面，创作了不朽的史诗《摩诃婆罗多》和《罗摩衍那》。在哲学方面，创立了“因明学”，相当于今天的逻辑学。在自然科学方面，最杰出的贡献是发明了世界通用的计数法，创造了包括“0”在内的10个数字符号。所谓阿拉伯数字实际上起源于印度，只是通过阿拉伯人传播到西方而已。

四、古代日本与阿拉伯国家

1. 日本的大化改新

大化改新，又作大化革新，是645年6月发生的古代日本政变。其主要内容是废除大贵族垄断政权的体制，向中国隋唐政治经济体制学习，成立古代中央集权国家，给日本历史上带来了巨大的变革。大化改新以前，苏我氏等大贵族控制政权，天皇家族没有什么实权。公元645年6月，皇室中大兄皇子（后成为天智天皇）联合贵族中臣镰足发动政变，刺杀当时掌握朝政的权臣苏我入鹿，其父苏我虾夷自杀，皇室夺取政权。中大兄皇子等拥立孝德天皇。孝德天皇即位后，定年号为大化，迁都难波京（今大阪市）。646年元旦，颁布改新诏书，实行政治改革。此后日本形成了以天皇为首的中央集权国家。

大化改新的主要内容有四个方面：

（1）废除皇室和贵族的私有土地和部民（部曲），收归国家，是为公地公民。对大夫以上高官贵族赐予食封。

（2）改革统治机构，建立京师和地方行政机构（国、郡、里），设置关塞、防人（戍边军）及驿站，各置职官。

（3）造户籍、记账（赋税账簿），施行班田收授法。凡田长30步、广20步为段，10段为町。

（4）改革税收制度，施行租庸调新税法。

大化改新是日本从奴隶社会向封建社会过渡的标志。大化革新部分地解放了生产力，完善了日本的统治制度，使日本社会环境稳定，社会经济得到发展，为以后的繁荣奠定了基础。大化改新以后，大和正式改名为日本国，意为“日出之处的国家”。

日本积极汲取中国文化。它依照唐朝教育制度，在中央设太学，在地方设国学。佛教经中国、朝鲜传入日本后，发展很快。中国的唐诗和书法在日本深受欢迎。

课堂讨论

回顾中国古代史有关内容，想一想中日交往是从何时开始的？在什么朝代双方使节往来相当密切？那时交往密切的原因是什么？

2. 阿拉伯国家的建立

6—7世纪，阿拉伯半岛正处在社会激烈动荡和变革时期，奴隶主与奴隶之间、各氏族部落之间、民族之间的矛盾错综复杂，特别是拜占庭、波斯和阿比西尼亚等帝国长达几个世纪的侵略战争，给阿拉伯半岛的人民带来深重的灾难。在内外矛盾交织、社会危机四伏的情况下，只有把分裂的阿拉伯半岛统一起来，才能抵御外族入侵，促进社会政治、经济的发展。伊斯兰教正是在这样的社会历史背景下产生的，它点燃了旨在统一阿拉伯半岛的第一场“圣战”。

622年，穆罕默德带领少数信徒离开麦加，在麦地那建立起政教合一的国家。伊斯兰教把622年定为伊斯兰教历元年。穆罕默德是国家的政治、军事和宗教领袖，掌握一切大权。凡是信仰真主“安拉”的人，也就是穆斯林，都是兄弟姐妹。这就打破了阿拉伯氏族部落的血缘关系，确立了以宗教和地区为基础的社会。

阿拉伯人

微视频

穆罕默德

穆罕默德为实现最终目标，多次率兵攻打麦加。630年，他再次兵临麦加城下。最终，双方达成协议，麦加贵族接受伊斯兰教，承认穆罕默德的政治和宗教领袖地位；穆罕默德承认对方的经济和宗教利益。从此，麦加成为伊斯兰教圣地。

征服麦加，加速了阿拉伯半岛的统一。半岛各部落派代表到麦加朝觐，承认穆罕默德独尊地位。632年，穆罕默德病逝时，阿拉伯半岛已基本统一，统一的阿拉伯国家建立起来。

《古兰经》是伊斯兰教一部节文精确而详明的经典，是穆罕默德归真后由继承人欧斯曼莱等人收集后抄录的定本。穆罕默德凭着《古兰经》的力量，把四分五裂的阿拉伯民族联结成一个伟大的民族，并使它的影响扩大到亚非欧广大地区的人民群众中去，使信教的各民族迅速接受了《古兰经》的经义和思想。《古兰经》不仅是伊斯兰教的圣典，而且也是人类文化宝库中的一份珍贵遗产。

第二节　古代西方文明

希腊是欧洲文明的摇篮，到拜占庭和中世纪时期，希腊又是东方文化和欧洲文化的交汇点。悠久的文明给后代留下了绚丽灿烂的文化遗产，它们是希腊人的，也是全人类的无价瑰宝。西方古典文化首先由希腊人开创，罗马人依据其民族特点并结合自己的创造，在有选择地吸收与融合古希腊文化的基础上，不断灌注以新的内容，从而使之发扬光大，最终形成一种别具一格的文化传统或文化体系。

微视频

古希腊文明历史分期

一、古代希腊城邦

希腊半岛山峦起伏，海岸线曲折，东邻爱琴海，海上岛屿星罗棋布。著名的克里特岛就是其中的一个大岛。公元前 2000 年左右，希腊早期文明——爱琴文明发祥于克里特岛，后来文明中心又转移到希腊半岛，出现在迈锡尼文明。克里特文明和迈锡尼文明合称爱琴文明。这个时期出现了一些城邦，有的还盛极一时。爱琴文明历时约 800 年后消亡。

1. 雅典

微视频

雅典的地位

公元前 8 世纪，希腊半岛和小亚细亚西海岸出现希腊人建立的城邦，雅典是其中最重要的城邦之一。雅典近海，海上交通便利，工商业发达。前 6 世纪，它成为著名的奴隶制共和国。

公元前 683 年，雅典结束了王政时代，向奴隶制社会迈进，并逐步形成了城邦。在早期，雅典和斯巴达一样，也实行贵族统治。从公元前 594—公元前 593 年梭伦改革开始，中间经公元前 509—公元前 508 年的克利斯提尼改革，雅典逐步向奴隶主民主制度过渡。这对雅典文化和教育的发展，具有非常深刻的影响。

伯利克里

公元前 5 世纪后半期，伯利克里当政期间，雅典达到全盛，经济繁荣，文化昌盛，奴隶主民主政治发展到古代世界的高峰。伯利克里扩大公民的权利，很多公民担任了政府公职。全体成年男性公民可以参加最高权力机构公民大会，决定内政、外交、和平、战争等重大问题，他们在行政和司法机构中也发挥着重要作用。

伯利克里鼓励学术研究，发展文艺，重视教育。公民家庭的男孩，在学校里练习乐器演奏、跑步、角力、拳击，学习诗歌、天文、史地，锻炼当众演讲的能力，开展自由讨论，从而增强体魄，提高素养，为将来成为合格的公民作准备。公民家庭的女孩除担任家务以外，也在家练习读写，演奏乐器。

2. 斯巴达

微视频

斯巴达300勇士

古希腊的另一个著名城邦——斯巴达，与雅典完全不同。它崇尚武力，以强兵威胁和征服邻邦，把其人民掠为奴隶。为维持镇压外邦奴隶的强大军事力量，斯巴达人实行严格的军事训练制度。

斯巴达社会如同一个大军营。军事生活是男子一生的主要内容。男婴呱呱坠地时，就受到严格的优选。残弱的马上被丢弃，健壮的到 7 岁开始接受军事训练。有时他们还要通过做苦工、挨鞭笞，来培养坚忍不拔的意志。男子 20 岁开始服兵役，允许结婚，但必须住在军营里；30 岁可以担任官职，回家居住；60 岁才可退役。斯巴达妇女在婚前也要接受严格训练，为的是成为合格的母亲。

公元前6世纪中叶起，斯巴达逐步与伯罗奔尼撒半岛大多数城邦组成伯罗奔尼撒同盟，成为希腊一个城邦集团的领袖。这个同盟被希腊人称为“斯巴达人及其同盟者”，充分表明了斯巴达在这个组织中的霸主地位。同盟规定斯巴达有权召集会议，其决议虽须经大多数盟国同意后始能生效，但实际上由斯巴达操纵一切。同盟还规定对外作战时，各邦必须提供一定兵力和军费，由斯巴达指挥。伯罗奔尼撒同盟是斯巴达控制加盟城邦的一种形式，凭借这个同盟，斯巴达常常干预希腊各邦的内政，充当了维护希腊贵族政治的堡垒。

公元前480—公元前479年，斯巴达人在希波战争中曾任希腊诸邦盟军统帅，与雅典等邦联合反对波斯的侵略。此后，随着以雅典为首的提洛同盟的建立和雅典势力的增长，斯巴达与雅典的矛盾日趋尖锐。

课堂讨论

假设你生活在前5世纪的古代希腊，你愿意生活在雅典还是斯巴达？为什么？

3. 伯罗奔尼撒战争

在古希腊200多个城邦中，雅典和斯巴达是最具有实力的。在当时，雅典是民主、进步、文学繁荣的城邦，而斯巴达却是保守、专制的。雅典的民主政治和斯巴达的贵族寡头政治处于水火不相容的地步。在经济上，双方也在为争夺矿产、奴隶而发生冲突，争端不断升级。最后，爆发了这场以斯巴达为主导的伯罗奔尼撒联盟与以雅典为首的提洛同盟进行了伯罗奔尼撒战争。

这场战争从公元前431年一直持续到公元前404年，希腊大部分城邦都参与进来，其中双方几度停火，最后斯巴达获胜。然而斯巴达在称霸希腊不久后便被新兴的底比斯打败，其后再被马其顿的亚历山大大帝征服，从此走向衰亡。

这场战争结束了雅典的经典时代，也结束了希腊的民主时代，彻底地改变了希腊的国家。几乎所有希腊的城邦参加了这场战争，其战场几乎涉及了整个当时希腊语世界。在现代研究中也有人称这场战争为“古代世界大战”。

微视频

罗马共和国

二、罗马共和国

公元前8世纪，在意大利的台伯河畔，罗马城逐步建立起来。公元前509年，罗马建立了共和国。罗马共和国建立后，逐步征服了意大利半岛。公元前3世纪—公元前2世纪，罗马为争得地中海霸权，掠夺资源与奴隶，同地中海西部强国迦太基进行了三次战争，史称布匿战争，最终取得胜利。罗马还向东远征。公元前2世纪，罗马成为地中海霸主，繁荣强盛。布匿战争以后，罗马的奴隶制迅速发展，奴隶遍布社会各个角落，处境悲惨。

公元前1世纪，罗马发生了严重的社会危机。共和制再也无力统治，奴隶主企图建立独裁统治，以稳固政权。公元前49年，恺撒夺取政权。不久，罗马元老贵族痛恨他的政策，将他刺杀。此后，各派力量经过激烈较量，屋大维在前 27 年开始独揽国家大权，成为实际上的皇帝。罗马共和国被罗马帝国所取代。

传说中的罗马城的由来

1. 第一次布匿战争（公元前 264—公元前 241 年）

罗马与迦太基因为争夺地中海沿岸地区的霸权，尤其是西西里岛的拥有权，而进行的战争。战争历时 23 年，罗马胜利，加了许多条件才和迦太基签订和约。

2. 第二次布匿战争（公元前 218—公元前 202 年）

第二次布匿战争是罗马和迦太基之间三次布匿战争中最负盛名的一场战争，历时 16 年。在第二次布匿战争中，迦太基的年轻统帅汉尼拔率军侵入意大利，罗马派出迎击的军队屡战屡败。后来，双方在意大利南部的坎尼城进行会战。罗马派出骑兵 6 000，步兵 8 万，组成 36 个方阵。汉尼拔率领的军队有骑兵 1 万，步兵 3.5 万。罗马企图依靠步兵人数上的优势，采取以步兵从中央进攻的战术。汉尼拔早已料到罗马人可能采取的战术，所以扬长避短，充分发挥自己骑兵人数和速度上的优势，采取迂回包抄战术，把罗马军队诱入包围圈，然后用两翼骑兵包抄罗马军队。罗马军队腹背受敌，几万人被挤在一片狭小的空地上，阵脚大乱，混乱不堪。经过 12 小时的激烈拼杀，罗马军队的 5 万人战死，1.8 万被俘，逃生者只有 1 万多人。迦太基方面只损失约 6 000 人。坎尼战役是世界军事史上以少胜多的著名战役之一。

但是最后迦太基仍然被罗马打败。公元前 201 年，迦太基人同罗马人签订了条款苛刻的和约。

3. 第三次布匿战争（公元前 149—公元前 146 年）

迦太基在第二次布匿战争战败后，在军事上一蹶不振，但在商业以及物质财富的积累方面，到公元前 160 年时又迅速复兴，招致罗马的忌恨，导致罗马决心消灭迦太基。在公元前 146 年罗马军队血洗迦太基，迦太基军队顽强抵抗，终因寡不敌众而惨败。最终罗马军队把迦太基夷为平地，25 万公民仅约 5 万人幸存并被卖为奴隶。罗马在此建立阿非利加行省，从此迦太基成为历史中燃烧的森林灰飞烟灭。

三、罗马帝国

罗马曾经有数百年的共和制历史，但自从斯巴达人起义以后，罗马进入了军人执掌政权的时代。公元前 27 年，屋大维被元老院封为“奥古斯都”，建立元首制，罗马共和国事实上被罗马帝国所取代。罗马帝国延续了约 500 年（公元前 27—公元 476 年），它与秦朝和西汉时期的中国一样，是当时世界上强大的帝国之一。

罗马帝国曾经发动多次侵略战争，疆域不断扩大，到 2 世纪，达到最大规模。东起幼发拉底河上游，西临大西洋，南抵非洲撒哈拉大沙漠，北达大不列颠、莱茵河和多瑙河。罗马帝国地跨欧、亚、非三洲，广袤的地中海成为它的内湖。

罗马的扩张

帝国前期经朱里亚·克劳狄王朝、弗拉维王朝，至安敦尼王朝达到全盛，国家稳定、社会繁荣，被称之为罗马的黄金时期。3 世纪危机后帝国在内忧外患中逐渐衰落，外加北方蛮族入侵和戴克里先实行的四帝共治政策，最终导致 395 年帝国的东西分裂。410 年 8 月，罗马城被西哥特人攻陷，西罗马帝国皇帝沦为禁卫军的傀儡。476 年西罗马帝国被西哥特人灭亡。西欧的奴隶社会历史随之终结。东罗马帝国（拜占庭帝国）直到 1453 年 5 月 29 日才被奥斯曼帝国的穆罕默德二世所灭。

屋大维

1. 奥古斯都

屋大维（公元前 63—公元前 14），罗马帝国的开国君主，元首政制的创始人，统治罗马长达 40 年，是世界历史上最为重要的人物之一。他是恺撒的甥孙，公元前 44 年被恺撒收为养子并指定为第一继承人。恺撒被刺后登上政治舞台。公元前 1 世纪，他平息了企图分裂罗马共和国的内战，被元老院赐封“奥古斯都”。屋大维实行元首制，独揽政治、军事、司法、宗教大权，改组罗马政府，给罗马世界带来了两个世纪的和平与繁荣。在他去世后，罗马元老院决定将他列入“神”的行列。

2. 自然科学

克罗狄德·托勒密是古希腊天文学家、地理学家，著有《天文学大成》(13 卷)是罗马帝国时期在自然科学方面取得最突出的成就。该书集古代希腊罗马天文学之大成，书中使用几何系统来描述天体运动，并包括 1 022 颗恒星的星图，在古代是极其完备的。另外书中还论及历法的推算、日月食的推算以及天文仪器的制作与使用等。但由于托勒密信奉“地心说”，为了使这种理论成立，他设计了一种极其复杂的天体几何系统，以解决一些地心说的推算与实际不符的问题，使推算结果与实际观测大致相近。在哥白尼提出“日心说”之前，托勒密的学说在欧洲占统治地位。

3. 语言

罗马人使用的拉丁语，随着罗马的征服与扩张，不断向外传播，逐渐成为罗马帝国境内被征服地区使用的官方语言。现在的很多语种都从拉丁语衍化而来，拉丁字母是现在世界上最通用的字母，拉丁文在宗教、法律、医学领域中仍然使用。

4. 史学

李维(公元前 59—公元 17)，著有《罗马史》(142 卷)，现存 36 卷，叙述了传说中的罗慕路斯建立罗马城至公元 9 年的历史，这部史书是西方史学的第一部通史。

塔西陀(55—120)，著有《历史》12 卷，主要叙述弗拉维王朝统治时期的历史。由于塔西陀生活在这一时期，许多历史事件都亲身经历过，所以叙事也相当详细和生动。由于塔西陀政治上倾向于共和派，反对皇帝，所以在书中批评现实歌咏古代英雄。另外塔西陀著述有所褒贬，对各色历史人物进行批评和褒扬，旨在发扬高尚道德。此外，塔西陀还有《日耳曼尼亚志》和《编年史》等著作传世。

5. 建筑

微视频

罗马斗兽场

罗马大竞技场建于弗拉维王朝时期，有 3 层拱门，可容纳数万人，是举行角斗表演的地方，修有复杂的地下设施供角斗表演使用，甚至可以灌水来进行海战表演。

凯旋门也发源于罗马，是为皇帝凯旋而建。罗马古城中有两座凯旋门，一座是提图斯于 71 年所造，另一座是君士坦丁大帝在 315 年所造，凯旋门上都有精美浮雕。

四、基督教的产生

公元 1 世纪，基督教为犹太的拿撒勒人耶稣在今日的以色列、巴勒斯坦和约旦地区所创立。这一地区的犹太人长期遭受帝国统治者的压迫与剥削，渴望“救世主”的到来。传道者宣传说，耶稣就是“救世主”。耶稣叫人忍受苦难，死后可以升入“天堂”。“救世主”在希腊语中称作基督，这种信仰基督耶稣的宗教后来被称为基督教。基督教会后来确定基督出生日期是 12 月 25 日，并将这一天定为“圣诞节”。现在通行的纪年，就是以传说中的“耶稣出生”之年算起的，这一年就是元年。

米兰敕令，又作米兰诏令或米兰诏书，是罗马帝国皇帝君士坦丁一世和李锡尼在 313 年于意大利的米兰颁发的一个宽容基督教的敕令。此诏书宣布在罗马帝国境内有信仰基督教的自由，并且归还了已经没收的教会财产，亦承认了基督教的合法地位。米兰敕令是基督教历史上的转折点，标志着罗马帝国的统治者对基督教从镇压和宽容相结合的政策转变为保护和利用的政策，从此基督教从被迫害的“地下宗教”成为被承认的宗教。后狄奥多西一世将基督教定为罗马帝国国教，基督教自此以罗马教廷为中心发展成为中世纪欧洲最大宗教。

课堂讨论

说说与世界三大宗教有关的节日和习俗。

五、《荷马史诗》

微视频

荷马史诗《奥德赛》背后的科学

《荷马史诗》是古希腊著名的英雄史诗。相传，它是在民间口头创作的基础上，由盲诗人荷马加工整理而成的。这是一部不朽的世界文学名作，它再现古代希腊社会的图景，西方学者将其作为史料去研究公元前 11 世纪至公元 9 世纪的社会和迈锡尼文明。

荷马

《荷马史诗》包括《伊利亚特》和《奥德赛》两部，各 24 卷。《伊利亚特》以联军统帅阿伽门农和勇将阿基里斯的争吵为切入点集中描写了战争最后十几天发生的事件。《奥德赛》描写的是希腊将领奥德修斯在特洛伊战争结束后，回乡途中在海上漂流 10 年的经历，展现其个人的智慧与勇敢。

第三节 早期东西方文明的冲突

希波战争和亚历山大东征这两次规模宏大的战争，是早期东西方文明的重要冲突。希波战争是东方波斯帝国与西方希腊城邦在各自发展中的一次碰撞，此后，世界文明发展的格局便逐渐形成东西方并立共存之势，一直延续至今。亚历山大东征是一次掠夺性远征，对亚洲文明造成一些毁坏性的破坏，但是客观上也促进了东西方之间的联系，通过战争，希腊和与东方文化获得了直接交流和融合的机会。

一、希波战争

希波战争是古代波斯帝国为了扩张版图而入侵希腊的战争，战争以希腊获胜，波斯战败而告结束。这次战争对东西方经济与文化的影响远大过于战争本身。

希波战争是世界历史上第一次欧亚两洲大规模国际战争。这场战争前后持续了将近半个世纪，结果是希腊城邦国家和制度得以幸存下来，而波斯帝国却从此一蹶不振。

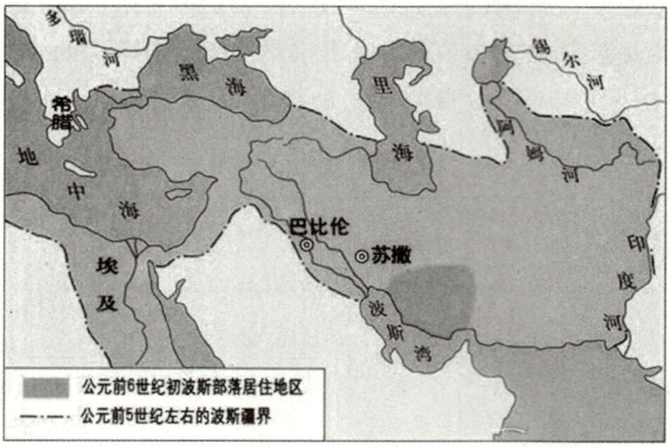

公元前 6—前 5 世纪的波斯

1. 第一次希波战争（约公元前 500 年）

公元前 500 年左右，波斯帝国向小亚细亚的希腊城邦进攻，以米利都为首的小亚细亚的希腊城邦进行抵抗。米利都因为自知不能抵抗波斯，因此向斯巴达求援，但斯巴达却拒不出兵，反而是雅典和埃维厄两城邦出兵援救。但是在坚持数年后，仍然不敌波斯大军，在公元前 494 年，波斯占领并焚烧米利都城，屠杀城中大部分男子，幸存的居民被卖为奴隶。

2. 第二次希波战争（公元前 490 年）

为惩罚雅典和埃维厄，波斯王大流士一世决定出兵希腊。公元前 490 年，大流士一世出动陆海军 2.5 万人，进攻雅典和埃维厄。埃维厄很快被波斯军队攻陷，并被血洗和彻底掠夺，所有居民均被贬为奴隶。面对波斯大军，雅典曾求助于斯巴达，却遭到拒绝，雅典无奈之下只有孤军奋战。交战初期，波斯军依仗兵力优势，采取中央突破战术，雅典军中路被波斯军步步进逼，只得向后退却，而波斯军中路则因而突出了。雅典军两侧精锐立即合围中路波斯军，结果波斯陆军被雅典军围歼，被完全击败。而由海路偷袭雅典的波斯海军，亦不能打败雅典海军。波斯军只得撤退。这对于庞大的波斯帝国来说并不是重大的打击，因此波斯帝国在此战后仍时刻寻找机会进攻希腊。

3. 第三次希波战争（公元前 480—公元前 479 年）

公元前 480 年，继任的波斯王薛西斯一世亲率 25 万陆军和 1 000 艘战舰再度进兵希腊。

雅典面对波斯大军再度压境，全城立即进入备战状态。此次波斯号称百万大军压境，使得全希腊各城邦均有着生死存亡已系于一线的感觉，因此结盟起来，共同抵抗波斯，即使是斯巴达城邦也参与了对抗波斯的行动。

斯巴达王李奥尼达以其本国精兵300人及伯罗奔尼撒半岛其他城邦7 000人负责防守希腊的第一道防线——温泉关。李奥尼达及其士兵与百万波斯陆军拼命厮杀，使得波斯军队在头两天不得前进寸尺，并且死伤惨重。但在第三天，一个希腊的叛徒引导波斯军队抄小路进攻李奥尼达的后方，李奥尼达无法抵御，只得下令让伯罗奔尼撒半岛军队先撤，并以其300精兵死守温泉关，在经过一番激烈厮杀后，斯巴达全军覆灭。温泉关战役以300人两次击杀上万人，成为以少胜多的经典事例。

微视频

马拉松的由来

此次战争，以波斯军大败，双方签订和约而告终，波斯帝国从此承认小亚细亚之希腊城邦的独立地位。希波战争在人类历史上产生了巨大影响，主要体现在以下几个方面。

第一，希波战争是一次前所未有的人类历史文化的大融合，其影响远远超出波斯、希腊的范围。它大大加强了东西方文化交流，推动了东西方文化发展，推动了科学、艺术的进步。打破东西方几乎完全隔绝的局面，从而推动人类社会发展进步。这是希波战争最重要的影响。

第二，希腊在希波战争里取胜，使得西方世界的历史中心由两河流域向地中海地区推移，希腊文明得以保存并发扬光大，成为日后西方文明的基础。而且希腊战胜也确保了希腊诸城邦的独立及安全，使得希腊继续称霸东地中海数百年。

第三，波斯在这场战争里战败，使其对外扩张的气焰受挫，并逐渐走向衰落，最后被马其顿的亚历山大大帝所灭。

希波战争具有伟大的历史意义。希腊人在战争中的胜利首先归因于战争对他们而言所具有的正义性，从而激发起他们的巨大爱国热情，促使各邦内部和各邦之间紧密团结。希腊人维护了国家的独立，并为经济、政治、社会和文化的进一步发展创造了条件。战争进程和结局对雅典城邦制度的发展和雅典的对外扩张影响尤深，促进了雅典民主政治制度和奴隶制的发展。希波战争所造成的希腊政治格局，对于后来希腊历史的发展有重大影响。

二、亚历山大大帝东征

亚历山大东征是指公元前334—公元前324年，马其顿国王亚历山大对东方波斯等国进行的侵略战争。公元前4世纪，马其顿国征服希腊各邦。公元前334年，马其顿王亚历山大率军进攻波斯，开始了亚历山大东征。历时10年，经过伊苏斯之战、高加米拉战役、吉达斯普河战役，亚历山大征服了波斯、埃及、小亚细亚、两河流域。最终建起地跨欧、亚、非三洲的亚历山大帝国。

1. 亚历山大大帝东征的过程

公元前334年，亚历山大率领部队首先占领了小亚细亚，消灭了那里少量的波斯军队；

然后他又挥师北上，向叙利亚进军在伊苏城，他打败波斯王大流士三世，并俘获他的母亲、妻子和两个女儿。

接着，亚历山大向南进军叙利亚和腓尼基，又派手下大将攻占了大马士革，从大流士的军械库里获得大量战利品。他亲自率领部队南下，经过7个月的艰苦战斗，攻下了推罗城，把推罗城的3万居民卖为奴隶。

公元前332年，亚历山大切断波斯陆军与海上舰队的联系后，长驱直入埃及，自称是太阳神“阿蒙之子”。他亲自勘察设计，在尼罗河三角洲西部，建立亚历山大城，他要它永存人世，作为他伟大战绩的纪念碑。埃及的法老为亚历山大加上了“法老”的称号。

穿波斯服装的亚历山大接受臣下的跪拜

公元前331年，亚历山大率军穿过美索不达米亚北部，在高加米拉平原和波斯进行生死决战。大流士三世败退，被自己的部下杀死。公元前330年，亚历山大彻底击败了大流士的继位人，征服了整个波斯帝国。

公元前327年，亚历山大率领军队离开中亚，南下侵入印度，在印度河谷建立了两座亚历山大城，迅速占领了西北印度的广大地区。他想进一步征服印度的心脏地带，向恒河流域进发。但此时亚历山大的士兵已厌倦了长期的紧张战争，再加上印度的炎热、暴雨和疾病，他们拒绝前进，要求回家。他们纷纷举行集会，发生哗变，印度的土著居民也群起反击。亚历山大在万般无奈的情况下，于公元前325年，将大部队撤出印度。

公元前324年初，分两路撤回的大军会师在巴比伦境内。由于长途跋涉，亚历山大的部队损伤极大。将近10年的亚历山大远征，终于结束了。

2. 亚历山大大帝东征的结果

在巴比伦，亚历山大还整编一只庞大的军队，将3万波斯青年编入马其顿部队，并准备继续进行远征。他计划侵入阿拉伯与波斯帝国北面的土地，还想再次入侵印度征服罗马、迦太基和地中海西岸地区。但不幸的是公元前 323 年 6 月，亚历山大突然患恶性疟疾，从发病到生命结束仅 10 天时间。由于死亡的突然降临，亚历山大未明确他的接班人，导致争夺王权的激烈斗争。在斗争中，他的母亲、妻子与儿女都被反对党杀死。将领们纷纷拥兵自立为王，横跨欧、亚、非三洲的马其顿王国从此分裂为若干个希腊化的国家。亚历山大庞大的帝国只存在了短短的 13 年。

3. 亚历山大大帝东征的意义

亚历山大的东征，促进了东西方文化的交流，开拓了人们的眼界。东方的城市出现了优美的希腊式雕塑和建筑，东方的天文学和数学知识也传入希腊和西方其他国家，丰富了西方的知识宝库。亚历山大的东征，还开辟了东西方贸易的通路。他在东方建立的几十座城市，都逐渐发展成为商业中心，如埃及的亚历山大港至今仍是埃及著名的大海港。

亚历山大东征是一次掠夺性远征，对亚洲文明造成一些毁坏性的破坏，但是客观上也促进了东西方之间的联系，双方贸易往来更加频繁，许多希腊人移民到了西亚，其生活方式、风俗、语言和文字由此传入东方，同时西方也从东方汲取了不少文化养分。经这一途径，希腊与东方文化获得了直接交流和融合的机会。

埃及亚历山大城图书馆

课堂讨论

结合当代世界地图，查一查亚历山大帝国和罗马帝国的版图包括现在哪些主要国家？

第四节 中古欧洲社会

西欧封建制度是中古欧洲历史的一项核心内容，而西欧封建制度的核心内容是西欧封建等级制度。中古时期（约 476—1453 年）又被称为中世纪，这个时期的欧洲没有一个强有力的政权来统治。封建割据带来频繁的战争，基督教对人民思想的禁锢，造成科技和生产力发展停滞，人民生活在毫无希望的痛苦中，所以中世纪或者中世纪早期在欧美普遍被称作“黑暗时代”，传统上认为这是欧洲文明史上发展比较缓慢的时期。

1. 西欧封建社会

西欧封建制度是中古欧洲历史的一项核心内容，被称为“采邑制”，而西欧封建制度的核心内容是西欧封建等级制度。在整个中古时期，罗马天主教在经济上占据当时西欧土地的三分之一，政治上与世俗王权分庭抗礼，在思想文化方面形成一元垄断，可谓是处于一种万流归宗的地位。城市是文明形成的一个重要标志，西方文明与东方文明在许多方面存在着明显的差异，其根源因素有很多就是城市造成的。拜占庭帝国是一个曾经辉煌的古老文明，在如何面对新的环境挑战方面，拜占庭帝国的历史命运具有重大的典型意义和启示价值。

西罗马帝国灭亡之后，日耳曼人在其领土上建立了几个国家。其中的法兰克王国，发展为西欧一个大国。8 世纪前期，法兰克王国宫相查理·马特改变以前无条件赏赐贵族土地的做法，实行有条件的土地分封，层层分封，得到封地的人必须为封主服兵役。这次改革后，在封建贵族内部形成了不同等级的封建主：国王、公爵、侯爵、伯爵、子爵、骑士等。后查理的子孙却庸碌无能，相互倾轧，让查理于公元 800 年建立的查理曼帝国陷入混乱。公元 843 年，他们将帝国一分为三，后来发展出法兰西、德意志和意大利三个封建国家。

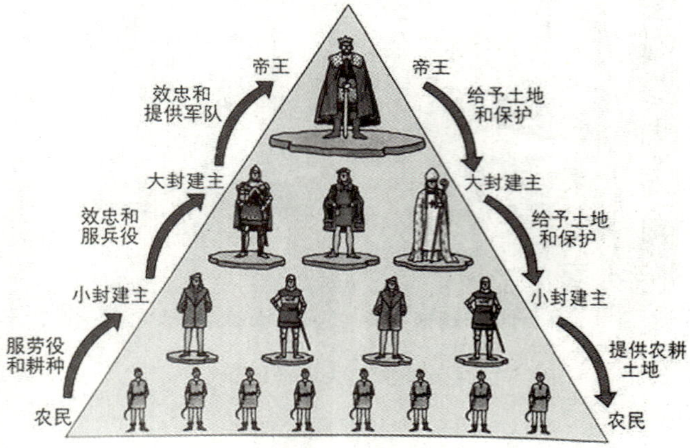

西欧封建等级制度示意图

5 世纪中期，在日耳曼人的迁徙浪潮中，某些部落进入不列颠，建立了一些小国，经长期兼并于 9 世纪早期形成统一的英吉利王国。但是，直到 15 世纪英国和法国才通过强化王权、剪除大封建主势力的措施，建立起统一的中央集权国家。而东法兰克却成了德意志王国，国王奥托一世在教皇的支持下，在10世纪建立了所谓的“神圣罗马帝国”。然而，由于皇帝权利受封建主和教皇的掣肘，直到19世纪中期德意志仍处于四分五裂。意大利的情况与德意志基本相当，长期处于封建分裂状态中。

西欧在长期的历史过程中形成的封建社会，在其政治思想上具有以下特点。①神学政治理论成为占统治地位的政治思想。它是基督教神学在政治上的表现，并以《圣经》为信仰的绝对权威和判断是非的唯一标准。基督教会在政治、思想上的统治地位，决定了神学政治理论的统治地位。②教会与国家、教权与王权的关系是政治理论的中心内容。教权与王权的斗争及其力量的相互消长贯穿于整个西欧封建社会。两种理论的斗争贯穿于西欧封建社会，成为政治中心内容。③神学异端是反对教会统治的基本形式。异端一词出自希腊文，原意是“选择”，是指人不依靠任何权威，只靠自己的理性决定自己思想和行动的自主活动，后来作为一种思想原则在基督教内部发展起来，被教会视为叛教的异端。神学异端之所以成为西欧封建社会人民群众反封建反教会斗争的基本形式，是因为基督教神学的统治地位。当时一切政治思想都以神学的形式表现出来，因此，一切革命的社会政治理论都以神学异端形式表现出来。

2. 教皇与教皇国

公元6世纪后，教皇国的雏形开始出现，但是查士丁尼大帝治下的拜占庭帝国对意大利展开了一系列征服活动，破坏了教皇国的政治和经济基础。至公元7世纪，随着拜占庭帝国的衰落，罗马教会作为意大利最大的土地所有者，再度对拜占庭势力所不及的罗马城周围地区展开统治，转而集中攻打亚平宁半岛北部以拉文纳城为核心的拜占庭总督辖区。728年，伦巴底国王路易特普兰德将拉丁地区的一些乡村和城镇捐献给罗马主教，这些土地被称为“圣彼得的遗产”，成为教皇国的立国基石。

公元751年，法兰克国宫相矮子丕平为篡夺王位，与基督教会勾结。他篡位成功，为表感恩之情，两次进攻与教皇作对的人，把罗马到拉凡那的一片土地奉献给教皇，史称“丕平献土”。教皇以上帝的名义为他加冕。这种做法加强了国王与教皇的联系，合教权凌驾于王权之上。而且，教皇辖地的疆域从此得到奠定，在意大利中部出现了教皇国。

教皇既是宗教首领，又是拥有世俗权力的一国之君，直接管辖的领土达4万多平方千米。9世纪，教皇成为西方基督世界的仲裁者。但是教皇与封建君主之间的斗争持续不断。十二三世纪时，教皇权力达到顶峰：有权废黜君主；罗马教廷成为中欧和西欧一切宗教事务和教义问题的最高裁判机构。他们加紧对人民的精神统治，残酷压制与教会观点相悖的“异端”思想。在精神和文化领域，神权凌驾一切。13世纪，教会建起“宗教裁判所”，对“罪名”成立的“异端”分子实行判决，轻者罚款，重者监禁，有的甚至被捆在火刑柱上烧死。

教皇为皇帝加冕

3. 西欧城市的重新兴起

西罗马帝国灭亡后，西欧城市衰落了。经过几个世纪的发展，10 世纪开始，在意大利、法国、英国、德意志等国出现作为手工业和商业中心的城市。

城市多兴起于交通便利、相对安全、容易获得廉价原料和销售产品的地方。海湾地区，如意大利的威尼斯；渡口附近，如英国的牛津；堡垒周围，如英国的曼彻斯特。

随着城市的发展，阶级冲突日益尖锐。西欧城市是在教会或世俗封建主的领地上产生的。随着商品经济的发展，封建主日益贪婪，对城市市民加紧剥削。十一二世纪，法国一些城市的市民展开了与封建主的斗争。有的城市用金钱赎买，有的通过武力赢得了自治权。

在西欧城市重新兴起和工商业迅速发展的过程中，市民阶级形成了。它进一步分化出手工业者和商人、银行家等。富裕商人和银行家发展成早期资产阶级，他们的出现，为资本主义的兴起准备了条件。

课堂讨论

此时西欧城市的兴起，与中国宋朝城市发展相比有什么异同？

4. 拜占庭帝国的灭亡

东罗马帝国定都君士坦丁堡。君士坦丁堡原称拜占庭，因此东罗马帝国又称拜占庭帝国。6 世纪，东罗马帝国为恢复过去的罗马帝国，穷兵黩武，四处征讨，造成国库空虚、财尽民穷。国家无力维持庞大的军事力量来统治广袤的地区，国土不断被外族蚕食鲸吞。此后几百年，帝国内忧外患不断，日益衰落。13 世纪上半期西方军队东征，征服并统治拜占庭长达半个多世纪。拜占庭虽然一度复国，但领土大大缩小，而且四分五裂、国力衰微，政权岌岌可危，处于风雨飘摇之中。

13 世纪末，奥斯曼土耳其国家在西亚兴起。奥斯曼土耳其积极向外扩张，先占领小亚细亚，又渗入巴尔干半岛，矛头直指已经没落的拜占庭帝国。15 世纪中期，君士坦丁堡被奥斯曼帝国攻陷，延续了一千多年的拜占庭帝国终于灭亡。

拜占庭帝国的衰亡和奥斯曼帝国的兴起

同步练习

一、选择题

1. 公元前 18 世纪，统一两河流域的王国是 ( )
   A. 以色列王国　B. 古巴比伦王国
   C. 犹太王国　D. 摩揭陀国
2. 犹太人的祖先是 ( )
   A. 苏美尔人　B. 阿卡德人
   C. 腓尼基人　D. 希伯来人
3. 标志希腊极盛时期一去不复返的是 ( )
   A. 希波战争　B. 亚历山大东征
   C. 雅典和斯巴达的内战　D. 马其顿南下
4. 同爱琴文明同时存在的中国政权是 ( )
   A. 商朝　B. 夏朝
   C. 西周　D. 秦朝
5. 在罗马共和国危机中，夺取政权的是 ( )
   A. 屋大维　B. 恺撒
   C. 亚历山大　D. 斯巴达克
6. 5 世纪时，在西罗马帝国的废墟上建立起强大的法兰克王国的民族是 ( )
   A. 日耳曼人　B. 斯拉夫人
   C. 阿拉伯人　D. 波斯人
7. 谚语是历史的最好写照。下列描述中，能较好地反映欧洲封建社会统治情况的是 ( )
   A.“以眼还眼”、“以牙还牙”
   B.“条条大路通罗马”
   C.“我的附庸的附庸，不是我的附庸”
   D.“罗马不是一日建成的”
8. 古代印度的四个等级中，把持国家军事行政大权的是 ( )
   A. 婆罗门　B. 刹帝利
   C. 吠舍　D. 首陀罗
9. 关于佛教的叙述，错误的一项是 ( )
   A. 佛教是最古老的世界性宗教　B. 创始人是乔达摩·悉达多
   C. 主张“众生平等”、忍耐、顺从　D. 反对奴隶制度
10. 古代印度指的是今天的 ( )

A. 印度　　　　B. 巴基斯坦

C. 南亚次大陆　　　　D. 孟加拉

11. 中国古书这样记载日本：沧浪之中有倭人，大小数百国。第一次统一“大小数百国”的是（　　）

A. 大和　　　　B. 高丽

C. 琉球　　　　D. 本州

二、非选择题

1. 阅读材料：

材料一：“我的附庸的附庸，不是我的附庸。”

材料二：“我的主人啊！臣下乃是我主的仆人，领有采邑的家臣。臣下愿竭忠尽职，不顾生死，一生侍奉我的主人。”

请回答：

(1)上述材料反映了西欧封建社会的什么制度？

(2)这种制度最先开始于哪一个国家？是哪一次改革后逐渐形成的？

(3)这种制度下，生活在社会的最底层的是什么人？文中的“臣下”是怎样侍奉他的主人的？

2. 阅读材料：

“自由民藏匿宫廷……所有之逃奴于其家，而不依传令者的命令将其交出者，此家家主应处死。”

请回答：

(1)上述材料和图片反映的是世界古代史上哪部法典？

(2)这项法律条文的实质是什么？

(3)这部法典在历史上有什么重要价值？

测试题
选择题

测试题
判断题

第五章　世界近代史

本章导读

世界近代史是资本主义萌芽、产生、确立与基本定型的历史。以1640年英国资产阶级革命为开端，到1917年俄国十月社会主义革命结束，是资本主义产生和发展，并逐步形成资本主义世界体系和向帝国主义过渡的历史。整个世界近代史有三条线索：一是资本主义制度的确立、发展；二是无产阶级反对资产阶级的斗争；三是亚、非、拉美人民反对殖民压迫。从时间和内容上，可将其分为早期资产阶级革命、工业资本主义和垄断资本主义三个时期。

知识探究

第一节　资本主义的兴起

14、15世纪，欧洲资本主义工商业出现萌芽并发展，逐渐引起重大的历史变革。新航路的开辟促进欧洲资本主义的发展，打破了世界各地区间相对隔绝的状态，为世界市场的形成创造了重要条件，世界各民族的历史逐渐融合为一部彼此联系、相互影响的人类历史。欧洲发生的文艺复兴运动和宗教改革运动，是资本主义经济发展在精神文化领域的反映，是伟大的思想解放运动，反过来又促进了资本主义经济和政治的迅速发展。

一、文艺复兴

文艺复兴运动发生于14—17世纪的欧洲，是正在形成中的资产阶级在复兴希腊罗马文化的名义下发起的弘扬资产阶级思想和文化的运动，它起源于意大利，然后西欧各国广泛传播和高度发展。

微视频

文艺复兴

14—16世纪，意大利首先出现了资本主义萌芽，进而迸发了一股资产阶级文化新潮流。这种新文化以资产阶级个人主义为出发点，为资产阶级的利益服务。人文主义是文艺复兴时期主流社会思潮。人文主义重视人的价值，崇尚人性，要求把人从宗教的束缚中解放出来，对当时的科学、哲学、文学、艺术、教育，甚至生活方式都产生了广泛而深刻的影响，是资产阶级反封建、反中世纪神学世界观的思想武器。文艺复兴时期的杰出代表人有：但丁、达·芬奇和莎士比亚。

1. 但丁

阿利盖利·但丁（1265—1321），意大利诗人、作家，现代意大利语的奠基者，欧洲文艺复兴时代的开拓人物之一，以长诗《神曲》留名后世。他被认为是意大利最伟大的诗人，也是西方最杰出的诗人之一，全世界最伟大的作家之一。恩格斯评价说："封建的中世纪的终结和现代资本主义纪元的开端，是以一位大人物为标志的，这位人物就是意大利人但丁，他是中世纪的最后一位诗人，同时又是新时代的最初一位诗人。"

但丁

但丁的《神曲》

2. 达·芬奇

微视频

达芬奇作品集

列奥纳多·达·芬奇（1452—1519），是意大利文艺复兴时期的一个博学者，除了是画家，还是雕刻家、建筑师、音乐家、数学家、工程师、发明家、解剖学家、地质学家、制图师、植物学家和作家。他有惊人的绘画天赋，是历史上著名的画家，与米开朗琪罗和拉斐尔并称文艺复兴三杰。小行星3000被命名为"列奥纳多"以表示人们对列奥纳多·达·芬奇的尊敬和怀念。被恩格斯称为"文艺复兴时期的巨人"。

3. 莎士比亚

微视频

莎士比亚

威廉·莎士比亚（1564—1616）是欧洲文艺复兴时期最重要的作家，是英国杰出的戏剧家和诗人，他在欧洲文学史上占有特殊的地位，被喻为"人类文学奥林匹克山上的宙斯"。他编写有37个剧本和许多诗篇。剧本包括喜剧，如《第十二夜》等；悲剧，如《罗密欧与朱丽叶》《哈姆雷特》等；历史剧《亨利五世》等。他亦跟古希腊三大悲剧家埃斯库罗斯（Aeschylus）、索福克勒斯（Sophocles)及欧里庇得斯(Euripides)合称戏剧史上四大悲剧家。

蒙娜丽莎

莎士比亚

微视频

新航路开辟之葡萄牙的成就

二、新航路的开辟

新航路的开辟，是指欧洲从15世纪开始，为了筹集商品经济快速发展所需的货币和资本的原始积累需要，加之奥斯曼帝国控制了亚洲和欧洲的陆上通道，从而使得欧洲新兴资产阶级对外寻找通往中国和印度的运动，而历经迪亚士、麦哲伦、哥伦布、达伽马等人的探索后，最终找到了通往亚洲的通道。新航路开辟运动影响重大，它一方面改变了各洲间基本封闭的状况，为后来欧洲的掠夺和三角贸易打下了基础，为资本主义发展提供了巨大的生产资料和市场。但另一方面，他也给美洲和亚洲等国家带来了深重的灾难，所以要从两方面看待新航路开辟运动。

1. 哥伦布

微视频

哥伦布

1451年哥伦布出生在热那亚的工人家庭，是信奉基督犹太人后裔，他确信西起大西洋是可以找到一条通往东亚的切实可行的航海路线的。他坚决要把这种设想变成现实，他终于说服了伊莎贝拉一世皇后，并为他提供航海经费，他在1492年到1502年间四次横渡大西洋，并成为到达美洲新大陆的首位西欧人。

哥伦布开创了在新大陆开发和殖民的新纪元。当时欧洲人口正在膨胀，有了这一发现，欧洲人就有了可以定居的两个新大陆，就有了能使欧洲经济发生改观的矿藏资源和原材料。

哥伦布

这一发现，导致了美国印第安人文明的毁灭。从长远的观点来看，还致使西半球上出现了一些新的国家。这些国家与曾在该地区定居的各个印第安部落截然不同，他们极大地影响着旧大陆的各个国家。他使海外贸易的路线由地中海转移到大西洋沿岸。从那以后，西方终于走出了中世纪的黑暗，开始以不可阻挡之势崛起于世界，并在之后的几个世纪中，成就海上霸业。一种全新的工业文明成为世界经济发展的主流。

2. 麦哲伦

麦哲伦，葡萄牙人，为西班牙政府效力探险。1519 年—1521 年率领船队首次环航地球，他横渡大西洋，沿巴西海岸南下，绕过美洲南端的海峡——麦哲伦海峡，进入太平洋，直到菲律宾群岛。他死于菲律宾的部族冲突中。虽然他没有亲自环球，他船上的水手在他死后继续向西航行，绕过好望角，于 1522 年回到西班牙，从而完成了环球航行，证实了地圆学说。

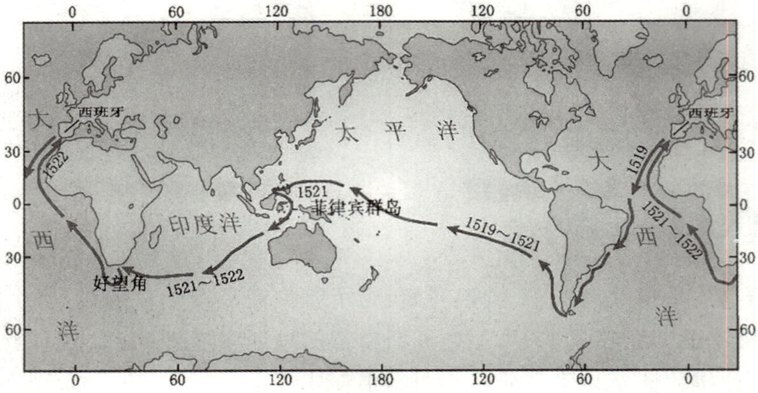

麦哲伦环球航线示意图

课堂讨论

比较哥伦布等人的航海与中国郑和的远航，有什么不同？

3. 新航路开辟的意义

第一，引起“商业革命”。由于新航路开辟，欧洲贸易范围空前扩大，西欧与世界各地区各民族之间的联系加强了，世界市场开始形成。欧洲贸易中心由地中海转移到大西洋沿岸，意大利的商业地位逐渐被西班牙、葡萄牙、英国和尼德兰所代替。

第二，引起了“价格革命”。由于西方殖民者的掠夺，大量贵金属源源涌入欧洲，造成了金银价值下降，物价猛涨。在“价格革命”过程中，新兴的工商业资产阶级获取了暴利，封建主势力衰落，劳动人民日益贫困。

第三，随着新航路的开辟，葡萄牙和西班牙最早开始了殖民扩张、掠夺。1500 年，葡萄牙船队到了巴西，宣布巴西为它的殖民地。但是，葡萄牙扩张的主要方向是非洲和亚洲。

第四，证明了地圆学说的正确性，冲击了封建神学理论，为后来西欧的思想革命奠定基础。

4. 新航路开辟的影响

积极影响：新航路开辟后，欧洲、亚洲、美洲和非洲等地的交往日益密切，欧洲大西洋沿岸工商业经济繁荣起来，促进资本主义的产生和发展。

消极影响：欧洲国家走上殖民扩张道路，殖民掠夺和侵略活动造成亚非拉国家和地区的贫穷落后。资本主义的触角开始伸向世界各地。

三、宗教改革

宗教改革是开始于欧洲16世纪基督教自上而下的宗教改革运动，该运动奠定了新教基础，同时也瓦解了从罗马帝国颁布基督教为国家宗教以后由天主教会所主导的政教体系，为后来西方国家从基督教统治下的封建社会过渡到多元化的现代社会奠定基础，因而西方史学界直接称之为“改革运动”。宗教改革期间代表人物包括马丁・路德、约翰・加尔文。

1. 马丁・路德

马丁・路德

马丁・路德(148—1546)是16世纪欧洲宗教改革的创始人。1517年，资产阶级宗教改革的代表人物马丁・路德反对免罪符，倡议宗教改革，得到广泛响应。这是西欧历史上一次大规模反对罗马神权统治的政治斗争。反对天主教会的运动高涨起来，许多地区的教会的权力被废止，建立了不受罗马管辖的新教会。这场宗教改革运动是在宗教外衣掩盖下发动的反对封建统治和罗马神权统治的政治运动。它打击了西欧的封建势力，摧毁了天主教会的精神独裁。从此西欧各国的民族文化和教育事业得以发展。

2. 加尔文

加尔文(1509—1564)，法国人，瑞士宗教改革家，新教加尔文派的创始人。从德意志开始的宗教改革迅速波及西欧各国，出现了一些新的教派，统称为新教。加尔文于16世纪30年代参加了巴黎的宗教改革运动。由于法国政府对新教徒的迫害，他逃亡瑞士，发表神学著作《基督教原理》，提出新的神学观点，否定罗马教皇权威。他还提出建立民主教会的主张，适应了新兴资产阶级激进派的要求。加尔文派是新教中的激进派，影响遍及欧洲。

四、资本原始积累

马克思曾经说过：“当我们把自己的目光从资产阶级文明的故乡转向殖民地的时候，资产阶级文明的极端虚伪和它的野蛮本性就赤裸裸地呈现在我们面前……”资本的原始积累是血腥、暴力、原始的，虽然促进了欧洲资本主义的发展，但是给非洲、拉丁美洲人民带来了灾难。

1. 殖民扩张和争夺

(1)西班牙、葡萄牙的殖民扩张。新航路开辟后，西班牙、葡萄牙最早走上殖民扩张和掠夺道路。16世纪内葡萄牙从非洲就掠夺了27万多公斤的黄金，占领马六甲时，抢走约100万金币的财富。在入侵拉丁美洲的300年中，西班牙共掠走黄金250万公斤，白银1亿公斤。

(2)英法荷的殖民扩张与荷兰的崛起。17 世纪时,荷兰已经成为欧洲资本主义国家。当时荷兰拥有的船只超过 1.5 万艘,商船超过欧洲其他国家的总和。成千上万的荷兰商船贩运着世界各地的商品,在整个 17 世纪,荷兰是世界上最强大的海上霸主,因此,被称为“海上马车夫”。

(3)英国殖民霸权的确立。英国相继打败竞争对手荷兰和法国,到 18 世纪后半期,英国成为最强大的殖民国家,号称“日不落帝国”。

英国东印度公司成立于 1600 年,是 17—19 世纪中期英国对东方(主要是对印度和中国)进行贸易垄断和殖民侵略的机构。除此之外,还参与了贩卖奴隶、毒品等勾当。不久又组成伦敦公司,开始向印度和北美殖民。

2. 殖民者的暴行

(1)赤裸裸的抢劫。其中作为英国代表的东印度公司,在 1757 年后的仅仅 60 年中,就从印度攫取了高达 10 亿英镑的财富。

(2)奴役和屠杀印第安人。美洲印第安人人数,在 1490 年约 7 500 万人,而在 1640 年仅为 600 万人。

(3)罪恶的黑奴贸易。几百年间,非洲丧失约 1 亿精壮人口,其中,从非洲运往美洲的黑人不下 1 500 万人,死于猎奴战争和贩运途中的黑人,大约相当于此数的 5 倍以上。黑奴贸易的影响:①300 多年的奴隶贸易使非洲丧失了近亿的精壮劳力,造成了非洲长期的贫穷和落后;②奴隶贩子大发横财,回到欧洲投资于工商业,促进了欧洲资本主义的发展。

第二节　英国资产阶级革命

17 世纪中期,英国爆发了资产阶级革命,为资本主义制度的确立开辟了道路。经过激烈的斗争,英国最终成为世界上最大的殖民国家。

一、背景

新航路开辟以后,由于英国处于比较有利的地理位置,海外活动便利,它积极发展海外贸易,推动了传统工业的迅速发展,手工工场在制呢、采煤、炼铁、造船等工业领域陆续建立并得到发展。资本主义兴起和发展起来。16 世纪的英国通过海外贸易和掠夺,以及圈地运动,为资本主义发展积累了资本。银行家、大商人和手工工场主势力日益壮大,成了新兴的资产阶级。那些在农村雇工经营牧场或农场的牧场主和农场主,有的也兼顾经营工业和商业,他们就是新贵族,同其他资产阶级成员有着共同的利益。当时,统治英国的都铎王朝一方面采取种种措施竭力削弱旧贵族的势力,加强专制统治;两一方面,鼓励工商业和海外掠夺,增强英国实力。16 世纪末英国打败西班牙,建立海上霸权。这一切客观上有利于资本主义的发展。

1603年，苏格兰国王詹姆士·斯图亚特继承了英国王位，开始了斯图亚特王朝的统治。詹姆士一世登台便鼓吹“君权神授”，声称国王是上帝派到人间的最高权威，有无限的权力。他曾三次解散议会，也不重视英国海上贸易和海军建设。这些政策阻碍了英国资本主义的发展，引起了资产阶级和新贵族的强烈不满。

查理一世继位后，大肆搜刮钱财，独断专行，多次解散议会，结果形成多年无议会统治的局面。加上英国王室极度腐化和严重的苛捐杂税，给人民带来沉重的负担。反对封建压迫的农民要求取消地租，获得土地，革命运动随之逐渐蓬勃兴起，越演越烈。城市平民和失业的手工业者为生活所迫时常暴动，查理一世的专制统治使英国社会的各种矛盾迅速激化。政治方面的日趋紧张，终于在1640年导致英国资产阶级革命。

二、过程

1. 1640—1642 年的议会斗争时期

查理一世为了筹集军费，镇压起义，被迫于1640年恢复长期关闭的议会。资产阶级和新贵族联合起来，利用议会同国王进行斗争，起草了《大抗议书》，抨击查理一世暴政，他们要求限制王权，取消国王的专卖权，监督国王和大臣的活动。查理一世拒绝接受《大抗议书》，最终和议会决裂。1640年，资产阶级、新贵族控制下的下议会要求限制王权，英国资产阶级革命开始。

英国内战形势图

2. 1642—1649 年的内战时期

1642年，查理一世挑起了内战，组织王军，向议会军发起进攻。1643年，克伦威尔前往英格兰东部，募集了一支主要由自耕农和城市平民组成的骑兵，在1644年的马斯顿荒原战役、1645年的纳西比战役等战役中屡次击溃王党军。内战结束后，1649年，查理一世被送上断头台处死。英吉利共和国时代开始。

查理一世走向断头台

3. 1649—1660 年的克伦威尔独裁时期

克伦威尔

1653 年 4 月 30 日，克伦威尔发动政变，解散议会。12 月 16 日，他正式宣布自己就任英格兰、苏格兰和爱尔兰的“护国主”，英吉利共和国时代结束，以克伦威尔的个人军事独裁为特色的护国政体时期开始。1658 年，克伦威尔病逝。英国重新进入混乱时期。

4. 斯图亚特封建王朝（查理二世）复辟

1660 年，斯图亚特封建王朝的查理二世复辟，他们推行反动政策，实行血腥报复，严重损害了资产阶级和新贵族的利益。

5. 光荣革命

1688 年，支持议会的辉格党人与部分托利党人邀请詹姆士二世的女儿玛丽和时任荷兰奥兰治执政的女婿威廉（后来的玛丽二世和威廉三世）回国执政，发动宫廷政变，推翻斯图亚特王朝封建统治，建立了资产阶级新贵族的统治，这次政变没有流血而获得成功，因此史称“光荣革命”。

1688 年“光荣革命”之后，为了限制王权，英国议会于 1689 年通过了《权利法案》，它以明确的条文，限制国王的权利，约束国王的作为。1689 年，《权利法案》的颁布标志君主立宪制的资产阶级统治确立。后来，议会的权利日益超过国王的权力，国王逐渐处于“统而不治”的地位。君主立宪制在英国逐渐形成和发展起来。

三、意义

17 世纪的英国资产阶级革命，推翻了封建专制的君主制，确立了君主立宪制，为英国资本主义经济的发展和资本主义政治、经济制度的建立开辟了道路。它反映了世界历史发展趋势，对欧洲和世界其他地区有广泛的影响，标志着一个新的历史时期的到来。

课堂讨论

英国资产阶级革命是一次彻底的革命吗？

第三节　美国独立战争

由于英国殖民者的压迫，美国军民历经 8 年多的抗战，完成了资产阶级革命，推翻了英国的殖民统治，建立了独立的国家和制定了宪法，为资本主义发展奠定了基础。

微视频

美国独立战争

一、英属北美殖民地的社会经济状况

1607年，英国人来到北美大西洋沿岸，开始建立第一个殖民地弗吉尼亚。经过不断拓殖，到18世纪30年代，英国人已在北美大西洋沿岸建立了13个殖民地。在此期间大批移民移居北美，其中大多数是英国人，也有不少来自欧洲其他国家，此外还有不少从非洲贩运过来的黑奴。他们为北美的开发做出了重要贡献。

经过一百多年的发展，英属北美各殖民地的经济来往日益密切，初步形成了统一的国内市场。同时，在长期的交流、融合过程中，英语成为来自各殖民地的共同语言，逐渐产生了共同的文化。在此基础上，美利坚民族开始形成。民族意识逐渐觉醒。18世纪上半期，启蒙思想在英属北美殖民地得到传播，涌现出一些杰出的思想家，如本杰明·富兰克林和托马斯·杰斐逊。英属北美殖民地的民族和民主意识日趋增强。

18世纪中期，英属北美殖民地的经济发展迅速，北部工商业发达，中部盛产小麦，南部种植园经济繁荣。北美生产的很多产品甚至能在国际市场上与英国产品一争高低。英国希望北美永远做它的原料产地和商品市场，竭力压制殖民地经济发展，并从殖民地搜刮更多的财富。殖民地人民不满英国的盘剥和束缚，双方矛盾日益尖锐，最终导致战争爆发。

二、波士顿倾茶事件与莱克星顿的枪声

为了反抗英国殖民当局的统治，殖民地人民展开积极的斗争。1773年12月的一个夜晚，一群波士顿人登上一艘来倾销茶叶的英国东印度公司商船，把茶叶倒入大海，这就是“波士顿倾茶事件”。英国政府采取高压手段进行压制，激起北美人民的强烈反对。第二年，各地代表聚集费城，召开了第一届大陆会议，商讨对付英国的办法。同时，广大人民纷纷组织民兵，准备武装斗争。

波士顿倾茶事件

波士顿倾茶事件以后，英国政府认为这是对殖民当局正常统治的恶意挑衅，为压制殖民地民众的反抗，1774年3月英国议会通过了惩罚性的法令，即《波士顿港口法》《马萨诸塞政府法》《司法法》和《驻营法》。这四项法令通称为“强制法令”，规定英军可强行进驻殖民地民

宅搜查，取消马萨诸塞的自治地位，封闭北美最大的港口波士顿港。这些法令明显地剥夺了殖民地人民的政治和司法权力，激起了他们的联合反抗，直接导致了第一届大陆会议的召开，他们拟就呈交英皇的请愿书和抵制英货的法案。1775 年 4 月，一支企图突袭民兵军火库的英军在波士顿附近莱克星顿同民兵交火。从此，北美殖民地人民争取独立的战争开始了。不久，各殖民地代表举行大陆会议，决定组建军队同英国军队战斗，华盛顿被任命为总司令。

华盛顿

三、《独立宣言》的发表

1776 年 7 月 4 日，北美第二届“大陆会议”发布了由资产阶级民主派的代表人物杰斐逊等起草的《独立宣言》。宣言列举了英王的种种罪行，宣告北美 13 个殖民地脱离英国，成为独立的美利坚合众国，后来 7 月 4 日成为美国的国庆节。

四、独立战争的胜利

微视频

美国独立战争胜利

1777 年，在萨拉托加战役中，美军打败英军，迫使英军五千多人投降。此后，法国等国家开始对美国提供军事援助。1781 年，北美英军主力退守沿海的约克镇，华盛顿请法国海军切断了英军海上逃跑路线并指挥军队从陆上对其进行两面夹击，英军不敌，予以投降。1783 年，英国承认美国独立。

五、1787 年宪法

1787 年，美国制定了第一部宪法。这部宪法规定联邦政府拥有政治、经济、军事和外交等大权，如征税、募兵、发行钱币、宣布对外战争等巩固了国家政权。它还根据三权分立学说把美国的国家职权分为司法、立法和行政三个部门，分别由国会、最高法院和总统执掌。宪法确立了美国的共和政体，规定总统和议员由人民选举产生，具有一定的民主性。同时也有一定的局限性，如它允许奴隶制的存在，不承认黑人和印第安人具有同白人一样的权利。1789 年华盛顿当选为美利坚合众国第一任总统，组成了第一届联邦政府。

六、美国独立战争的意义

北美独立战争既是一次民族解放战争，也是一场资产阶级革命。美国人民经过八年多的艰苦抗战、推翻了英国殖民统治，赢得了民族独立，建立了近代美洲的第一个独立国家。不久，美国完成了广泛的政治和社会经济改革，建立了相对民主的资产阶级政治制度，为美国资本主义的迅速发展奠定了基础。北美独立战争对法国大革命和拉丁美洲的独立运动也产生了积极影响。

课堂讨论

如果你生活在当时北美殖民地,你愿意参加此次革命吗?

第四节 欧洲启蒙运动

17、18世纪,一方面,西欧国家的资产阶级力量日益壮大,封建专制制度已经成为他们进一步发展的严重阻碍。要结束旧的制度,资产阶级首先必须做好舆论准备。另一方面,自然科学突飞猛进的发展,大大解放了人们的思想。越来越多的人开始挣脱封建迷信的束缚,他们相信,人类可以征服自然,也可以推动人类社会自身的不断进步。于是,欧洲资产阶级发动了一场反封建的思想文化运动,这是继文艺复兴以后,欧洲发生的第二次思想解放运动,历史上称启蒙运动。

一、欧洲启蒙运动背景

欧洲启蒙运动就是启迪蒙昧,反对愚昧主义,提倡普及文化教育的运动。但实质上,它是宣扬资产阶级政治思想体系的运动,并非是单纯的文学运动。它是文艺复兴时期资产阶级反封建、反禁欲、反教会斗争的继续和发展。启蒙思想家们从人文主义者手里进一步从理论上证明封建制度的不合理,从而提出一整套哲学理论。政治纲领和社会改革方案,要求建立一个以"理性"为基础的社会。他们用政治自由对抗专制暴政,用信仰自由对抗宗教压迫,用自然神论和无神论来摧毁天主教权威和宗教偶像,用"天赋人权"的口号来反对"君权神授"的观点,用"人人在法律面前平等"来反对贵族的等级特权,进而建立资产阶级的政权。

二、欧洲启蒙运动的代表人物

1. 孟德斯鸠

微视频

法国启蒙运动

孟德斯鸠(1689—1755)法国伟大的启蒙思想家、法学家。孟德斯鸠不仅是18世纪法国启蒙时代的著名思想家,也是比较早的系统研究古代东方社会与法律文化的近代欧洲学者之一。他的著述虽然不多,但其影响却相当广泛,尤其是《论法的精神》,奠定了近代西方政治与法律理论发展的基础,也在很大程度上影响了欧洲人对东方政治与法律文化的看法。他所提出的三权分立学说直到现在仍有一定的影响。

2. 伏尔泰

伏尔泰(1694—1778),法国启蒙思想家、文学家、哲学家。伏尔泰是18世纪法国资产阶级启蒙运动的旗手,被誉为“思想之王”“法兰西最优秀的诗人”“欧洲的良心”。他提倡天赋人权,认为人生来就是自由和平等的,都有追求生存、追求幸福的权利,这种权利是天赋的,不能被剥夺。他主张人一生下来就应当是自由的,在法律面前人人平等,他曾经说过:“我不能同意你说的每一个字,但是我誓死捍卫你说话的权利。”伏尔泰还尖刻地抨击了天主教会的黑暗统治,他把教皇比作“两足禽兽”,把教士称作“文明恶棍”,说天主教是“一切狡猾的人布置的一个最可耻的骗人罗网”,号召“每个人都按照自己的方式同骇人听闻的宗教狂热作斗争”。

孟德斯鸠

伏尔泰

3. 卢梭

卢梭

卢梭(1712—1778),法国著名启蒙思想家、哲学家、教育家、文学家,是18世纪法国大革命的思想先驱,启蒙运动最卓越的代表人物之一。在法国启蒙思想家中,卢梭对法国封建社会进行的批判最为严厉、激烈。卢梭是一位激进的民主主义者,他的思想精华和基本原则是人民主权思想。他认为一切权利属于人民,政府和官吏是人民委任的,人民有权委任他们,也有权撤换他们,甚至有权举行起义,消灭奴役压迫人民的统治者。这就是人民主权思想。卢梭还强调“公共意志”,认为它非常重要,公民应接受它的统治。“公共意志”的具体形式就是法律,遵守法律的行为就是自由的行为。卢梭的思想主张在法国大革命中成为罗伯斯庇尔领导的雅各宾派的理论旗帜,对欧美各国的资产阶级革命产生了深刻影响。

4. 牛顿

艾萨克·牛顿(1643—1727),英国皇家学会会长,英国著名的物理学家,百科全书式的“全才”,著有《自然哲学的数学原理》《光学》。他的成就主要体现在三个方面:在天文学上,他在 1687 年发表的论文《自然定律》里，对万有引力和三大运动定律进行了描述，这些描述奠定了此后三个世纪里物理世界的科学观点，并成为现代工程学的基础；在力学上，阐明了动量和角动量守恒的原理，提出牛顿运动定律；在数学上，创建了微积分。

牛顿

达尔文

5. 达尔文

达尔文(1809—1882)，英国生物学家。他在《物种起源》中提出"进化论"思想，第一次把生物学建立在完全科学的基础上，推翻了神创论和物种不变论，沉重打击了神权统治的根基。将神从生命的领域驱逐出去。

三、启蒙运动的影响

启蒙运动是欧洲近代第二次思想解放运动。启蒙思想家对"自由""平等"等思想的宣传，促进了人们的思想解放，为新兴的资产阶级在政治上取代封建贵族提供了有力的支援，促进了欧洲的社会进步。许多启蒙思想家的著作被介绍到中国、日本等亚洲国家，促进了这些国家的思想解放。

第五节　法国大革命和法兰西第一帝国

一、法国大革命

法国资产阶级革命从 1789 年 7 月 14 日巴黎人民武装起义攻占巴士底狱开始，到 1794 年 7 月 21 日"热月政变"宣告革命高潮的结束，中间经历了三个发展阶段。法国大革命的特点是资产阶级和人民结成联盟。

1. 三级会议

18 世纪下半期的法国仍然是欧洲大陆上的典型封建专制国家，封建等级森严。社会成员被分为三个等级：教士为第一等级，贵族为第二等级，其余人则属于第三等级。教士和贵族是特权阶级，占有广大的土地，不负担任何赋税义务。第三等级包括农民、工人、城市平民和资产阶级。法国的资本主义工商业有了一定程度的发展，但资本主义的发展受到封建专制的严重阻碍。法国的第三等级，特别是其中的资产阶级迫切希望改变现状。当时的法国政府面临着严重的财政危机。

1789 年 5 月，路易十六为解决财政危机，召开了三级会议。会上，第三等级的代表要求制定宪法，限制王权，实行改革，还要求改变陈旧的开会方法和表决方式。6 月，他们将三级会议改为国民会议，后来改为制宪会议。

2. 攻占巴士底狱

微视频

攻占巴士底狱和凡尔赛宫

路易十六表面顺应第三等级的要求，暗里调集军队准备镇压，因而激起了巴黎人民的武装起义。7 月 14 日，巴黎人民攻克了象征专制统治的巴士底狱，法国大革命由此爆发。消息传出，各地纷纷效仿巴黎，许多城市建立了新的市政机构，农民起义风起云涌。在群众的强大压力下，国王被迫屈服，大革命迈出了胜利的第一步。后来，7 月 14 日成为法国的国庆节。

攻占巴士底狱

3. 《人权宣言》

巴黎起义后，法国政权转移到大资产阶级手中，制宪会议通过了法国资产阶级革命的重要文件——《人权宣言》。《人权宣言》的主要内容包括：人类生来是而且始终是自由平等的；自由、财产、安全和反抗压迫都是不可动摇的人权；法律是公共意识的体现，在法律面前人人平等，私有财产是神圣不可侵犯的权利，等等。《人权宣言》的核心是反对封建专制和等级制度，建立符合资产阶级的自由、平等、法制的社会，具有历史进步意义。

4. 历史进程

(1)君主立宪派的统治。资产阶级代表在起义中夺取巴黎市府政权，建立了国民自卫军。国王不得不表示屈服，承认了制宪议会的合法地位。此时制宪议会实际上成为最高国家权力机关。

在议会中君主立宪派起主要作用。制宪议会通过法令，宣布废除封建制度，取消教会和贵族的特权，规定以赎买方式废除封建贡赋。1789 年 8 月 26 日通过《人权宣言》，宣布“人们生来而且始终是自由平等的”。10 月份国王再次筹划利用雇佣军推翻制宪议会失败后，王室被迫从凡尔赛宫迁到巴黎，制宪议会也随之迁来。巴黎出现一批革命团体，其中雅各宾俱乐部、科德利埃俱乐部在革命中发挥巨大作用。

1790 年 6 月，制宪议会废除了亲王、世袭贵族、封爵头衔，并且重新划分政区。成立大理院、最高法院，建立陪审制度。制宪议会还没收教会财产，宣布法国教会脱离罗马教皇统治而归国家管理，实现政教分离。

1791 年 6 月 20 日路易十六乔装出逃失败，部分激进领袖和民众要求废除王政，实行共和，但君主立宪派则主张维持现状，保留王政。7 月 16 日君主立宪派从雅各宾派中分裂出去，另组斐扬俱乐部。

9 月制宪议会颁布了宪法，规定法国为君主立宪制国家。宪法规定有产限的选举权。1789 年 9 月 30 日制宪议会解散，1789 年 10 月 1 日立法议会召开。法国成为资产阶级性质的君主立宪制国家。

法国大革命引起周边国家不安，普鲁士、奥地利成立联军攻打法国。由于路易十六的王后、奥地利皇帝的妹妹玛丽·安东尼特泄露军事机密给联军，使法国军队被打败，联军攻入法国。1792 年 7 月 11 日立法议会宣布祖国处于危急中。以无套裤汉为主体的巴黎人民再次掀起共和运动的高潮。雅各宾派领袖罗伯斯庇尔、马拉、丹敦领导反君主制运动，于 8 月 10 日攻占国王住宅杜伊勒里宫，拘禁了国王、王后，打倒波旁王朝，推翻立宪派的统治。

(2)吉伦特派的统治。1972 年 8 月起义后，代表工商业大资产阶级利益的吉伦特派控制立法议会，掌握了行政大权。立法议会在群众的压力下，宣布召开由普选产生的国民公会。它还颁布新的土地法，进一步改造封建土地制度，宣布在农村中按户分配公有土地，无偿废除“没有领主的土地”上的一切封建权利。9 月，法军赢得瓦尔密战役的胜利，制止外敌入侵。国民公会取代立法议会，它继续由吉伦特派控制。国民公会通过废除君主制、成立共和国的决议，这就是历史上的法兰西第一共和国。

1792 年 9 月 21 日，由普选产生的国民公会开幕，1792 年 9 月 22 日成立了法兰西第一共和国。1793 年 1 月 21 日，国民公会经过审判以叛国罪处死路易十六。

吉伦特派当政以后，把主要力量用于反对雅各宾派和巴黎无套裤汉。从 1792 年秋季起，人们不满他们的温和政策，要求打击投机商人和限制物价。以忿激派为代表的平民革命家要求严惩投机商，全面限定生活必需品价格。而吉伦特派却颁布法令镇压运动。

与此同时，法国军队在 1792 年 10 月后已经打到了国外。欧洲各国非常害怕，在 1793 年 2 月，普鲁士、奥地利、西班牙、荷兰、萨丁尼亚、汉诺威、英国成立了反法同盟，对法国进行武装干涉。然而吉伦特派无力抵抗外国军队，巴黎人民于 5 月 31 日—6 月 2 日发动第三次起义，推翻吉伦特派的统治，建立起雅各宾专政。

(3)雅各宾派专政。雅各宾派专政后，平定了被推翻的吉伦特派在许多地区煽起的武装叛乱。1793 年 6 月 3 日到 7 月 17 日颁布三个土地法令，使大批农民得到土地。6 月 24 日公布 1793 年宪法，这是法国第一部共和制的民主宪法，但是由于战争未能实施。7 月，改组并加强作为临时政府机关的救国委员会，并把投机商人处决。10 月底，他们把吉伦特派及其支持者斩首，包括布里索、罗兰夫人、科黛，美国革命家托马斯·潘恩也被捕入狱。1793 年底到 1794 年初将外国干涉军全部被赶出国土，国内的叛乱也基本平息。

1794 年 3 月到 4 月雅各宾内部开始了激烈的斗争。马拉被暗杀，罗伯斯庇尔以搞阴谋的罪名处死了雅各宾派中与他政见不和的丹东、埃贝尔等人，使雅各宾派趋于孤立，人民也开始反对恐怖政策。

罗伯斯庇尔

7 月，国民公会中反罗伯斯庇尔独裁的力量组成热月党，于 1794 年 7 月 27 日发动热月政变推翻罗伯斯庇尔并将他斩首。

(4)热月党人的统治。热月党人于 10 月解散国民公会，成立新的政府机构督政府。恐怖时期结束，但政局仍然不稳。从 1796 年到 1797 年，督政府派拿破仑·波拿巴远征意大利取得重大胜利，军人势力开始抬头。1797 年立法机构选举时，许多王党分子当选。督政府为打击王党势力，宣布选举无效。1798 年立法机构选举时雅各宾派的残余势力大批当选，督政府再次宣布选举无效。这种政策历史上称为“秋千政策”。

1799 年英国又组成第二次反法联盟，以西哀士为首的右翼势力要求借助军人力量控制局面。11 月 9 日拿破仑·波拿巴发动雾月政变，结束了督政府的统治，建立起临时执政府，自任执政。法国大革命高潮结束。

二、法兰西第一帝国

1. 雾月政变

微视频

雾月政变

推翻了雅各宾派统治的热月党人，代表大资产阶级的利益统治法国，1795 年成立督政府。督政府统治期间，由于内部的软弱腐败，对内不能有效的镇压保王党的叛乱，对外不能打败第二次反法同盟的进攻，因而遭受到严重危机。远在埃及的拿破仑了解到这种情况，冒险回国，依靠资产阶级银行家和军人的支持，于 1799 年 11 月 9 日和 10 日发动雾月政变，推翻了督政府，夺去了政权。

2. 法兰西第一帝国的兴亡

雾月政变以后，拿破仑大权独揽。他是一位卓越的军事家，但在政治上又是一位野心家。为了进一步扩大自己的权力，1804 年他把法兰西共和国改为法兰西帝国，历史上称为法兰西第一帝国，自己成为帝国皇帝。

(1)拿破仑政权的内政措施。建立了中央集权的政治体制；进行财政改革；创办法兰西银行，鼓励资本主义工商业的发展；强化军事独裁统治，取消了革命以来实行的地方自治制度；先后颁布《民法典》(又称《拿破仑法典》)、《商法典》和《刑法典》，确立了资本主义的立法规范；保证农民在革命时期购得的小块土地；奖励发展工业，扶植长期处于停滞的对外贸易，以关税保护法国商品的竞争能力；建立公立中学和法兰西大学，鼓励科学研究和技术教育。

(2)对外战争。1803 年以后，对外战争连续不断，拿破仑以其军事才能，在若干次大战役中，一再打败奥、普、俄、西诸国，在军事上取得辉煌战绩。1810 年左右，法兰西帝国盛极一时，控制了从波兰到西班牙，从荷兰到意大利的广大领土。但是，拿破仑的侵略野心，使法国的战争由革命性转变为侵略性，最后导致帝国的覆亡。1813 年，在德国境内的莱比锡，法军同反法联军展开决战，法军失败。第二年春，联军攻入巴黎，拿破仑退位，帝国覆亡，波旁王朝复辟。

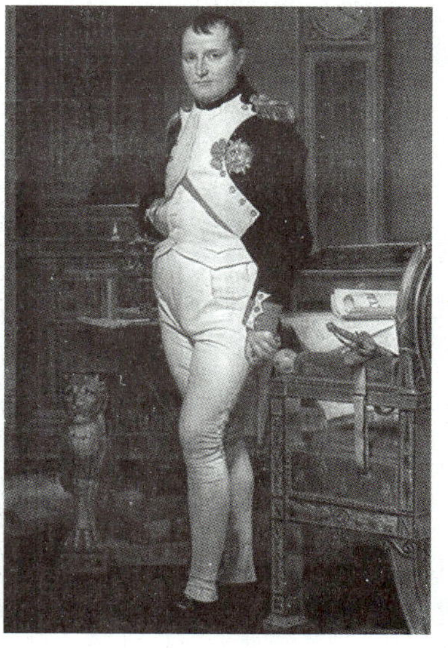

拿破仑

拿破仑进行的早期战争捍卫了法国大革命的成果，他建立的法兰西第一帝国，进一步摧毁了封建旧制度，巩固了资产阶级社会的秩序，传播了法国革命的思想，在客观上有利于欧洲封建制度的瓦解和农民的解放。拿破仑后期进行的战争侵犯了欧洲许多国家的独立，掠夺各国人民，激起了人民的反抗，导致失败。

1814—1815 年间，战胜拿破仑帝国的欧洲各国派代表在维也纳召开会议。会议由俄、英、普、奥四大国操纵。会议决定恢复欧洲旧的统治秩序，限制法国，保证欧洲均势，法国被限制在 1790 年的疆界内；按照大国的意志重新划分欧洲版图，分割海外殖民地。维也纳会议确立的欧洲统治秩序和国家体系称为维也纳体系。在维也纳体系下，欧洲封建君主们企图维护旧的统治秩序，四处镇压进步力量，践踏弱小民族利益，是一种历史的反动。但是，在维也纳体系下，各国常用召开会议的办法解决互相间的争端，在一定程度上减少了战争，客观上促进了近代国际关系的发展。

课堂讨论

请分析拿破仑事业成功的原因。

第六节　第一次工业革命

18 世纪 60 年代，英国首先爆发了工业革命。英国工业革命，首先开始于棉纺织业。在 19 世纪 30 年代到 19 世纪 40 年代期间，机器制造业实现机械化，标志着英国工业革命的完成。工业革命作为资本主义发展的必经阶段，在英国发生之后，迅速向欧洲大陆和北美扩展，法国、德意志也相继发生了工业革命。

一、英国工业革命

1. 英国工业革命的背景

微视频

英国工业革命

17 世纪中期，资产阶级统治在英国确立，为资本主义迅速发展奠定了基础；积极发展海外贸易，进行殖民掠夺，积累了资本，拓宽了市场和原料产地；推行圈地运动，获得了大量雇佣劳动力；工场手工业时期积累了丰富的生产技术知识，增加了产量，但无法满足市场的需求。18 世纪 60 年代，英国在资本主义生产中，大机器生产开始取代工场手工业，生产力得到了突飞猛进的发展。历史上把这一过程称为“工业革命”。

2. 纺纱机的发明

工业革命首先出现手工业最发达的棉纺织业。1733 年，机械师凯伊发明了飞梭，提高了织布速度；1765 年，织工哈格里夫斯发明了“珍妮纺纱机”，增加了棉纱产量。“珍妮纺纱机”的出现在棉纺织业中引发了发明机器、进行技术变革的连锁反应，揭开了工业革命的序幕。此后，棉纺织业中出现了“螺机”，水力织布机等机器。不久，在采煤、冶金等许多工业部门，都出现了机器的使用。

珍妮纺纱机

3. 瓦特和蒸汽机

随着机器生产的增多，原有动力如畜力、水力和风力等已经无法满足需要。1785 年，瓦特制成的改良型蒸汽机投入使用，提供了更加便利的动力，得到迅速推广，大大推动了机器的普及和发展，人类社会由此进入“蒸汽时代”。随着机器生产逐步取代了手工生产，新的生产组织形式——工厂出现了。工厂成为工业化生产的主要组织形式，发挥着日益重要的作用。1807 年，美国人富尔顿制成的以蒸汽为动力的汽船试航成功。1814 年，英国人史蒂芬孙发明了蒸汽机车，1825 年，他亲自驾驶着一列拖有 34 节小车厢的火车试车成功。从此，人类的交通运输也进入了一个以蒸汽为动力的时代。1840 年前后，英国的大机器生产基本取代了工场手工业，工业革命基本完成。英国成为世界上首个工业国家。

瓦特改良的蒸汽机(模型)

史蒂芬孙制造的火车机车

二、工业革命的扩展和影响

1. 工业革命的扩展

18 世纪末,工业革命逐渐从英国向欧洲大陆和北美传播,后来,扩展到世界其他地区。19 世纪中期,法国工业革命基本完成,成为当时仅次于英国的工业国家;19 世纪中期,美国工业革命完成;19 世纪早期,德意志一些地区开始工业革命;19 世纪中期前后,俄国、奥地利和日本等国也陆续开始了工业革命。

2. 工业革命的影响

工业革命不仅是一次技术革命,也是一场深刻的社会变革,对人类社会的各个方面都产生了极其深远的影响。

(1)工业革命极大地提高了生产力,巩固了资本主义各国的统治基础。

(2)工业革命引起了社会结构的重大变革,使社会日益分裂为两大对立阶级——工业资产阶级和无产阶级。

(3)工业革命还促进了近代城市的兴起。

机器时代的"享受"

(4)工业革命大大密切了世界各地之间的联系，改变了世界的面貌，最终确立了资产阶级对世界的统治。

(5)率先完成了工业革命的英国，很快成为世界霸主，奴役殖民地人民，加剧了当地的贫困落后，是东方从属西方的开始。同时，他们也在客观上传播了先进的生产技术和生产方式，猛烈冲击着旧思想和旧制度。

课堂讨论

说一说，在第一次工业革命中，除了课本中所讲的发明创造之外，还有哪些新的技术、产品的出现？

第七节　马克思主义的诞生和巴黎公社

随着资本主义的发展，阶级矛盾日益尖锐，马克思、恩格斯担当了创立科学社会主义，从此无产阶级进行斗争有了科学理论的指导。巴黎公社丰富了马克思主义学说，证明了科学社会主义的正确性。

一、马克思主义的诞生

19世纪早期，资本主义制度的种种弊端日益暴露出来。1825年英国爆发了周期性的经济危机，这是第一次资本主义经济危机，是资本主义生产社会化和生产资料私人占有之间的矛盾造成的，资本主义制度解决不了这一根本矛盾。马克思主义在19世纪40年代产生于西欧，当时西欧资本主义已有相当发展。英、法、德三国是其发源地。因为当时英、法、德等国已经或正在实现产业革命，生产力和科学技术达到前所未有的水平。

马克思

恩格斯

英国宪章运动、法国里昂工人起义和德国西里西亚纺织工人起义标志着无产阶级已经作为独立政治力量登上历史舞台。《共产党宣言》的问世标志着马克思主义的诞生，从此，无产阶级进行斗争有了科学理论的指导。《共产党宣言》吸收和改造了人类思想文化的一切优秀成果，特别是18世纪中期和19世纪上半叶的社会科学和自然科学的成果。它的主要理论来源是德国古典哲学、英国古典政治经济学和英法空想社会主义。此外，法国启蒙学者的思想和法国复辟时期历史学家的阶级斗争学说，它也为科学社会主义理论提供了有益的思想资料。19世纪科学技术的新成果，特别是细胞学说的确立，能量守恒和转化规律的发现，进化论的新发展为马克思主义的产生奠定了坚实的自然科学基础。

1842—1844年间，马克思与恩格斯积极投身于现实的政治斗争、工人运动和科学研究，转变为无产阶级知识分子、唯物主义者和共产主义者。从1844年起合著《神圣家庭》《德意志意识形态》，并分别著有《英国工人阶级状况》《哲学的贫困》等书，阐明无产阶级的新世界观。1848年2月出版的《共产党宣言》，第一次对无产阶级的思想体系作了系统的表述，这标志着马克思主义的诞生。在他们以后的活动中，继续丰富了马克思主义。马克思主义一词，是在1883年3月马克思逝世后，才被作为无产阶级思想体系的代表而逐步流行起来的。

微视频

马克思

二、巴黎公社

微视频

巴黎公社

巴黎公社是在1871年法国大革命中无产阶级建立的工人革命政府，也是世界历史上第一个无产阶级专政的政权。成立于1871年3月18日(正式成立的日期为同年的3月26日)，由于历史条件的限制失败于1871年5月28日，历时72天。

1. 巴黎公社的产生

1870年，法国在同普鲁士的战争中遭到惨败，巴黎人民发动起义，推翻了第二帝国的统治，建立了共和国，即法兰西第三共和国，资产阶级掌握了政权。资产阶级临时政府对逼近巴黎的普鲁士军队采取了屈膝投降的态度。

1871年2月，同德国(当时普鲁士隶属于德意志的一个邦联国)草签了条约，同意向德国赔款50亿法郎，并割让阿尔萨斯全省和洛林省的一部分给德国。同时，调集军队，准备解除巴黎人民国民自卫军的武装。

1871年3月18日凌晨，政府军企图夺取巴黎市内的蒙马特尔高地和梭蒙高地时，被人发现。巴黎人民奋起反击，当晚就占领了城内的战略要地，临时政府总理梯也尔狼狈逃出巴黎，迁往凡尔赛。不久，巴黎公社成立，它是第一个无产阶级政权的雏形。巴黎公社的领导人许多是第一国际的成员。

2. 巴黎公社的意义

巴黎公社是世界上无产阶级武装暴力直接夺取城市政权的第一次尝试。它丰富和发展了马克思主义关于阶级斗争和社会主义的学说，在国际共产主义运动上写下了光辉、伟大而悲壮的一页。

巴黎公社运动

巴黎公社殉难处

由于当时的政治经济条件所限，世界范围内的资本主义正处于上升和大发展的时期，资产阶级正与封建势力作最后阶段的斗争，发生于资本主义大工业初期阶段的这次无产阶级起义无法实现其推翻资本主义统治、实现科学社会主义的愿望。但是，作为一次壮举，它带给我们教育和反思。它深刻地表明，资本主义社会的民主，只是资产阶级内部的民主，当无产阶级的斗争威胁到了资产阶级的利益和安全时，资产阶级会毫不犹豫地把无产阶级投入血泊之中。

课堂讨论

想一想，马克思主义诞生后，对世界历史发展有些什么影响？你能举出一些例子吗？

第八节　沙皇俄国的改革

沙皇俄国的改革是一场自上而下的资产阶级性质的改革，缓和了国内的矛盾，促进了资本主义的发展和社会的进步，使俄国走上了富强的道路。

一、彼得一世的改革

1. 背景

微视频

彼得一世

17 世纪末，荷兰、英国已经建立了资本主义制度，经济发展迅速，成为欧洲强国，资本主义的工场手工业和海外贸易在推动经济发展方向上的作用非常明显。因此，欧洲一些开明的封建君主也纷纷进行改革，采取有利于发展工场手工业和海外贸易的措施，以便增强国力，巩固自己的统治地位。

17 世纪，俄国已经出现了资本主义工场手工业，但发展极其缓慢，经济远远落后于西欧国家。这种落后状况，严重阻碍着俄国社会的发展。统治阶级中的有识之士，也看出这种落后状态对俄国的严重危害，也曾有人试图进行改革，但未能大胆果断地进行，因而成效甚微。

彼得一世执政后，凭借其至高无上的政治权力，毅然决然地抛弃俄国自大守旧的传统，亲自率团出国考察，学习西欧，实行了自上而下、大胆果断的全面改革。

2. 内容

(1)改革军事，加强国防，夺取出海口。实行义务兵役制。学习先进军事技术和指挥。

(2)改革和健全国家行政机构。

(3)实行宗教改革，加强皇权。

(4)改革和发展文化教育事业。

(5)兴办近代工业，改变俄国经济落后面貌。

(6)扶植商业，发展贸易，提高商人政治地位。俄国商业贸易迅速发展起来。

3. 结果

彼得一世改革对俄国社会发展产生了深远的影响，把俄国推进到一个新的历史时期。这次改革促进了经济发展，加强了军事力量，巩固了贵族地主和商人的权力，为沙皇俄国的进一步侵略扩张创造了物质条件。同时，改革也强化了农奴制度。

二、1861 年农奴制改革

19 世纪上半期，俄国的资本主义有了一定的发展，工厂手工业已达到相当规模，国内外市场进一步扩大。大商人、富农和一部分经营商品化农业和工厂手工业的地主贵族，积累了大量的资本。

微视频

俄国农奴制改革

1. 背景

(1)经济：农奴制严重阻碍俄国资本主义发展，农民被束缚在土地上，无法满足工业对自由劳动力的需求。农奴的贫困化严重限制了国内市场的扩大，进而影响到企业的扩大再生产。

(2)政治：沙皇强化农奴制，导致阶级矛盾尖锐，农奴起义不断。

(3)思想：1825 年 12 月，“十二月党人”发动起义，冲击了俄国社会。19 世纪中期，进步文学家的文学作品宣传了启蒙思想，动摇了封建思想的基础。

(4)军事：克里米亚战争的失败，暴露了农奴制的弊端，加剧社会矛盾，推动农奴制改革。

2. 目的

维护贵族和地主的利益；防止自下而上的人民革命运动的发生；维护和巩固动摇的沙皇专制统治；发展资本主义工业和农业，缓解社会矛盾；增强抵御西欧国家扩张的能力。

3. 内容

1861 年，沙皇亚历山大二世签署了废除农奴制的法令，规定农奴在法律上有人身自由，有权拥有财产、担任公职和工商业，地主不能买卖农奴和干涉农奴的生活。规定土地仍然归属地主所有，农奴可以得到一定数量的份地，但必须出钱向地主赎买。

4. 性质和影响

1861 年的改革是沙皇实行的一次自上而下的资产阶级性质的改革。废除了农奴制，为俄国资本主义发展提供了必要的劳动力、国内市场、资金以及相对稳定的社会环境，加快了俄国资本主义发展的步伐。从此，俄国开始从农奴制时代进入了一个崭新的历史发展阶段。但这次改革很不彻底，农奴制残余在俄国社会、政治、经济、生活领域中仍大量存在，民主革命依然是俄国社会发展所面临的历史使命。

课堂讨论

你认为应该怎样认识俄国废除农奴制的改革？

第九节　美国南北战争

1861—1865 年，美国爆发了南北战争，这场战争爆发的根本原因是南北两种不同社会制度尖锐化的结果。美国南北战争对于世界民主运动和工人运动产生了积极影响。

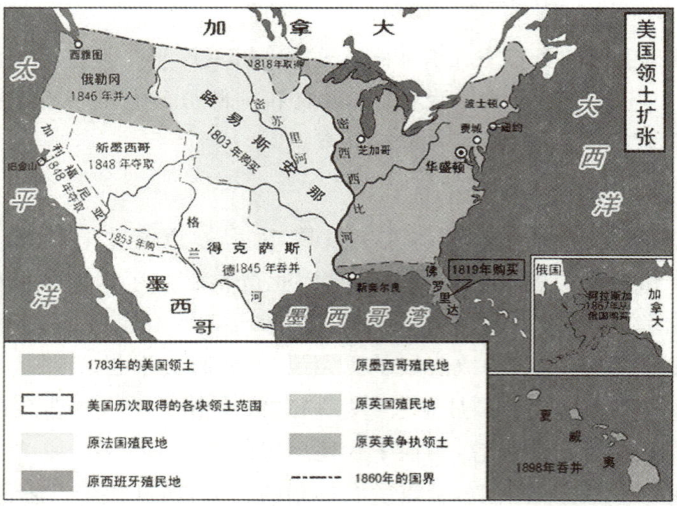

美国领土扩张概况图

一、南北矛盾激化

美国独立战争以后，存在着两种主要的经济形式，即北方的资本主义工商业经济和南方的奴隶种植园经济。这两种经济形式虽然都属于资本主义经济，但在很多方面存在很大差异。19 世纪中期，美国南北方的经济以不同方式迅速发展，但矛盾也随之日益显露和不断激化。北方工商业资本家要求保护国内市场和原料，扩大工业品出口，同时提高关税，限制工业品进口，希望废除奴隶制，增加只有劳动力，在西部建立"自由州"，南方种植园主为了谋取高额利润，把棉花等原料大批销往英国，并从英国输入大量工业品。他们还力主降低关税，扩大进口，扩充奴隶数量，在西部扩展奴隶制。双方的矛盾焦点在奴隶制的废存问题。

19 世纪上半期，美国经济得到了迅速发展。到 1860 年，美国的工业总产值跃居世界第四位，铁路总长达 4.8 万千米，居世界第一位。英国棉纺织业飞速发展，需要大量棉花，这为美国南方的植棉业提供了广阔的市场，扩展棉花种植园成为十分有利可图的事情。奴隶主为了赚取更多的利润，拼命贩入奴隶，还力图增加"蓄奴州"的数目。结果，南部黑人人口激增，1860 年达到近 400 万人，约占南部人口总数的 45%。黑人奴隶为了挣脱奴隶制的枷锁，进行了持续不断的英勇斗争。

1859 年 10 月 16 日，约翰·布朗领导十几个白人和黑人发动起义，在弗吉尼亚州的哈帕斯渡口发起进攻，占领了军火库，并派人解放了附近种植园的奴隶。由于众寡悬殊，起义被镇压，约翰·布朗也因受伤被俘牺牲。这次起义把废奴运动推向了高潮，也预示着黑人奴隶的存废问题已经到了必须解决的时候了。

课堂讨论

想一想，为什么说美国内战爆发的原因是奴隶制的废存问题？

二、战争爆发

1860 年，美国举行总统选举，成立不久的共和党代表北方资产阶级利益，击败了代表南方种植园主利益的民主党，获得胜利，主张限制奴隶制的共和党候选人林肯当选为总统，这成为南方奴隶主发动叛乱的借口。

1861 年，南方一些州宣布建立南部联盟，公开分裂国家。接着，南方军队挑起战争，美国内战爆发，史称"南北战争"。

林肯

三、《解放黑人奴隶宣言》

南北战争开始后，南方蓄谋已久，准备充分；北方却幻想妥协，战备松懈，节节失利。为了摆脱困境，争取战争胜利，1862 年，林肯政府通过了《宅地法》。该法规定美国公民只要交付 10 美元的手续费，就可以在西部获得一块相当于 64 公顷的土地，连续耕种 5 年，这块土地就成为私有财产。接着又颁布了《解放黑人奴隶宣言》，规定从 1863 年 1 月 1 日起，叛乱各州的奴隶获得自由，并可以参加联邦军队。这两个法令的公布激发了人民群众和黑人奴隶的革命积极性，很快扭转了战争的形势。1863 年，在葛底斯堡战役中，北方军队获胜，开始掌握战争主动权。1865 年春，南方军队投降，美国南北战争结束。

微视频

解放黑人奴隶宣言

四、南北战争的性质与影响

美国南北战争是美国历史上的第二次资产阶级革命，它维护了国家统一，废除了黑人奴隶制度，为资本主义的进一步发展扫清了障碍，使美国经济在19世纪后半期迅速赶上并超过了英、法等先进资本主义国家。但是，南北战争并没有彻底消除种族歧视，黑人仍然受到不平等待遇。

第十节　日本明治维新

日本在近代，由于列强的侵略，被迫改变了闭关锁国的状态，开始接受西方的先进文化。日本的明治维新是一次资产阶级性质的革命，使得日本走上资本主义发展道路，但是由于它的不彻底性，保留了大量封建残余。

★ 微视频

日本明治维新

一、日本开国

646年的大化革新使日本由奴隶社会进入封建社会，国名由大和正式改称日本国，经过半个世纪的斗争，日本完成了向封建社会的转变。从12世纪末进入幕僚府统治时期，天皇成为政治傀儡，日本开始了军事贵族专政。

二、明治维新

1. 历史背景

19世纪中期，日本仍处在小农经济的封建社会，天皇并无权威，大权掌握在德川幕府手中。德川幕府在日本推行“闭关锁国”政策，将日本通向世界的大门死死关上。在外国人中仅有中国和荷兰的商人可以在唯一的开放口岸——长崎从事商业活动，国民没有信仰自由。

社会生产力低下，人民生活困苦，幕府的统治者们却仍在加大盘剥和压榨。随着欧美侵略者的相继入侵，日本又陷入更为深重的民族危机。国内外矛盾日趋激化，面临重重危机的日本，急需一场革命来摆脱这种困境。不堪忍受幕府统治和外国侵略者压迫的日本民众纷纷要求“富国强兵”。他们拿起武器，开展了轰轰烈烈的“倒幕”运动。

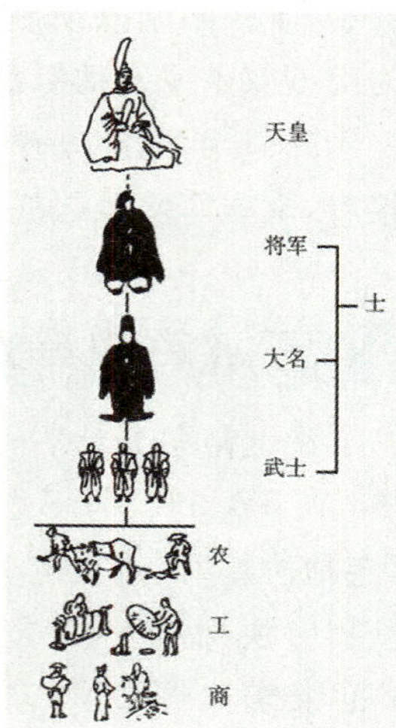

日本封建等级示意图

2. 武装倒幕

1863年6月，幕府被迫宣布“攘夷”，随之发生了美、英、荷、法四国军舰炮击下关，英国舰队进攻萨摩藩的事件。1865年春，长州藩尊王攘夷派领袖高杉晋作提出开港讨幕的战略，决定不再提攘夷，转向武装倒幕，并与萨摩藩结成秘密军事同盟。与此同时，英国也权衡利害，改变策略，援助倒幕派。幕府方面则投靠法国，于1866年7月发动第二次征讨长州藩的战争。此时人民起义风起云涌，沉重打击幕府。长州藩联合倒幕势力英勇抗击，同年9月迫使幕府撤军。

1867年孝明天皇死，太子睦仁亲王（明治天皇）即位，倒幕势力积极结盟举兵。11月8日，天皇下达讨幕密敕。9日幕府将军德川庆喜奏请"奉还大政"。1868年（戊辰年）1月3日，天皇发布《王政复古大号令》，废除幕府，令德川庆喜"辞官纳地"。8日及10日，德川庆喜在大阪宣布"王政复古大号令"为非法。1月27日，以萨、长两藩为主力的天皇军5 000人，在京都附近与幕府军1.5万人激战（鸟羽、伏见之战），德川庆喜败走江户。戊辰战争由此开始。天皇军大举东征，迫使德川庆喜于1868年5月3日交出江户城，至11月初平定东北地区叛乱诸藩。1869年春，天皇军出征北海道，于6月27日攻下幕府残余势力盘踞的最后据点五稜郭（在函馆），戊辰战争结束，日本全境统一。1877年，西南战争爆发，这场战争是倒幕运动的尾声，也是日本资产阶级革命余波。随着西南战争中萨摩军的失败，由天皇操纵、主导政权的封建军国主义国家建立，标志着日本资产主义革命的结束。

3. 明治维新的内容

明治天皇

以天皇为首的新政府，于1868年4月6日发布具有政治纲领性的《五条誓约》，6月11日公布《政体书》。9月3日天皇下诏将江户改称东京。10月23日改年号为明治。1869年5月9日迁都东京。并颁布一系列改革措施。1869年6月，明治政府强制实行"版籍奉还""废藩置县"政策，将日本划分为3府72县，建立中央集权式的政治体制，且天皇拥有无限权力。

社会体制方面，废除传统时代的士、农、工、商身份制度，将过去的公卿诸侯等贵族改称为"华族"，大名以下的武士改为"士族"，其他从事农工商职业和贱民一律称为"平民"。为减轻因"版籍奉还"而连带的财政负担，政府通过公债补偿形式，逐步收回华族和士族的封建俸禄。此外亦颁布武士《废刀令》，以及建立户籍制度基础的《户籍法》。

明治初期的小学课堂

社会文化方面，提倡学习西方社会文化及习惯，翻译西方著作。历制上则停用阴历，改用太阳历计日（年号除外）。

教育方面，发展近代资产阶级性质的义务教育，此外还选派留学生到英、美、法、德等先进国家留学。

军事方面，实行军事改革。推行征兵制，建立一支富于武士精神，绝对效忠天皇的新式军队，积极准备对外侵略扩张。

交通方面，改善各地交通，兴建新式铁路、公路。1872 年，第一条铁路——东京（新桥）至横滨（樱木町）间铁路通车。到了 1914 年，日本全国铁路总里程已经超过 7 000 公里。

司法方面，仿效西方制度，于 1882 年订立法式刑法，于 1898 年订立法、德混合式民事法，于 1899 年订立美式商法。

宗教方面，基于政治理由，政府大力鼓励神道教，因为其宣扬忠于天皇的思想，对天皇统治国家有一定的帮助。同时亦容许其他宗教的存在，1873 年日本取消基督徒传教的禁令。

另外，明治政府还引进西方近代工业技术。改革土地制度，废除原有土地政策，许可土地买卖，实施新的地税政策。废除各藩设立的关卡。统一货币，并于 1882 年设立日本银行（国家的中央银行）。撤销工商业界的行会制度和垄断组织，推动工商业的发展。

三、明治维新成功原因

封建专制统治相对薄弱，使得倒幕派的力量能够迅速壮大；倒幕派掌握了较强的实力，推翻了幕府统治；倒幕派建立政权后，实行行之有效的改革措施；西方列强忙于侵略中国，使日本获得了一个相对宽松的国际环境。

四、明治维新的历史意义和局限性

1. 历史意义

明治维新使日本迅速崛起，通过学习西方，改革落后的封建制度，走上了发展资本主义的道路。同时，日本废除了不平等条约，摆脱了民族危机，成为亚洲唯一能保持民族独立的国家。但明治维新具有不彻底性，在各方面保留了大量旧日本时代的封建残余。后来，日本走上了对外侵略的道路，跻身于世界资本主义列强的行列。

2. 历史局限性

第一，虽然废除领主土地所有制，承认土地私有，但随着工业化的深入，地主所有制消极的一面逐渐显现出来，农民生活贫困，严重影响了国内市场的扩大，制约了工业发展。

第二，出现了极端民族主义和军国主义，给亚洲各国带来了深重灾难。

第三，明治宪法颁布后，藩阀长期以天皇名义垄断政权，议会形同虚设，人民没有获得民主权利。

第四，推行愚民政策，灌输天皇崇拜思想，强制民众绝对服从天皇，为天皇尽忠卖命。

课堂讨论

发生于 19 世纪中后期的日本明治维新与发生于 19 世纪末的中国戊戌变法，为什么一个成功、一个失败？

第十一节 垄断资本主义和近代欧洲文化艺术

19世纪后期兴起的第二次工业革命，极大地推动了世界各主要资本主义国家经济和政治的发展，伴随着各国工业的勃兴和竞争的加剧，生产日益集中并产生了垄断组织。19世纪末20世纪初，英、法、美、德、俄、日等国先后确立了垄断资本的统治地位，由自由资本逐步过渡到垄断资本主义阶段，即帝国主义阶段。19世纪以来，欧洲的政治、经济、文化、思想等方面均经历了翻天覆地的变化，文化艺术作为现实生活的一面镜子，生动地反映了这一系列的社会变迁。其中涌现出许多著名的代表人物。

微视频

第二次工业革命

一、第二次工业革命

1. 第二次工业革命过程

第二次工业革命以电力的广泛应用为显著特点。从19世纪六七十年代开始，出现了一系列电器发明。科学技术的突出发展表现在四个方面，即电力的广泛应用、内燃机和新交通工具的创制、新通信手段的发明和化学工业的建立。1866年德国人西门子制成发电机，1870年比利时人格拉姆发明电动机，电力开始用于带动机器，成为补充和取代蒸汽动力的新能源。电力工业和电器制造业迅速发展。人类跨入了“电气时代”。

第二次工业革命成果

2. 第二次工业革命主要特点

第二次工业革命同第一次工业革命相比，具有以下三个特点：

首先，自然科学开始同工业生产紧密结合起来，科技发展促进技术革新，进而推动生产力的发展，科学技术成为推动生产力发展的直接动力。

其次，第二次工业革命几乎在几个先进国家同时进行，其规模更大，范围更广，发展更迅速。

最后，在一些后起的国家，两次工业革命同时发生，能充分利用其成果，加速经济的发展。

3. 第三次工业革命的主要成就

(1)迈克尔·法拉第发现电磁感应现象。

(2)电力的广泛应用。西门子(德国)：发电机，格拉姆(比利时)：电动机，爱迪生(美国)：电灯。

(3)内燃机和新交通工具的创制。卡尔·本茨(德国)：内燃机及内燃机驱动的汽车，莱特兄弟(美国):飞机。

(4)电讯事业的发展。贝尔(美国,原籍英国):电话,莫尔斯(美国):有线电报,马可尼(意大利):无线电报。

(5)化学工业的建立。诺贝尔(瑞典):炸药(塑料、人造纤维)。

莱特兄弟的飞机

二、第二次工业革命的代表人物

1. 法拉第

法拉第(1791—1867),英国物理学家、化学家,自学成才的科学家。生于萨里郡纽因顿一个贫苦铁匠家庭,仅上过小学。1831 年,他发现了电磁感应定律。这一划时代的伟大发现,使人类掌握了电磁运动相互转变以及机械能和电能相互转变的方式,成为现代发电机、电动机、变压器技术的基础。另外,在电化学方面,经过多次精心试验,法拉第总结了两个电解定律,这两个定律均以他的名字命名,构成了电化学的基础。他将化学中的许多重要术语给予了通俗的名称,如阳极、阴极、电极、离子等。法拉第的贡献惠及每个人,把人类文明提高到空前高度。

法拉第

爱迪生

2. 爱迪生

爱迪生(1847—1931),美国发明家、物理学家、企业家。爱迪生拥有知名重要的发明专利超过 2 000 项。他是人类历史上第一个利用大量生产原则和电气工程研究的实验室来进行从事发明专利而对世界产生重大深远影响的人。

他的四大发明是留声机、电灯、电力系统和有声电影,丰富和改善了人类的文明生活。在美国,爱迪生名下拥有 1 093 项专利,而他在英国、法国、德国等地的专利数累计超过 1 500项。

3. 卡尔·本茨

卡尔·本茨(1844—1929)是世界汽车工业的先驱者之一,是德国奔驰汽车公司的创始人,被称为“汽车鼻祖”。奔驰 1 号三轮汽车于 1886 年 1 月 29 日获汽车制造专利,这一天被公认为汽车的诞生日。

卡尔·本茨作为世界公认的汽车之父,他不仅通过一生的奋斗成就了自己的辉煌事业,更为人类加快生活的脚步做出了杰出的贡献。

课堂讨论

想一想,如果没有电,我们生活将会怎样?在没有电灯之前,我们的先人在夜晚采用哪些方法照明?可能会出现什么问题?

三、垄断组织

1. 垄断组织的产生

在第二次工业革命的推动下,资本主义经济开始发生重大变化,生产和资本高度集中产生了垄断,到 19 世纪晚期,主要资本主义国家都出现了垄断组织。垄断组织的形式主要有卡特尔、辛迪加、托拉斯。

2. 垄断组织的影响

(1)垄断组织的出现,是生产力发展的结果,它产生后在一定程度上促进了生产的发展,它使企业的规模进一步扩大,劳动生产率进一步提高。

(2)垄断资本家越来越多地干预国家的经济、政治生活,资本主义国家逐渐成为垄断组织利益的代表者。垄断组织还跨出国界,形成国际垄断集团,要求从经济上瓜分世界,促使资本主义国家加紧了对外侵略扩张的步伐。

(3)19 世纪末 20 世纪初,主要资本主义国家美、德、英、日、俄等国相继进入帝国主义阶段。

四、殖民地被瓜分完毕

19 世纪末 20 世纪初，亚洲绝大部分地区都已沦为殖民地或半殖民地。非洲的绝大部分成为殖民地。拉丁美洲除原有的殖民地外，其他宣布过独立的国家，实际上也成为依附于英美等国的半殖民地。这样，帝国主义国家已经奴役和控制了世界上的大部分土地和人口，资本主义世界殖民体系最终形成。资本主义世界殖民体系是资本主义世界体系的重要组成部分。资本主义世界殖民体系的最终形成，标志着资本主义世界体系的最终确立。

五、近代欧洲文化艺术的繁荣

1. 托尔斯泰

托尔斯泰(1828—1910)，俄国批判现实主义文学最伟大的代表。出身于贵族家庭，曾求学于喀山大学，1852 年参加了一场战斗，同年发表其第一部作品《童年》。他的主要创作是从 1861 年俄国农奴制改革到 1905 年俄国第一次资产阶级革命，这正是俄国社会大变动时期。代表作有《战争与和平》《安娜・卡列尼娜》《复活》。《战争与和平》描绘俄国广阔的社会生活画面，歌颂俄国人民的爱国热情和英勇抗击拿破仑侵略者斗争精神。《复活》是托尔斯泰的晚期代表作。通过男女主人公的遭遇淋漓尽致地描绘出一幅幅沙俄社会的真实图景。

因为托尔斯泰的作品描写了俄国社会各阶层的生活图景，深刻揭露了 19 世纪末到 20 世纪初俄国社会的基本矛盾，所以，列宁称托尔斯泰为“俄国革命的镜子”。

复活

战争与和平

2. 梵高

微视频

梵高的星空

梵高(1853—1890),19世纪荷兰著名画家,后印象画派代表人物,19世纪人类最杰出的艺术家之一。代表作有《老人肖像》《麦田里的农妇》《罂粟花》《瓶与花》《红色的葡萄园》《向日葵》。《向日葵》画面艳丽而又和谐、优雅,每朵葵花好似燃烧的火焰,花瓣叶则像跳跃的火苗。画家运用有力的笔触和强烈的色彩对比来表达他对生活的无比热爱。

梵高

贝多芬

3. 贝多芬

微视频

贝多芬简介

贝多芬(1770—1827),西方伟大的作曲家,又是一位资产阶级革命运动的热情歌颂者。他前承莫扎特晚期错综复杂的音乐性格,后推舒曼、李斯特、勃拉姆斯等作曲家的浪漫主义音乐浪潮,因此被尊称为“乐圣”,在世界交响音乐界有着极其崇高的地位。他创作了大量作品,其中包括9部交响曲,32部钢琴奏鸣曲,5部钢琴协奏曲,10部钢琴小提琴奏鸣曲,一系列弦乐四重奏曲、声乐曲、剧乐曲以及许多其他乐曲。代表作:《英雄交响曲》《命运交响曲》《田园交响曲》《欢乐颂》《致爱丽丝》。

同步练习

一、选择题

1. 布克哈特在《________文艺复兴时期的文化》一书中这样说:“在中世纪,人类意识的两方面——内心自省和外界观察都一样,一直处在一层共同的纱幕之下……在________,这层纱幕最先烟消云散。”据你判断,横线上应该填写的国家是 ( )

A. 德国　　B. 意大利

C. 英国　　D. 法国

2. “他至死都认为他到了印度，但事实上他到达的是一块欧洲人从来都不知晓的新大陆”。这句话中的“他”是 ( )

A. 达·伽马　　B. 哥伦布

C. 迪亚士　　D. 麦哲伦

3. 17、18 世纪先后发生了英国资产阶级革命、美国独立战争、法国大革命，这三次革命的共同点不包括 ( )

A. 都推翻了封建统治，处死了国王

B. 都具有资产阶级革命性质

C. 都促进了资本主义的发展

D. 都建立了资产阶级统治

4. 小海同学将某一历史人物的主要事迹及贡献概括为：“军队统帅、战功显赫；拒戴王冠、甘为布衣，宪法立国、美国奠基，道德操守、百世流芳。”据此可知，该历史人物是 ( )

A. 华盛顿　　B. 拿破仑

C. 林肯　　D. 玻利瓦尔

5. “对人性的认识和对人权的主张，席卷了整个 18 世纪的欧洲。”这场思想运动最终演变成了一系列的革命行动，这些革命行动包括下面的 ( )

A. 英国资产阶级革命　　B. 工业革命

C. 法国资产阶级革命　　D. 十月革命

6. 希腊在希波战争中的胜利，使希腊文明得以留存；亚历山大的扩张，促进了东西方的交流与融合；拿破仑以战争手段涤荡了德意志诸邦和意大利诸国的封建制度，为资本主义在欧洲的发展创造了条件。根据上述材料你能得出的结论是 ( )

A. 从某种意义上说，战争也承担了创造的角色

B. 战争给人类带来的就是毁灭

C. 和平交流促进了不同文明的融合

D. 个人的军事才能是决定战争胜负的最主要因素

7. 1857 年，美国人约翰逊·沃克从纽约出发到英国伦敦，他乘坐的交通工具应为 ( )

A. 飞机　　B. 汽车

C. 汽船　　D. 火车

8. 右图反映了英国的经济变化，导致这种变化的主要原因是 ( )

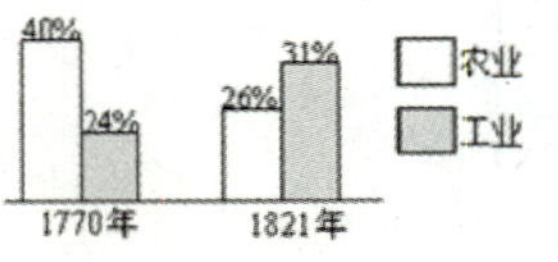

A. 资产阶级革命胜利　　B. 拥有世界市场

C. 原料产地遍布全球　　D. 工业革命推动

9. 下列事件排序正确的是 ( )

①罗伯斯庇尔执政　②《人权宣言》的发表　③处死路易十六　④法兰西第一共和国成立

A. ①②③④　　B. ②①④③　　C. ②④③①　　D. ①②④③

10. 某同学在欣赏一部外国影片时，看到这样一个场景，一群工人在集会中手拿小册子，高呼："我们也要选举权！"这是世界上第一次群众性的、政治性的无产阶级革命运动，其名称是 ( )

A. 法国大革命　　B. 巴黎公社

C. 英国宪章运动　　D. 十月革命

11. "让统治阶级在共产主义革命面前发抖吧！无产阶级在这个革命中失去的只是锁链，他们获得的将是整个世界。"《共产党宣言》的发表标志着 ( )

A. 马克思主义的诞生

B. 第一个无产阶级政权的建立

C. 工业革命的开始

D. 第一个社会主义国家的建立

12. "起来，饥寒交迫的奴隶，起来，全世界受苦的人！满腔的热血已经沸腾，要为真理而斗争！……"与这一雄壮的旋律有直接联系的事件是 ( )

A. 英国的宪章运动　　B. 法国的巴黎公社

C. 俄国的十月革命　　D. 印度民族大起义

13. 美国独立战争与英国资产阶级革命相比，最大的特点是 ( )

A. 革命前，资本主义经济发展受到阻碍

B. 革命过程中没有反复

C. 革命的主要任务是推翻殖民统治

D. 有利于国内资本主义经济发展

14. 下表是19世纪六七十年代俄国机器制造业统计表，导致其变化的主要原因是俄国 ( )

时间	企业数	工人数量	产值(千卢布)
1860年	99	11 600	7 954
1879年	287	42 000	51 937

A. 推翻了沙皇统治　　B. 进行了社会主义革命

C. 实行了"五年计划"　　D. 废除了农奴制

15. 19世纪末，日本著名思想家福泽谕吉提出"我国不可犹疑，与其坐待邻国之进步而与之共同复兴东亚，不如脱其行伍，而与西洋各文明国家共进退。"在明治维新过程中，日本向"西洋各文明各国"学习的内容是 ( )

①天皇制度　　②科技技术　　③生活方式　　④学校教育

A. ①②③　　B. ①②④

C. ②③④　　D. ①③④

16. 在美国南北战争爆发后，北方军队虽然士气高昂，作战勇敢，在战争初期却一再失利，请问北方军队战争失利的原因有 ( )

①准备不足　　②军队人数少　　③缺乏优秀将领　　④指挥严重失误

A. ①②③
B. ②③
C. ①③
D. ②③④

17. 2011 年 3 月 19 日，美、英、法等国联手，对利比亚发动代号为“奥德赛黎明”的空袭，利比亚战争由此拉开帷幕。美国等西方国家对利比亚这么感兴趣，其核心利益就在于石油。石油开始成为重要的能源是在 ( )

A. 文艺复兴期间
B. 新航路开辟期间
C. 第二次工业革命期间
D. “一战”期间

18. 马克思曾预言：“自然科学正在准备一次新的革命。蒸汽大王在前一世纪中翻转了整个世界，现在它的统治已到末日，另外一个大得无比的革命力量……将取而代之。”文中“另一个大得无比的革命力量”应指 ( )

A. 珍妮机的发明
B. 火车的发明
C. 电力的广泛应用
D. 飞机的发明

二、非选择题

1. 阅读材料：

材料一：1858 年 6 月林肯的演讲：“一幢裂开的房子是站立不住的。我相信这个政府不能永远维持半奴隶和半自由的状态。我不期望联邦解散，我不期望房子崩塌。但我的确希望它停止分裂。”

材料二：林肯代表的美国共和党 1860 年总统竞选的主题是：“联邦必须而且将会得到保留。”

请回答：

(1)从材料一中可以看出美国内战前南北方存在的两种不同经济形式分别是什么？双方斗争的焦点是什么？

(2)以上材料反映了林肯的什么主张？

(3)美国内战中林肯政府为了扭转战局颁布了哪些法令？

(4)林肯为什么会受到美国人民的尊敬？

2. 17 世纪—19 世纪初，英法美等国先后爆发资产阶级革命，确立资本主义制度。阅读下列材料：

材料一：人民为自由而战，寻求真正的解放。女王的荣光，查理的断首，都镌刻着“王在议会，法为习惯”的字样。

材料二：独立与自由根植于美利坚灵魂深处，为此它不惜与母邦兵戎相见……

材料三：革命的烈焰将国王推上了断头台，巍峨的凯旋门见证了拿破仑创造的奇迹……这个民族从不畏惧硝烟和战火的洗礼，因为他们更爱自由和真理。

——均摘自《图说天下》

请回答：

(1)材料一中“王在议会,法为习惯”体现出该国确定了怎样的资产阶级统治?这一政治体制确立的标志是什么?

(2)材料二中涉及“美利坚”的革命战争开始的标志是什么?“母邦”指哪国?

(3)材料三中在法国导致“革命的烈焰”爆发根本原因是什么?列举拿破仑的活动一例。

测试题

选择题

测试题

判断题

第六章　世界现代史

本章导读

这里的世界现代史，是指从 1917 年到 20 世纪 90 年代的世界历史，指垄断资本主义进一步发展，社会主义曲折前进，两种社会制度长期并存，互相对抗和竞争，世界各国人民争取独立、民主、和平与发展的历史。世界现代史的主要线索是：第一，苏俄社会主义国家的建立，打破了资本主义世界体系，人类社会开始探索社会主义道路；在 80 多年中，社会主义曲折前进。第二，垄断资本主义继续发展，垄断组织逐渐扩大，由集团垄断发展到国家垄断。第三，资本主义和社会主义两种社会制度长期并存、互相对抗又互相交流。第四，世界各国人民争取民族独立，政治民主和经济发展的斗争一步一步发展，取得了反法西斯斗争的胜利，瓦解了资本主义世界殖民体系，又积极争取建立国际经济新秩序。第五，大国之间力量不平衡不断变化，先后形成“凡尔赛—华盛顿体系”“雅尔塔体系”两种世界格局，目前多极格局正在形成。20 世纪后期以来，和平与发展成为世界的主题。世界多数国家要求反对霸权主义，建立公正合理的国际关系新秩序。

知识探究

第一节　第一次世界大战

随着资本主义的发展，帝国主义之间的矛盾日益加深，第一次世界大战爆发了，1918 年德国宣布投降，第一次世界大战以同盟国的失败告终，随后召开了巴黎和会，但会议并没有解决大国之间的矛盾，为下一次世界大战的爆发埋下了伏笔。

★ 微视频

第一次世界大战

一、两大军事集团

1. 帝国主义国家之间的矛盾

经济发展和政治发展的不平衡，是资本主义的必然规律。随着向帝国主义的过渡，这种不平衡性加剧。到 19 世纪末，新兴的美国超过了英国，德国超过了法国，接着又超过了英国。这种发展的不平衡性，改变了帝国主义国家之间的力量对比，造成了他们之间的新矛盾，欧洲列强之间的基本矛盾有三对，即法德矛盾、俄奥矛盾和英德矛盾。

(1)法德矛盾。普法战争中失败的法国，失去了原来在西欧和中欧的霸主地位，国内各阶层一致要求报仇雪恨。德国为了防止法国东山再起，极力扩充军备。

(2)俄奥矛盾。俄奥矛盾主要表现在对巴尔干半岛的争夺上。俄国打着泛斯拉夫主义的旗号，向巴尔干半岛扩张。奥匈帝国(1867 年，奥地利同匈牙利合并)也在巴尔干半岛进行扩张，怕它统治下的斯拉夫人脱离奥匈帝国而独立。

(3)英德矛盾。英国从传统的外交政策出发，力求维持欧洲大陆均势，既不愿意德国过分强大，也不愿俄国在巴尔干的势力过分膨胀。随着在殖民地问题上冲突加剧，英德矛盾开始激化，逐渐成为帝国主义之间的主要矛盾。

2. 两大军事集团的形成

(1)巴尔干半岛是帝国主义争夺霸权的敏感地区。沙皇俄国向巴尔干扩张势力，同奥、英发生矛盾。1879 年，德国首相在俾斯麦的推动下，德、奥签订同盟条约，对付俄国。1882 年，意大利由于同法国争夺北非的突尼斯失败，加入了德、奥集团，形成了“三国同盟”。三国同盟的核心是德国。

(2)为了对付三国同盟，1892 年法国同俄国签订了军事协定。法俄同盟形成后，欧洲开始出现两大军事集团对峙的局面，它也是向三国协约方向推进的第一步。英德矛盾的发展，促使英国协调自己同法、俄的利害冲突，先后于 1904 年签订了英法协约和 1907 年的英俄协议，最后形成了“三国协约”。这样，欧洲两大军事集团最终形成。

二、萨拉热窝事件

萨拉热窝事件

1914 年 6 月，奥匈帝国的皇储偕妻子到波斯尼亚首府萨拉热窝作特别访问。1908 年奥匈帝国将此地吞并，这里的人民对他充满了仇恨，刺杀他的阴谋正在酝酿着。皇储夫妇在萨拉热窝访问期间，在街头被塞尔维亚民族主义者开枪打死，这就是萨拉热窝事件，它成了第一次世界大战的导火索。一个月后，奥匈帝国以此为借口向塞尔维亚开战。接着，德、俄、法、英相继投入战争。交战一方为同盟国的德国和奥匈帝国，以及支持他们的奥斯曼帝国、保加利亚；另一方为协约国的英国、法国和俄国，以及支持他们的塞尔维亚、比利时、意大利、日本等国。第一次世界大战是一场帝国主义战争，交战双方都是非正义的。虽然塞尔维亚是为保卫自己的主权和独立而战，具有正义的民族解放的性质，但并不能改变整个战争的非正义性。

★ 微视频

凡尔登战役

三、凡尔登战役

第一次世界大战主要在欧洲进行。英、法、比军队同德国军队对抗的西线，俄军同奥匈、德军对抗的东线，是最主要的战场。其中西线战争具有决定性作用。1916 年是最关键的一年，双方都企图打破僵持局面，决一胜负。西线的凡尔登战役就在这一年打响。1916 年 2 月，德军以强大兵力向凡尔登发起攻击，但遇到法军的顽强有效的抵抗，2—4 月仅仅前进 7 公里。6 月，德军再次发动进攻，但仍未获进展。从 8 月起，法军开始局部反击，至 12 月全部收复失地，战役结束。德军在凡尔登的失败，使同盟国在西线失去了作战主动权。凡尔登战役是第一次世界大战中破坏性最大、时间最长的战役，被称为“凡尔登绞肉机”。

四、巴黎和会

1919 年初，第一次世界大战战胜国对战败国媾和的会议在巴黎近郊的凡尔赛召开。美、英、法的政府首脑操纵了和会。

1. 召开的背景

苏俄的建立破坏了资本主义一统世界的体系，出现了资本主义和社会主义的对立和共处局面。两对矛盾是战胜国和战败国的矛盾；战胜国之间“分赃”不均的矛盾。

2. 大国之间的矛盾主要表现

美国希望通过巴黎和会攫取世界领导权；英国希望继续保持海上绝对优势，并要求德国支付战争赔款，但是为了防止法国势力的过分膨胀，又不主张过分削弱德国；法国力求削弱德国重新建立起在欧洲大陆的霸权，除了收回阿尔萨斯和洛林以外，还要索取尽可能多的战争赔款；意大利也希望扩大领土；日本企图使它战时从德国手里夺取的太平洋岛屿和在中国山东的权利合法化。

3. 巴黎和会的召开

1919 年初，一战中的战胜国在法国巴黎召开处分战败国、根据新的实力对比划分势力范围的会议。巴黎和会共有 27 个国家参加，起操纵作用的是法、英、美三个帝国主义大国。三大国的代表团分别由英国首相劳尔·乔治、法国总理克里孟梭和美国总统威尔逊率领。

巴黎和会“三巨头”

4. 《凡尔赛条约》的签订

1919 年 6 月，协约国在巴黎近郊凡尔赛宫签订对德和约，即《凡尔赛和约》。其主要内容有以下几点。

(1)关于领土和殖民地的问题:法国收回阿尔萨斯和洛林,萨尔煤矿由国际联盟代管15年,期满后由公民投票决定其归属;战前德国全部海外殖民地,分别由英、法、日、比等国“委任统治”的形式加以瓜分。

(2)关于军事问题:和约禁止德国实行普遍义务兵役制,陆军不得超过10万人,海军只能保留一些轻型水面舰艇,不得拥有主动舰和潜水艇,不准拥有空军。莱茵河西岸地区的德国领土由协约国军队占领15年,东岸50千米以内地带不许设防。

(3)关于赔款问题:德国须对协约国支付大量赔款。

对德和约签订以后,协约国和奥地利、保加利亚、匈牙利、土耳其分别签订了和约,《凡尔赛和约》同这一系列条约构成了“凡尔赛体系”。

课堂讨论

《凡尔赛和约》隐藏了哪些问题?

微视频

华盛顿会议

五、华盛顿会议

第一次世界大战后,美国经济实力迅速膨胀,从站前的债务国变为世界最大的债权国,大力扩充海军。同时,日本趁机在中国和太平洋地区扩大侵略势力,同美国在太平洋地区的利益发生了严重的冲突,也威胁到英国在东亚的利益。为了争夺霸权,美、英、日三国掀起了海军军备竞赛。为了缓和它们之间的矛盾和重新分割太平洋地区的势力范围,1921—1922年,美国发起召开华盛顿会议。参加国有美国、英国、日本、法国、意大利、比利时、荷兰、葡萄牙和中国。在华盛顿会议上起主要作用的是美、英、日三国。

华盛顿会议会场

1. 华盛顿会议召开的背景

巴黎和会虽然暂时调整了帝国主义国家在西方的关系，但他们在东亚、太平洋地区的矛盾仍十分尖锐。因此，美、英、日等帝国主义国家为重新瓜分远东和太平洋地区的殖民地和势力范围，由美国建议召开的国际会议。

2. 华盛顿会议的目的

华盛顿会议要解决《凡尔赛和约》未能解决的帝国主义列强之间关于海军力量对比和在远东、太平洋地区特别是在中国的利益冲突，完善第一次世界大战后的帝国主义和平体系。

3. 华盛顿会议签订的条约

华盛顿会议的主要议题：一是限制海军军备问题，二是远东和太平洋问题。为此，除由九国代表参加的大会外，还设立了由美、英、日、法、意五国组成的“缩减军备委员会”，和由九国组成的“远东和太平洋问题委员会”。会议期间和结束时，与会国签订了一系列条约、协定和决议案，其中主要有：

(1)《四国条约》全称《关于太平洋区域岛屿属地和领地的条约》。由美、英、日、法四国于1921年12月13日签署。条约规定：“互相尊重它们在太平洋区域内岛屿属地和岛屿领地的权利”，“缔约国之间发生有关太平洋某一问题的争端”，应召开缔约国会议解决。缔约国在太平洋区域的权利遭受任何国家威胁时，缔约国应协商采取有效措施。还规定：“1911年7月13日英国和日本在伦敦缔结的协定应予终止。”签约同日，四国共同发表的声明指出，缔结上述条约，不能认为美国同意委任统治条款。此举表明美国不受凡尔赛体系约束。美、英、日、法国四国在1921年12月13日签订了《关于太平洋区域岛屿属地和领地的条约》，简称《四国条约》，有效期十年。《四国条约》的签订是美国外交的胜利。它不仅借此埋葬了英日同盟，消除了在远东争霸的一个障碍，而且成功地使该条约只具有外交协商性质而不具有军事同盟性质，使美国无须动用武力保卫英法在远东的利益。

(2)《五国条约》全称《限制海军军备条约》。由美、英、法、意、日五国于1922年2月6日签署。主要内容是：规定五国主力舰总吨位限额为美英各52.5万吨、日本31.5万吨、法意各17.5万吨，即五国按比例为5∶5∶3∶1.75∶1.75；禁止建造标准排水量超过3.5万吨的主力舰，并不得装置口径超过16英寸的火炮；航空母舰的总吨位限额为美英各13.5万吨、日本8.1万吨、法意各6万吨；美、英、日在太平洋地区所占岛屿要塞一律维持现状。

《五国条约》的签订是列强在海上实力对比问题上暂时妥协的结果，它使美国在海军军备上取得了与英国相等的地位，从而标志着英国海上霸权的终结。但条约只对两类舰种作了限制，因此并未从根本上缓和列强对海上霸权的争夺。

(3)《九国条约》全称《九国关于中国事件适用原则及政策之条约》。由与会国于1922年2月6日签署。主要内容是：缔约各国尊重中国的主权与独立及领土与行政的完整；维持各国在中国全境之商务实机会均等的原则；各国不得在中国谋取特殊权利而损害友邦人民的权利，不得鼓励有害友邦安全的举动；除中国外，各国不得谋取或赞助其本国人民谋求在中国任何指定区域内获取专利或优越权。

中国代表在会上提出的关于取消领事裁判权、撤退外国军警、关税自主、取消租借地和势力范围等合理要求均遭列强拒绝。该条约的实质是确认帝国主义列强在中国实行的“门户开放、机会均等”原则，它结束了第一次世界大战爆发后日本在中国占有的优势地位，使中国再次成为列强共同宰割的对象。

(4)会议期间还讨论了山东问题。中国代表强烈要求收回山东主权和废除“二十一条”，在美英斡旋下，中日两国于 1922 年 2 月 4 日在会外签订了《解决山东悬案的条约》及其附约。规定：恢复中国对山东的主权，日本将胶州湾德国旧租借地交还中国，中国将其全部开为商埠，并尊重日本在该区域内的既得利益；日军撤出山东，青岛海关归还中国，胶济铁路及其支线由中国向日本赎回，前属德国人的煤矿由中日合办。这样，山东问题得到一定程度的解决，但日本在山东仍继续保持相当大的势力。

华盛顿会议所形成的华盛顿体系，是凡尔赛体系的继续和补充。它暂时调整了第一次世界大战后帝国主义列强在远东、太平洋地区的关系，确立了它们在东方实力对比的新格局，承认了美国的优势地位，使日本受到一定的抑制，而且使中国回归到几个帝国主义国家共同支配的局面。

凡尔赛—华盛顿体系，从根本上来讲，并没有改变世界的基本格局，仍然是资本主义列强剥削和压迫广大落后国家和地区。因此，资本主义大国和殖民地半殖民地人民的矛盾依然存在。然而，第一次世界大战以后，殖民地、半殖民地人民的民族独立斗争更加成熟。凡尔赛—华盛顿体系，它不但没有消除各大国之间的矛盾，而且还埋下了更大冲突的种子。特别是激起了德国人的复仇心理，20 世纪 30 年代法西斯分子正是利用人们的这种心理取得统治和对外扩张。在战胜国中，对势力范围的再分配也造成了各大国间的深刻矛盾。这使得资本主义的新秩序从一开始就引起了种种的不满，20 年代这个新秩序逐渐瓦解，到 30 年代又为新的国际危机所替代。正如法军元帅福煦所预言的：“这不是和平，这是 20 年的休战。”

第二节 俄国十月革命和社会主义建设

1917 年，列宁领导了俄国十月社会主义革命，建立了世界上第一个社会主义国家。从此人类社会进入了探索社会主义发展道路的新时期，垄断资本主义进一步发展，社会主义曲折前进，两种社会制度长期并存，互相对抗。

一、十月革命和国内战争

1. 十月革命

在第一次世界大战爆发之前，腐朽、反动的俄国沙皇专制统治已经陷入深刻的危机，革命出现高潮。大战爆发后，俄国社会矛盾日益尖锐，革命形势迅趋成熟。1917 年 2 月，俄国人民在以列宁为首的布尔什维克党的领导下，推翻了沙皇专制统治。起义的工人和士兵成立了工兵代表苏维埃。但是，俄国资产阶级窃取了二月革命的胜利成果，成立了以克伦斯基为首的临时政府。这样就出现了两个政权并存的局面。临时政府公开使用暴力镇压人民群众的示威游行，并准备建立军事专政。4 月，列宁结束长期在国外的流亡生活回到俄国，发表了著名的《四月提纲》，制订了从资产阶级民主革命向社会主义革命过渡的明确路线和具体计划，明确提出“全部政权归苏维埃”的口号。9 月到 10 月间，彼得格勒和莫斯科苏维埃已转到布尔什维克党方面。工人罢工、农民起义、士兵骚动，革命形势完全成熟。布尔什维克党再度提出“全部政权归苏维埃”的口号，并在全国各地着手准备武装起义。

列宁

“阿芙乐尔号”巡洋舰

1917 年 11 月 7 日（俄历 10 月 25 日），俄国首都彼得格勒（圣彼得堡）的工人赤卫队和士兵在列宁和布尔什维克党领导下首先举行武装起义。以停泊在涅瓦河上的“阿芙乐尔号”巡洋舰的炮声为信号，彼得格勒的工人和士兵开始向冬宫发起攻击，深夜攻入冬宫，逮捕了临时政府成员。克伦斯基逃亡，临时政府被推翻。当晚，在斯莫尔尼宫召开第二次全俄苏维埃代表大会，宣布临时政府被推翻，中央和地方全部政权已转归苏维埃。第二天，列宁在大会上做报告，大会通过了《和平法令》和《土地法令》，组成了以列宁为主席的第一届苏维埃政府——人民委员会，世界上第一个社会主义国家宣告诞生。彼得格勒武装起义的胜利，奠定了苏维埃政权胜利前进的基础。

十月革命是人类历史上第一次胜利的社会主义革命，建立了第一个无产阶级领导的社会主义国家，开辟了人类探索社会主义道路的新时代，使马克思列宁主义传遍世界，极大的震撼了资本主义世界。十月革命向全世界宣告崭新的社会制度由理想变为现实。它是人类历史上第一次消灭剥削和压迫的不平等社会，第一次尝试建设公平正义共同富裕的美好社会。

十月革命沉重地打击了帝国主义的统治，极大地鼓舞了国际无产阶级革命运动和殖民地半殖民地被压迫民族的解放运动。改变了俄国历史的发展方向，用社会主义方式改造俄国的道路，对整个人类社会的发展都产生了巨大的影响。

课堂讨论

俄国十月革命爆发的原因有哪些？

二、国内战争

十月革命胜利后，俄国资产阶级地主反动势力不甘心失败，与国际帝国主义相勾结，向新生的苏维埃政权发动了猖狂进攻。1918年初，英、法、美干涉军先后侵占了俄国北方的摩尔曼斯克和阿尔汉格尔斯克；日、英、美干涉军相继在远东的海参崴登陆；在南方，英国侵入了外高加索和中亚地区。在帝国主义支持下，许多地区发生了反革命叛乱。在苏维埃政权控制的许多城市里，发生了暗杀和叛乱。布尔什维克党领导苏维埃人民，克服重重困难，打退了国内外敌人的进攻，平息了各城市的叛乱。在1919年至1920年，协约国帝国主义组织了三次对苏维埃国家的大规模的武装干涉。1919年先后以高尔察克、邓尼金白卫军为主力，1920年以地主、资产阶级波兰军队和弗兰格尔白卫军为主力，对苏维埃政权发动进攻，结果都以失败而告终。

三、战时共产主义政策

1918年9月2日，全俄苏维埃中央执行委员会宣布苏维埃共和国为统一的军营，在“一切为了前线，一切为了战胜敌人”的口号下，要求把各项工作都转入战时轨道。全体公民，不分职业和年龄，都必须无条件履行苏维埃政府所赋予的保卫祖国的任务。为了把所有的人力、物力都集中起来用于战争，苏维埃政权陆续采取了一系列非常措施。政府颁布了余粮收集制法令，要求农民按国家规定的数量交售粮食和其他农产品。政府组织工人征粮队下乡，以确保征粮任务的完成。在城市，除大工业外，中等工业也收归国有，对小工业则实行监督。国家通过最高国民经济委员会及其下属的各总管理局对工业的管理、产品的生产和分配实行严格的集中领导。排斥自由贸易，实行粮食和日用工业品的配给制。对全国成年人实行劳动义务制。所有这些应急措施，后来统称为“战时共产主义”政策。

战时共产主义政策是特殊历史条件下的产物，是在极其困难的战争条件下实行的非常措施，对苏维埃国家集中国内一切力量赢得战争胜利有重大贡献。但是，它不是发展生产、向社会主义过渡的正确途径。

四、新经济政策

十月革命后，苏俄实行余粮征集制的“战时共产主义”政策，引起农民极其不满。所以在1921年3月开始实行的向社会主义过渡的经济政策——新经济政策。

1. 新经济政策内容

(1)在农业方面,用粮食税代替余粮收集制,纳税后剩下的粮食归农民自己支配,有限度地允许农民租佃土地和雇佣劳工。

(2)在工业方面,涉及国家经济命脉的厂矿企业仍归国有,由国家经营;允许本国和外国的资本家经营中小企业和国家暂时无力兴办的企业;恢复私人小企业。

(3)在流通方面,由最初实行的产品交换转为允许自由贸易。

(4)在分配方面,实行按劳分配。

2. 新经济政策的意义

(1)新经济政策的实施表明,列宁和布尔什维克党放弃了由战时共产主义政策直接过渡到社会主义的设想和实践,开始从国情出发,利用市场和商品货币关系来扩大生产,改善和巩固工农联盟,逐步过渡到社会主义。

(2)新经济政策受到了广大工人和农民的欢迎,工农业生产逐步恢复到战前的水平,苏维埃政权得到进一步巩固。

(3)新经济政策的实施是列宁对小农占优势的俄国如何建设社会主义的问题进一步探索的结果,是他对马克思主义理论的重大发展。

五、工业化和农业集体化

社会主义工业化是在十分困难的条件下进行的。国际上苏联受到帝国主义的包围和威胁,国内在国民经济恢复基本完成后,苏联仍然是一个只能输出农产品、输入机器装备的落后农业国,即国内原有经济、文化和技术基础十分落后,资金又十分短缺,而且社会主义工业化在人类历史上是史无前例的事业,没有成功的经验可供借鉴,但为了用现代技术改造落后的工业农业,为了增强国际力量以维护民族独立,为了给社会主义建立强大的物质技术基础。1925 年 12 月召开的联共(布)十四大通过了社会主义工业化的方针,决定把苏联从农业国变为工业国。这次大会,标志着有计划、大规模实现社会主义工业化时期的开始。

1927 年末,苏联的工业生产达到半超过第一次世界大战前的最高水平。以落后的个体小农经济为基础的农业,不能适应工业的迅速发展,1927 年 12 月,联共(布)十五大通过逐步开展农业集体化的方针,要以享有土地使用权和主要生产资料公有的集体农庄为基本形式,把分散的个体小农经济纳入社会主义大农业的轨道。这样,苏联开始了全面建设社会主义的新时期。此后不久,新经济政策实际上被逐渐取消。此后,苏联开始有计划地进行经济建设,形成了比较齐全的工业体系,基本上实行了以重工业为中心的国家工业化,增强了综合国力。到 1937 年,苏联工业总产值仅次于美国,位居全球第二。同时,在广大农村推行农业集体化,建立集体农庄,迅速把广大农民都纳入集

苏联的标志

体农庄之中。工业化和农业集体化使苏联经济取得了很大成就,但也存在着许多严重的问题。如片面发展重工业,与人民日常生活密切相关的轻工业发展缓慢,不利于人民生活的改善;强调计划指导,缺乏市场调节,造成企业效率不高;农业集体化手段过于简单甚至粗暴,挫伤了农民的积极性,以至于后来农业发展长期处于停滞状态。

1936 年,苏联颁布新宪法,标志着社会主义制度在苏联确立,也标志着斯大林创建的高度集中的经济政治体制的形成。同时,随着斯大林地位的日益巩固,对他的个人崇拜也空前严重起来。1936—1938 年间,苏联进行了错误的大清洗运动,社会主义民主和法制遭到了粗暴的破坏和践踏。这是斯大林体制造成的严重后果之一,严重破坏了社会主义科学文化资源。

第三节 资本主义世界的危机

1929—1933 年,资本主义国家发生了空前的经济危机。经济危机引发了政治危机,资本主义正常的统治秩序被打破。这种形势下,美国实行"罗斯福新政",加强国家对经济的干预,使美国度过了经济危机。德、日建立了法西斯政权,企图用对内专制独裁,对外扩张侵略的方式转嫁本国的危机。

一、1929—1933 年的经济危机

20 世纪 20 年代,美国汽车工业、电器业和建筑业等工业部门蓬勃发展,商品丰富、物资充裕,国家呈现出一派"繁荣"的景象,但是在这背后隐藏着严重的危机,资本主义制度的基本矛盾依然存在。资本家攫取高额利润,广大人民的生活却相对贫困;贫富差距扩大,财富集中在少数人的手中,限制了社会实际消费能力的增长;毫无顾忌地分期付款和银行贷款,更是烘托市场的繁荣假象。资本家被眼前的利润驱使,盲目扩大生产。在此时,美国的证券市场兴起投机狂潮,人们醉心于股票等投机活动中,造成了股票上市量的猛增,股价大幅度上涨。1929 年,股价被哄抬到远远超出生产利润的程度,金融市场的稳定性受到严重冲击。

1929 年美国华尔街

英国失业者街头求职

1929 年 10 月 24 日,美国华尔街股票市场的股票价格猛跌,股票持有者疯狂抛售股票,股市崩溃,这一天被称为"黑色星期四"。一天之内 1 600 多万股票被抛售,50 种主要股票的

平均价格下跌了近40%。一夜之间,“繁荣”景象化为乌有,全面的金融危机接踵而至:大批银行倒闭,企业破产,市场萧条,生产锐减;失业人数激增,人民生活水平骤降;农产品价格下跌,很多人濒临破产。一场空前规模的经济危机终于爆发,美国历史上的“大萧条”时期到来。

从美国爆发的经济危机,迅速扩展到其他主要资本主义国家,演变为世界性资本主义经济危机。各主要资本国家相继出现经济衰退或萧条。这场危机持续时间也相当长,直到1933年,美国等国才陆续走出危机阴影。危机的破坏性特别巨大,1929—1933年,资本主义世界的工业产品下降了三分之一以上,失业工人超过三千万。资本主义世界笼罩在空前绝后的氛围之中。这场危机加深了各资本主义国家的社会危机,示威游行、罢工等抗议活动接连发生。各主要资本主义国家为摆脱危机,加强经济干预,加紧在国际市场上的争夺,彼此之间的矛盾和摩擦日趋尖锐,为尽快走出经济困境,它们进一步加紧对殖民地和半殖民地的掠夺,激起了当地人民更为强烈的反抗,加剧了世界紧张的局势。

课堂讨论

为什么20世纪20年代资本主义世界的“繁荣”却带来了危机?

二、罗斯福新政

面对不断恶化的经济危机和社会危机,民主党人罗斯福决心扭转危局。1932年在和胡佛的总统竞选中胜出。1933年,罗斯福上台伊始,立即实行“新政”。他采取了一系列改革措施,大力加强国家对金融、农业、工业、社会救济、公共工程以及财政等方面的干预,使美国政府承担保障经济稳定和发展的责任。

富兰克林·罗斯福

新政宣传画

1. 罗斯福新政的基本内容

(1)整顿财政金融体系方面,下令银行休业整顿,逐步恢复银行的信用,并放弃金本位制,使美元贬值以刺激出口;扩大联邦储备委员会的权力;管制证券业。

(2)工业方面:通过《国家工业复兴法》,要求各工业企业制定本行业的公平经营规章,确定各企业的生产规模、价格水平、市场分配、工资标准和工作日时数等,以防止出现盲目竞争引起的生产过剩并通过国家干预,调整企业关系和劳资关系。

(3)农业方面:为摆脱危机,政府成立农业调整署,用行政手段调整农业政策,调控市场,为减产的农民提供补贴,以调整农产品结构,提高并稳定农产品价格,防止农产品过剩。

(4)社会福利方面:推行"以工代赈";大力兴建公共工程,缓和社会危机和阶级矛盾,增加就业刺激消费和生产。政府还建立社会保障体系,通过了《社会保障法》;建立急救救济署,为人民发放救济金。

2. 罗斯福新政的意义

罗斯福新政是美国资产阶级为了克服经济危机,在维护资本主义制度的前提下做出的政策调整,不可能改变资本主义制度的本质,也就不可能从根本上消除资本主义经济危机。但是,它在很多方面起到了积极作用:在一定程度上减轻了经济危机对美国经济的严重破坏,促进了社会生产力的恢复;缓和了社会矛盾,遏制了美国的法西斯势力,巩固了资本主义统治;国家对经济强加干预的政策,对美国以及许多资本主义国家经济政策的发展产生了重要影响。

三、德、意、日法西斯主义的崛起

1. 德国纳粹党上台

经过了第一次世界大战,德国战败,于是创建了魏玛共和国,但是,根据《凡尔赛条约》的相关规定,德国不得不割地赔款,而且还要缩减其军备。在魏玛共和国后期,1912 年 10 月末从华尔街开始的经济恐慌迅速蔓延,导致了一场世界性经济危机。德国的经济是靠美国发展起来的,所以受害最大。企业倒闭,经济萧条,失业人数直线上升,最高时达到 600 万。战败的德国无力赔偿。于是,德国人在失业、通货膨胀、外交屈辱的困境中,民族心理转趋极端化。

德国的经济危机

从 1930—1933 年期间，魏玛共和国不得不由所谓的“总统内阁”来治理，经济危机更使社会各阶层的矛盾不断激化，人民群众对魏玛共和国政府极为不满，强烈要求建立一个拯救德意志民族、给社会带来安定、给人民带来幸福的新政府。在这种社会背景下，希特勒一方面宣传国家社会主义，对各阶层人民不断做出符合其愿望的慷慨许诺；另一方面又通过纳粹党的宣传机器，宣称该党不是一个阶级政党，而是“大众党”，并重点向中下层的中产阶级发动讨好攻势，以争取得到他们的支持。这种宣传打动处在绝望中的德国人民，他们相信希特勒的诺言能够兑现，因而纷纷聚集在纳粹的旗帜下。经济危机前，纳粹党只有 10.8 万人，到了 1932 年，人数超过了 100 万。1933 年初，希特勒出任德国总理。从此，德国走上了对内实行法西斯独裁统治，对外积极扩张的道路，欧洲战争的策源地形成了。

与此同时，德国还加紧发展军事工业及相关民用工业，实行国民经济军事化。希特勒政府严格控制文化思想和教育领域，用纳粹党的理论钳制人们的思想。同时，纳粹党还疯狂迫害犹太人，推行种族灭绝政策。

希特勒的演说

2. 意大利法西斯专政的建立

战后初期的经济危机，引起了意大利工农革命运动的高潮。为了巩固统治，意大利资产阶级希望实行集权统治。墨索里尼于 1919 年建立了法西斯组织，1921 年建立法西斯政党，1922 年秋，法西斯分子控制了意大利北部、中部许多地区，墨索里尼又纠结 5 万党徒准备向罗马进军。10 月，意大利国王任命墨索里尼担任总理，法西斯专政在意大利开始建立。墨索里尼上台后，采取种种措施，强化法西斯统治。到 1929 年世界经济危机爆发前，墨索里尼已经集党权、政权、经济大权于一身，成为意大利的最高主宰者，法西斯统治在意大利全面确立。

3. 日本法西斯专政的建立

日本经济薄弱，国内市场狭小，受经济危机打击十分严重。工业生产普遍下降，失业人数猛增；农产品价格惨跌，大批农民破产，阶级矛盾逐渐尖锐。这种形势下，法西斯势力趁机发展。日本法西斯主义的特点是以军部为核心，要求在天皇的名义下建立法西斯独裁政权，实行对外侵略扩张。为了达到这一目的，法西斯分子制造了一连串暗杀、政变等恐怖事件，从而使日本政府一步步走上了对内独裁、对外扩张的道路。1931 年，日本发动侵略中国的“九一八”事变，不久占领了中国东北。1936 年 2 月 26 日，一批法西斯青年军官发动“二二六”兵变，企图建立以他们为首的军部法西斯政权。由于集团的内讧未能得逞，但军部势力大大增强。不久，受军部控制的广田弘毅上台组阁，建立法西斯专政。对内禁止工人罢工，限制人民言论自由，加紧扩军备战；对外制定了侵略扩张的基本国策，积极准备扩大侵略战争，世界大战的亚洲策源地形成。

德意日同盟

第四节 第二次世界大战

第二次世界大战简称二战。1939 年 9 月 1 日至 1945 年 9 月 2 日，以德国、意大利、日本法西斯三个轴心国和保加利亚、匈牙利、罗马尼亚等仆从国为一方，以反法西斯同盟和全世界反法西斯力量为另一方进行的第二次全球规模的战争。从欧洲到亚洲，从大西洋到太平洋，先后有 61 个国家和地区、20 亿以上的人口被卷入战争，作战区域面积 2 200 万平方公里。据不完全统计，战争中军民共伤亡 9 000 余万人，4 万多亿美元付诸流水。第二次世界大战最后以美国、苏联、中国、英国等反法西斯国家和世界人民战胜法西斯侵略者、赢得世界和平与进步而告终。

一、英、法、美等国的“绥靖”政策

亚欧两个战争策源地形成后，面对德、意、日法西斯国家的严重挑战，以英国首相张伯伦为代表的英、法、美等国的绥靖主义者，为了维护既得利益，求得一时苟安，不惜以牺牲别国利益为代价，谋求同侵略者妥协，妄图将祸水引向苏联，坐收渔利。1931 年“九一八”事变，容忍日本侵略中国东北。1935 年 3 月容忍希特勒重整军备。1935 年 8 月美国通过中立法。1935 年 10 月容忍意大利侵略埃塞俄比亚。1936 年 3 月放任希特勒武装进占莱茵区。1936 年 8 月对德、意武装干涉西班牙采取“不干涉”政策。1937 年 7 月纵容日本发动全面侵华战争，此后又策划太平洋国际会议，阴谋出卖中国，同日本妥协。1938 年 3 月默许希特勒兼并奥地利。这些都是绥靖政策的例证。最典型的体现则是 1938 年 9 月的慕尼黑会议和《慕尼

黑协定》。

英、法及幕后支持它们的美国，妄图以牺牲捷克斯洛伐克为代价，在欧洲实现“普遍绥靖”，求得“一代人的和平”，实质上是推动德国进攻苏联。1939 年 9 月 1 日，德国入侵波兰，英、法被迫对德宣战，绥靖政策走向失败。

慕尼黑阴谋

二、第二次世界大战的爆发和扩大

1939 年 9 月 1 日，德国军队对波兰发动了突然进攻。英法也无路可退，只得对德宣战。这标志着第二次世界大战全面爆发。

1. 重要战役

(1)波兰战役。1939 年 9 月 1 日凌晨，波兰战役爆发，德国军队利用夜幕的掩护，在 2 000多架飞机的支援下，对波兰发动突然袭击。波德战争和中国抗日战争的打响，意味着一场世界性的战争——第二次世界大战的全面爆发。当航空兵和装甲部队结合起来时，全世界第一次领教了“闪击战”的威力。9 月 3 日，英国和法国对德国宣战，虽然英国和法国之前已经保证会确保波兰的安全，但是波兰军队的奋力抵抗并没有得到英法两国任何有效的军事支持。最终波兰的军队还是被装备精良、战术强大并数倍于己的德军击败。1939 年 9 月 6 日，波兰政府逃离华沙。9 月 14 日，华沙保卫战开始，几乎在同一天，苏联红军收复了波兰于 1921 年侵占的寇松线以西的西乌克兰与西白俄罗斯。9 月 27 日，德军占领华沙。波兰再一次遭到瓜分。波兰在复国 20 年后，又一次消失了。

与此同时西线的法德边界却毫无动静，英法等国违背了自己许下的“如果德意志帝国胆敢入侵波兰，英法联军将直捣鲁尔谷地”的诺言，屯重兵却躲在钢筋水泥的工事后面，眼睁睁地看着一个小国抵抗着强大邻国的侵略，取而代之的只是在外交上的谴责而已。

(2)入侵北欧。1940 年 4 月 9 日，德国展开威瑟堡演习计划，进攻丹麦和挪威。德国人声称这是为了防止英法首先占领挪威这个原本中立的国家，从而切断德国从瑞典进口矿产的道路。英国海军成功地封锁了挪威港口，并且在挪威登陆。德军撤退到挪威腹地并据此坚守。英国军队无法肃清德军，加上西线战事爆发随后撤退，6月，挪威被德国占领。德军还顺道占领了丹麦。

(3)法国投降。1940年5月10日，德军决定采用改良过的施里芬计划(亦称为曼斯坦因计划)分为A、B、C三个集团军绕过马其诺防线侵略比利时、荷兰和卢森堡和法国。5月13日德军A集团军按曼施坦因意图通过法国防守力量薄弱的阿登地区进入法国，盟军在阿登山地因为德军的奇袭完全无法组织有效的抵抗，德国坦克师强渡马斯河，5月13日攻陷了法国南部战略要地色当。同时德军B集团军在空降兵配合下入侵荷兰、比利时，来吸引、牵制位于比利时平原一带的英法盟军主力部队，使A集团军得以更加顺利地从法国北部附近通过英法联军主力部队之侧翼，来构成曼斯坦计划中的大包围。到5月19日德军装甲师已经抵达离英吉利海峡只有80多公里处。5月24日，德军装甲部队已经逼近法国的北部港口敦刻尔克，但却在这时接到停止前进的命令。这个命令被证明是致命的失误，被包围的盟军开始执行“发电机计划”，即敦刻尔克大撤退(保留了反攻的有生力量)。英国在十分危险的情形下，在一个星期左右时间里，救出了33.5万人，可谓是举世震惊的奇迹。虽然这次大规模的撤退行动成功的挽救大量的人力，可是英国派驻法国的远征军的所有重型装备都丢弃在欧洲大陆上，造成英国本土地面防卫发生严重的问题。此次撤离，意味着西欧落入法西斯势力之手。

德军进入法国

(4)偷袭珍珠港。偷袭珍珠港是指由日本政府策划的一起偷袭美国军事基地的事件。1941年12月7日清晨，日本皇家海军的航空母舰舰载飞机和微型潜艇突然袭击美国海军太平洋舰队在夏威夷的基地珍珠港以及美国陆军和海军在欧胡岛上的飞机场的事件。这场战役中，日本以损失6艘潜艇和29架飞机的代价，击沉击伤美军8艘战列舰、4艘巡洋舰和260余架飞机。但是美国的3艘航空母舰不在珍珠港内，这为日后重建舰队保存了基干力量。太平洋战争由此爆发。这次袭击最终将美国卷入第二次世界大战，它是继19世纪中墨西哥战争后第一次另一个国家对美国领土的攻击。

2.《联合国家宣言》

1941年8月，罗斯福和丘吉尔在大西洋一艘军舰上会晤，并发表联合宣言，史称《大西洋宪章》。他提出尊重各国的领土和主权完整，倡导自由、和平，反对侵略。同时，美英也开始对苏联提供一些援助。

1942年初，为了反对共同的敌人法西斯，中、美、英、苏等26个国家的代表齐集华盛顿，共同签署了《联合国家宣言》。各国保证竭尽全力，团结一致，彻底打败法西斯轴心国及其追随者。至此，世界反法西斯同盟正式形成。

世界反法西斯同盟的建立，大大加强了反法西斯国家的力量，鼓舞了世界人民反对法西斯的斗志，加速了第二次世界大战的胜利进程。

三、反法西斯战争的转折和胜利

1. 重要战役

（1）诺曼底登陆。诺曼底登陆战役是20世纪最大的登陆战役，也是战争史上最有影响的登陆战役之一。盟军先后调集了36个师，总兵力达288万人，其中陆军有153万人，相当于20世纪末美国的全部军队。从1944年6月6日至7月初，美国、英国、加拿大的百万军队，17万辆车辆，60万吨各类补给品，成功地渡过了英吉利海峡。到7月24日，战争双方约有24万人被歼灭，其中盟军伤亡12.2万人，德军伤亡和被俘11.4万人。至8月底，盟军一共消灭或重创德军40个师，德军的3名元帅和1名集团军司令先后被撤职或离职，击毙和俘虏德军集团军司令、军长、师长等高级将领20人，缴获和摧毁德军的各种火炮3 000多门，摧毁战车1 000多辆。德军损失飞机3 500架，坦克1.3万辆，各种车辆2万辆，人员40万。诺曼底登陆成功，使美英军队重返欧洲大陆，使第二次世界大战的战略态势发生了根本性变化。

（2）斯大林格勒会战。斯大林格勒会战，又称斯大林格勒保卫战，是第二次世界大战中苏联卫国战争的主要转折点，是第二次世界大战的转折点，也是人类历史上最为血腥和规模最大的战役之一。战役主要包括：1942年5月德军横扫苏联西南地区，逼近斯大林格勒；德国空军对苏联南部城市斯大林格勒的大规模轰炸行动；德军攻入市区；市区巷战；苏联红军反击；最终合围全歼轴心国部队。法西斯集团损失官兵近150万人，约占其苏德战场总兵力的1/4。斯大林格勒会战的胜利扭转了苏德战场的局势，不仅成为苏德战争的转折点，而且也是第二次世界大战历史性转折的主要标志。

（3）柏林会战。1945年4月16日，苏军为尽快结束欧洲战争发起了柏林战役。经过近二十天的激烈战斗，苏军击溃德国100万大军，占领柏林，4月30日希特勒自杀身亡，法西斯德国宣告灭亡。与此同时，苏军在进攻国会大厦时遇到了顽强的抵抗，苏军靠着源源不断涌进大厦内的强大兵力，才逐一粉碎了守敌的抵抗。当日21时50分，苏军将胜利的红旗插上了国会大厦主楼的圆顶。5月2日7时，德军柏林城防司令官魏德林上将前往朱可夫的前沿指挥所，签署了投降令。至中午时分，柏林守军全部投降。至此，苏德战争最后一次决战——柏林会战结束。此役苏军俘虏德军48万人，而苏军也付出了33万人伤亡（其中约8万人阵亡）的代价。

2. 开罗会议

1943年11月，中、美、英三国在开罗举行会议，通过了《开罗宣言》，于1943年12月1日正式发表。宣言规定：对日作战的目的在于制止及惩罚日本的侵略；剥夺日本自1914年第一次世界大战开始以后在太平洋所得或占领的一切岛屿，把日本侵占中国的东北地区、台湾、澎湖列岛等归还中国；日本将被逐出其以武

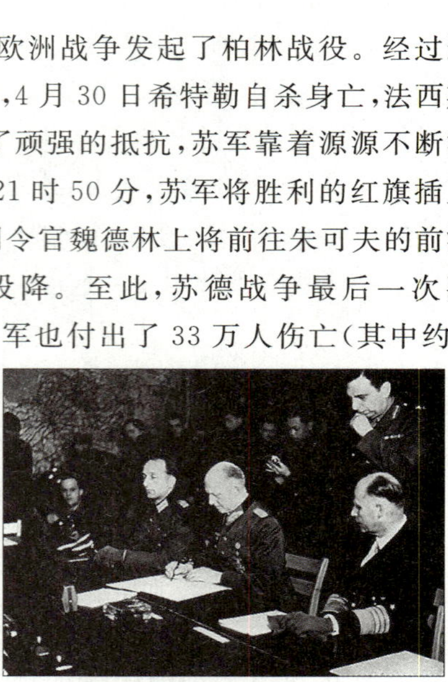

德国签订投降书

力所攫取的所有土地；在相当期间内使朝鲜自由独立；坚持战斗到日本无条件投降。《开罗宣言》向全世界宣告了反法西斯同盟国团结合作、彻底打败日本的决心和途径，打击了法西斯日本的侵略气焰，是确定日本侵略罪行及战后处置日本问题的重要国际文件之一。但是，宣言只规定剥夺日本占领的太平洋岛屿的统治权，却不谈如何处理；关于朝鲜独立日期的规定含糊不清；对香港的地位亦未作出明确规定等。

3. 雅尔塔会议

1945 年初苏军从东面，美、英、法等国军队从西面攻入德国境内。东南欧各国人民，纷纷举行武装起义，打击德国侵略者。为了加快取得反法西斯战争的胜利，解决战后重建问题，苏、美、英三国首脑斯大林、罗斯福、丘吉尔于同年 2 月在雅尔塔举行会议。会议的主要内容有：彻底消灭德国军国主义和法西斯主义，惩办战犯；实现战后德国民主化；准备在战后成立联合国；苏联在欧洲战场结束 3 个月内参加对日作战等。

4. 日本投降

为了巩固对法西斯德国的胜利和加速结束对日战争，1945 年 7 月，中、美、英三国发表《波茨坦公告》，敦促日本无条件投降。1945 年 8 月，美国向日本的长岛和长崎各投下一颗原子弹；苏联也对日宣战，苏军围歼了在中国东北的日本关东军；中国八路军等抗日部队向日军开始全面反攻。8 月 15 日，日本法西斯宣布投降，9 月 2 日，正式签署无条件投降书。至此，第二次世界大战结束。

日本投降

课堂讨论

这一次反法西斯战争为什么同盟国会胜利？

第五节 “冷战”

1947 年至 1991 年，以美国和北大西洋公约组织为首的西方集团，与以苏联和华沙条约组织为首的东方集团两者之间的长期政治和军事冲突，史称“冷战”。1947 年美国杜鲁门主义出台，标志着冷战开始。1955 年华沙条约组织成立标志着两极格局的形成。1991 年苏联解体，冷战结束，两极格局结束。美国成为世界上唯一的超级大国。

微视频

冷战

一、杜鲁门主义和马歇尔计划

1. 杜鲁门主义

1947 年 3 月，杜鲁门在国会上发表了演讲说，宣称美国有领导“自由世界”的使命，以“防止共产主义的渗入”。他要求国会拨款，援助受到共产主义“严重威胁”的希腊、土耳其。杜鲁门提出的“遏制共产主义”、干涉别国内政、加紧控制其他国家的纲领和政策，后来被称为“杜鲁门主义”。它的出台，标志着美苏战时同盟关系正式破裂、美苏之间冷战的开始。杜鲁门主义的起点，美国在经济方面推行了援助西欧的“马歇尔计划”，在军事方面建立了北大西洋公约组织。苏联采取了针锋相对的措施，成立了华沙条约组织。两极格局由此形成。

“铁幕”演说

杜鲁门

2. 马歇尔计划

第二次世界大战结束以后为了达到稳定和控制西欧、遏制苏联的目的，1947 年 6 月，美国国务卿马歇尔提出了“欧洲复兴计划”，即马歇尔计划，以此扶持和控制西欧国家。

二、北约和华约

在实施马歇尔计划的同时，美国还策动西方资本主义国家建立起“遏制”苏联的军事政治集团。1949 年 4 月，以美国为首的 12 个西方国家（美、英、法、荷、比、卢、加、挪、冰岛、葡、意和丹麦）的代表，在华盛顿签署了《北大西洋公约》（后来，一些国家陆续加入，到 1999 年 3 月，共有 19 个成员国），并根据公约成立了北大西洋公约组织，简称“北约”。

为了对付北大西洋公约组织，苏联和东欧七国（民主德国、波兰、捷克斯洛伐克、匈牙利、罗马尼亚、保加利亚、阿尔巴尼亚）于 1955 年 5 月在华沙签订《友好合作互助条约》，统称为《华沙条约》，并根据该条约建立了华沙条约组织，简称“华约”。1991 年 7 月 1 日，华沙条约组织正式解散。

随着两大军事政治集团的建立，美苏两极格局最终形成，此后，两个超级大国在世界范围内展开了激烈的争夺。

课堂讨论

美苏的争霸对世界各国的发展的影响。

三、朝鲜战争和越南战争

1. 朝鲜战争

日本投降以后，美、苏军队以北纬 38 度为分界线分别进驻朝鲜南半部和北半部，朝鲜从此处于分裂状态。1950 年 6 月，朝鲜战争爆发。7 月，美国操纵联合国通过了关于朝鲜问题的提案，集结了 15 个国家的军队，组织了以美国为主的"联合国军"进攻朝鲜北部，把战火烧到了中国边境。中国政府派遣志愿军与朝鲜人民军并肩作战，朝中军民齐心协力，把美国侵略军赶回了 38 度线附近。1953 年 7 月，美国被迫签订了《朝鲜停战协定》。抗美援朝战争的胜利，打破了美帝国主义不可战胜的神话，鼓舞了全世界被压迫民族和被压迫人民的革命斗争。

2. 越南战争

1954 年以后，美国逐渐取代了法国在印度支那的地位。美国为了阻挠越南南北统一，长期霸占越南南方，在 60 年代把战争强加到越南人民头上。先是进行由美国军事顾问直接指挥南越傀儡军的"特种战争"，后来又派军队到越南南方直接参战，把"特种战争"升级为"局部战争"，侵略美军逐渐增加至 50 多万人。越南南北人民团结一致，艰苦奋斗，取得了抗美救国战争的胜利。1973 年，美国被迫从越南南方撤走。两年后，南越的美国傀儡政权被推翻。1976 年，越南实现了统一。

第六节 世界的多极化趋势

随着第三世界国家的崛起，联合国已经不再是大国为所欲为的场所，而日本、西欧的快速发展又冲击美国经济霸主的地位，在国际舞台上发挥重要作用。世界政治舞台呈现了多极化趋势。

一、第三世界的兴起

20 世纪 50 年代末 60 年代初，许多新兴民族独立国家不愿介入美苏之间的斗争，而希望在两极化的国际格局中保持和平中立，采取不结盟的外交政策。他们自认为属于"第三世界"。在南斯拉夫铁托、印度尼赫鲁和埃及纳赛尔 3 个领导人的推动下，1961 年召开了第一次不结盟国家或政府首脑会议，不结盟运动正式诞生。20 世纪 70 年代中期，第三世界作为一支独立的政治力量登上了国际政治舞台。

20 世纪七八十年代，第三世界在国际事务中起着越来越重要的作用。这突出反映在联合国的变化和第三世界国家争取建立国际经济新秩序的斗争上。联合国建立后，美国曾长期控制和操纵联合国，把它当作称霸世界的工具。但随着越来越多的第三世界国家加入联合国，联合国不再是一两个超级大国为所欲为的场所。1971 年，在第三世界的共同努力下，中华人民共和国的合法席位得到恢复。

铁托

尼赫鲁

纳赛尔

第三世界的兴起，在一定程度上改变了世界的面貌。从此，在东西方两大军事集团之外，出现了一支由绝大多数亚、非、拉美发展中国家构成的国际政治力量，它有力地冲击了战后国际关系中的两极格局。

二、美、日、西欧三足鼎立

1. 美国

第二次世界大战以后，美国经济稳定发展，人民生活得到提高。20 世纪 50 年代中期，全世界一半以上的商品是美国生产的。70 年代初，美国国内生产总值比战后增加了一倍多。70 年代后，美国经济发展速度明显放缓。1973 年，美元再也无法按固定面额兑换黄金，以美元为中心的资本主义世界货币体系解体。这一年，中东产油国大幅度提高石油价格，引发了资本主义世界战后最严重的经济危机，从而使美国经济衰退，在资本主义世界的霸主地位动摇。经济危机结束后，进入“滞胀”阶段，经济发展缓慢，甚至出现停滞现象。80 年代，美国政府通过降低税率、减少政府财政支出、减少政府对企业的干预等措施，逐渐扭转了经济颓势。1982 年底，美国经济开始复苏，此后持续增长。90 年代，经过大刀阔斧的改革，美国经济增长加快，呈现繁荣景象。

课堂讨论

战后美国经济发展的主要原因是什么？

2. 日本

战后，日本进行了较广泛的社会改革，进一步消除了生产关系中的封建落后因素，为经济发展奠定了基础。战后实行国民经济非军事化，全力进行经济建设。制定了外向型经济发展战略，引进最先进的科学技术，提高生产率，加快产品的更新换代。同时，积极发展教育，培养人才。1955 年后，日本经济进入快速发展时期。在此前后，朝鲜战争和越南战争爆发，美军的大批军事物资订货，进一步刺激了日本经济的发展。20 世纪 60 年代末，日本已经是仅次于美国的资本主义世界第二号经济大国。80 年代后，日本加大发展高科技的力度，推动经济稳步发展。随着经济实力的增强，日本开始谋求政治大国的地位。70 年代中期，日本军费逐年增加，成为美国的重要战略伙伴。

日本的汽车工业

3. 西欧

第二次世界大战后，西欧国家百废待兴，纷纷实行社会改革，发展社会经济。尽管各国的具体政策有所不同，但都充分发挥美国的援助，加强政府对经济的宏观指导，发展高科技，提高劳动生产率，发展新兴产业。20 世纪 50 年代初，西欧国家经济发展迅速，国力上升，人民生活水平提高，呈现一派繁荣景象。其中德国的经济发展尤为迅速，成为西欧的经济大国。在经济发展过程中，西欧国家间的联系日益密切，开始了一体化进程。1967 年，“欧洲共同体”正式成立，主要目标是在成员国之间逐步实行商品、人员、劳务和资本的自由交流，进一步促成经济的发展。随着力量的增强，欧洲共同体在国际舞台上发挥了日益重要的作用。70 年代以来，欧洲共同体在很多经济领域已赶上或超过美国，不愿意像过去那样受美国的控制。开始积极为提高自己的国际政治地位而努力。西欧国家和日本开始冲击美国的世界霸主地位，逐渐形成了资本主义世界美、日、西欧三足鼎立的局面。

第七节 世界格局的新变化

20 世纪 80 年代东欧各国因为经济困境纷纷放弃了社会主义道路，90 年代苏联因为僵化的政治制度导致社会矛盾总爆发而走向解体。而西欧国家经济欣欣向荣，由于内部联系的日益紧密而成立了欧盟。世界格局在这一时期发生了很多的新变化。

微视频

东欧剧变全过程

一、东欧剧变

自 20 世纪 80 年代后期起，东欧各国陷入了严重的经济困境，政治局势激烈动荡。执政的共产党或工人党的领导人慑服于国内反对派和西方大国的压力，放弃了社会主义道路，把建立“民主社会主义”作为自己的奋斗目标，实行政治多元化。反对派利用混乱的局势，发动猛烈的攻势，赢得了大选的胜利，东欧各国的社会制度随之发生了根本性的改变，由社会主义制度迅猛演变成了资本主义制度。1989 年，波兰实行大选。此后，东欧各国除罗马尼亚是通过突发性事件和流血冲突外，其他国家都通过和平选举的方式，完成了政权的更替。

东欧国家的剧变，是各国长期积累的矛盾的总爆发。因此，发生剧变的原因是多方面的，具体如下。

(1)内部原因：东欧各国长期照搬苏联的经济模式，脱离本国实际，产生了许多问题和错误，而且，实行经济改革，成效甚微，以致人民对政府和执政党的信心大减。

(2)外部原因：苏联当时的戈尔巴乔夫实行的政治体制改革也导致了东欧各国执政党的蜕变和分裂，以及西方国家实行的和平演变战略等。

课堂讨论

东欧剧变对我们有哪些启示？

二、苏联解体

1985年，戈尔巴乔夫当选为苏共中央总书记。他上台之初，把注意力集中在经济领域的改革上，困难重重，无法打开局面。从1988年起，转而进行政治改革。

在政治改革中戈尔巴乔夫以“人道的、民主的社会主义”取代科学社会主义，提倡所谓“民主化”和“公开性”。对斯大林的全盘否定和苛刻谴责，造成了否定革命历史、丑化共产党和社会主义的严重后果，引起了人们的思想混乱。1990年，苏联局势更加动荡。苏共中央全会决定放弃党的领导地位，实行多党制；苏联的国民经济开始大滑坡；潜伏已久的民族矛盾像火山一样爆发出来，民族分离活动愈演愈烈；苏共内斗争也日趋尖锐和公开化。

在政治改革过程中，一些加盟共和国的分离倾向日益严重。1989年，立陶宛、拉脱维亚、爱沙尼亚和乌克兰等国都有民族分离的活动。1990年，立陶宛率先宣布脱离苏联。接着，俄罗斯带头发表“主权宣言”，其他9个加盟共和国也相继发表“主权宣言”，宣布本国是主权国家，本国的法律高于全苏法律，全苏的法律只有在不违背共和国法律或经共和国最高苏维埃批准才具有合法性。

1991年，苏联就是否保留苏联举行全民公决，大部分公民表示赞同保留联盟和原国名。此后，戈尔巴乔夫与原联盟一些共和国领导人，就签订新的联盟条约进行磋商。8月，《苏维埃主权共和国联盟条约》公布。条约将苏联改名为苏维埃主权共和国联盟，并把它变成一个松散的邦联。这激起了党内一些高级干部的强烈不满，党内外的斗争急剧尖锐化。就在条约即将签署的时候，爆发了党内一些高级干部企图控制局势的“八一九”事件。

“八一九”事件改变了苏联国内政治力量的对比。叶利钦及其支持者迅速掌握了国家大权。苏联共产党被排挤出政权，国家政权性质发生了根本的变化。各共和国分离势力急剧增长，纷纷宣布独立。仍试图维持联盟的戈尔巴乔夫与各共和国领导人多次磋商，均未成功。12月8日，俄罗斯、乌克兰、白俄罗斯三国领导人在明斯克签署协定，宣布成立独立国家联合体。此后，俄罗斯等11国领导人在哈萨克斯坦首都阿拉木图签署《阿拉木图宣言》，独立国家联合体扩大到苏联绝大部分加盟共和国。“独联体”是国家的联合组织，而不是一个国家。苏联完全解体。

苏联解体的主要原因：历史原因是苏联高度集中的经济政治体制的弊端和政策上的错误长期得不到纠正，积累了许多社会问题和民族矛盾。戈尔巴乔夫背离马克思主义基本原则和方向的政治改革是一个直接原因。西方资本主义国家的“和平演变”战略是苏联解体的外部原因。

苏联解体的影响：苏联解体，使美苏两霸格局结束，世界进入一超多强的局面；沉重打击了国际共产主义运动，使其陷入了低潮；促使社会主义国家进一步改革；使西方国家全面主导世界政治经济格局。

对东欧剧变和苏联解体的认识：东欧剧变和苏联解体使社会主义运动遭到了严重的挫折，但并不意味着这一行动的终结。我们应该从中吸取教训和经验进而为社会主义运动的发展寻找更正确的道路，要实事求是地走适合本国特点的社会主义道路。

三、欧盟的成立

欧洲联盟，简称欧盟(EU)，总部设在比利时首都布鲁塞尔，是由欧洲共同体(European Community，又称欧洲共同市场，简称欧共体)发展而来的，初始成员国有6个，分别为法国、联邦德国、意大利、比利时、荷兰以及卢森堡。主要经历了三个阶段：荷卢比三国经济联盟、欧洲共同体、欧盟。其实是一个集政治实体和经济实体于一身、在世界上具有重要影响的区域一体化组织。欧盟现有28个成员国(2013年7月1日克罗地亚正式加入欧盟后为28个)，人口5亿，GDP总计16.106万亿美元。欧盟的宗旨是“通过建立无内部边界的空间，加强经济、社会的协调发展和建立最终实行统一货币的经济货币联盟，促进成员国经济和社会的均衡发展”“通过实行共同外交和安全政策，在国际舞台上弘扬联盟的个性”。欧盟的盟旗是蓝色底上的十二星旗，不是因为欧盟一开始只有12个国家，代表了欧盟的开端，而是这个十二星旗代表的是圣母玛利亚的十二星冠，寓意圣母玛利亚将永远保佑欧洲联盟。欧盟28国总面积432.2万平方公里。欧盟正式成立后，将《欢乐颂》正式定为欧盟的“盟歌”。同时，为了避免由于用不同的语言演唱这首歌曲而可能引发的不必要争端，因此只有曲子被用来作为欧盟之歌。新版的欧盟“盟歌”将是以贝多芬著名的《欢乐颂》为基础改编而成的说唱版本。

欧盟已经制定了一个单一市场，通过一个标准化的法律制度，其中适用于所有会员国，保证人、货物、服务和资本的迁徙自由。它保持了一个共同的贸易政策，包括农业和渔业政策与区域发展政策。15会员国已通过了一个共同的货币——欧元，于1999年1月成功启动，标志着欧洲经济与货币联盟正式成立。在对外政策上，欧盟代表其成员在世界贸易组织，在八国集团首脑会议和在联合国的会议上发言，维护其成员国利益。

2016年6月24日，英国公布了“脱欧”公投的最终结果：英国将脱离欧盟。

课堂讨论

欧盟的成立后，这些欧盟成员国人民的生活会有哪些变化？

同步练习

一、选择题

1. 推翻沙皇专制制度在俄国统治的是 （　　）
   A. 十月革命　　B. 二月革命
   C. 保卫苏维埃的斗争　　D. 第一次世界大战
2. 20 世纪 30 年代，一位莫斯科居民通过信件与外国友人联系时，他在寄信人地址栏中写的国名应该是 （　　）
   A. 沙皇俄国　　B. 苏维埃俄国
   C. 苏维埃社会主义共和国联盟　　D. 俄罗斯
3. 在《凡尔赛和约》中，最能体现巴黎和会性质的内容是 （　　）
   A. 德国将阿尔萨斯和洛林归还给法国
   B. 德国承认奥地利独立
   C. 德国海外殖民地被英法日等国瓜分
   D. 禁止德国实行普遍义务兵役制
4. 引起中国五四运动的条约是 （　　）
   A.《凡尔赛和约》　B.《四国条约》　C.《九国公约》　D.《辛丑条约》
5. 罗斯福新政的中心措施是 （　　）
   A. 整顿银行，恢复银行信用
   B. 新建许多公共工程以减少失业，刺激消费和生产
   C. 让农民缩减大片耕地和屠宰大批牲畜，由政府补偿
   D. 国家对工业的调整，颁布《全国工业复兴法》
6. 下列说法不正确的是 （　　）
   A. 20 世纪 80—90 年代，经济全球化趋势加速发展
   B. 经济全球化只对发达国家有利，对发展中国家没有一点好处
   C. 在经济全球化中，各国经济相互依存，互相竞争
   D. 中国经济在世界经济全球化中正发挥着越来越重要的作用
7. 已故巴勒斯坦民族权力机构主席阿拉法特生前在联合国大会演讲时说“我带着橄榄枝和自由战士的枪来到这里，请不要让橄榄枝从我手中落下。”这句话是针对 （　　）
   A. 巴以问题　　B. 印巴问题
   C. 联合国改革问题　　D. 和平与发展问题
8. “9·11”事件发生后，恐怖主义危害人类、破坏和平的罪行激起了国际社会的公愤和反对。然而，历史并非总是如此。当德、意、日法西斯势力横行肆虐，战火蔓延，成为世界公敌的时候，人们却屡屡坐失良机，尤其英法等国实行绥靖政策，标志着绥靖政策达到顶峰

的事件是 ( )

A. 意大利入侵埃塞俄比亚　　B. 国会纵火案

C.《慕尼黑协定》　　D. 德国进攻波兰

9. 拿破仑与希特勒两人是近代欧洲史上的风云人物，但两人皆在哪一次的军事行动中失败？ ( )

A. 征服西班牙　　B. 入侵土耳其

C. 东征俄国　　D. 占领埃及

10. 20 世纪 70 年代初，跃居世界资本主义第二经济大国的是 ( )

A. 德国　　B. 法国　　C. 英国　　D. 日本

11. 二战后，美苏之间“冷战”开始的标志是 ( )

A.“杜鲁门主义”出台　　B. 马歇尔计划推行

C. 北大西洋公约组织成立　　D. 华沙条约组织成立

12. 非洲在 15 世纪早期就遭受西方殖民国家的奴役，时间长达近 500 年，因此有“黑暗大陆”之称。下列标志着帝国主义在非洲的殖民体系彻底崩溃的是 ( )

A. 埃及的独立　　B.“非洲独立年”

C. 纳米比亚独立　　D. 古巴革命的胜利

13. 赫鲁晓夫改革和匈牙利改革的相同之处是 ( )

①都对斯大林模式进行改革　②改革都有反对个人崇拜、发展社会主义法治内容

③都对管理体制进行改革　④都突破了斯大林模式，完善了市场经济体制

A. ①②③　　B. ②③④　　C. ①②④　　D. ①③④

14. 关于 1929—1933 年经济危机叙述不正确的是 ( )

A. 涉及范围比较广

B. 是一次世界性的资本主义经济危机

C. 危机首先从英国开始

D. 经济危机引发了政治危机

15. 战后，西欧和日本经济迅速发展的共同原因是 ( )

①美国在经济上的援助和扶持　②大力引进先进的科学技术　③美国军事订货的刺激

④制定了恰当的经济发展政策　⑤推行非军事化政策

A. ①②③④　　B. ②③④⑤　　C. ①②④　　D. ①③⑤

16. 1999 年，以美国为首的北约打着维护人权、制止“种族清洗”的旗号，轰炸南联盟；2003 年 3 月，美国在未取得联合国许可之下对伊拉克宣战。这充分说明 ( )

A. 和平与发展是当今时代的主题　　B. 国际竞争愈演愈烈

C. 霸权主义是世界和平的主要威胁　　D. 和平与发展不可兼得

二、非选择题

1. 阅读材料：

材料一：2002 年 3 月，美国纽约市中心的一幢大厦正式更名为海尔大厦，这里作为中国

著名的家用电器厂商海尔集团的北美总部正式启动。美国的波音公司为了能以最低的成本得到质量最好的零部件，在全世界范围内组织零部件生产厂。21世纪初，有超过四分之一的飞机装配有中国制造的部件。

材料二：1997年，亚洲金融危机使亚洲很多国家经济受到了严重困难，政局动荡。并迅速涤荡全球，昭示出国际金融还具有“牵一发而动全身”的巨大风险一面。

请回答：

(1)依据材料一，指出世界经济发展的趋势是什么？

(2)依据以上两则材料，指出这一趋势对亚洲的影响是什么？

(3)你认为中国应如何应对世界经济发展的新趋势？

2.20世纪20年代的苏俄，30年代的美国，50年代、80年代苏联都抓住历史机遇，分别进行“改革调整”，并取得不同的结果。

(1)结合有关史实，谈谈这些“改革调整”各指什么？

(2)历史上的这些改革，有哪些经验值得我们借鉴？

测试题 选择题

测试题 判断题